Case Nº.

MORE FORENSICS AND FICTION:

..SEX .... AGE ....

Found Dead ☐

Crime Writers' Morbidly Curious Questions Expertly Answered

法醫・屍體・解剖室:犯罪搜查216問

.... Beard ....

.... Date and Time.........................

Farenheit

Rigor: Yes ☐ No ☐ Lysed ☐ Liver Color ....Fixed ☐ Non-Fixed ☐

Marks and Wounds ....

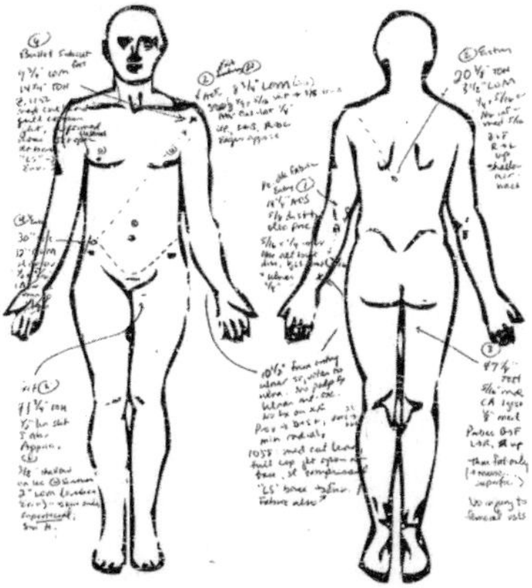

PROBABLE CAUSE OF DEATH	MANNER OF DEATH	DISPOSITION OF CASE
	(check one only) Accident ☐ Natural ☐ Suicide ☐ Unknown ☐ Homicide ☐ Pending ☐	1. Not a medical examiner case ☐ 2. Autopsy requested Yes ☐ No ☐ Autopsy ordered Yes ☐ No ☐ Pathologist ....

I hereby declare that after receiving notice of the death described herein I took charge of the body and made inquiries regarding the cause of death in accordance with Section 21-830-33-69(b) Massachusetts Code Annotated and that the information contained herein regarding such death is true and correct to the best of my knowledge and belief.

D.P. 萊爾—著

D. P. Lyle

Date Place of Investigation Signature of County Medical Examiner

緒論

本系列圖書的第一本是二〇〇三年出版的《謀殺和重傷害罪：醫師解答神祕小說作家的醫學和法醫問題》（*Murder and Mayhem: A Doctor Answers Medical and Forensic Questions for Mystery Writers*），第二本是二〇〇七年發行的《鑑識科學和小說：犯罪小說作家提出的巧妙、迷人又匪夷所思的問題》（*Forensics and Fiction: Clever, Intriguing, and Downright Odd Questions from Crime Writers*）。這次我同樣徵詢每道問題的作者，倘若他或她願意曝光，我就寫出他們的身分。有些人寧願保持匿名，另外一些人我則完全聯絡不上，因爲他們的聯絡資料已經失效。

你在書中所看到的提問，有的出自曾發表多部著作的得獎專業作家，有的目前仍在爲自己的小說作品尋找舞台。至於這群不同類型的作家有什麼樣的共通點？他們各個都擅長說故事，每位都擁有同等強烈的好奇心以及渴求正解的高度欲望。他們坐定看著眼前惱人閃爍的游標之時，每個人心中都湧現相同的疑問：我能不能寫出具有信服力，足以發表的小說？我能不能把我腦海中的影像轉換成協調連貫的白紙黑字？我能不能讓讀者接著翻看下一頁？

許多提問者都已經有作品發表，也有個人網站。請上他們的網站，閱讀他們的著作；會有回報的。

本書的宗旨在於提供知識和樂趣，而且不單著眼於作家，還包括所有喜愛相關書籍、電影或一段好故事的人。書中的提問和答案可以提供若干洞見，讓我們探悉作家如何思考，還有他們如何建構一段故事。我深信讀者必然可以從這些篇幅當中，找到某些有趣的、具教育意義的、幽默的和稀奇古怪的事。

正如本系列先前出版的書籍，這本書也不完全是我的，而是屬於許多人的。我要向每一位提出問題的作家致謝，感謝各位的好奇心、想像力，還有務求正解的毅力。期望各位從我提出的答案學到的東西，和我鑽研、解答各位的問題學到的一樣多。

就所有的讀者而言，我希望本書能部分解答大家本身想問的問題，藉以提高對醫學和法醫議題的認識，同時在心中孕育、萌生新的問題，還有最重要的是激發你的創意泉源。所有的作家都曾以一個問題起步，踏上旅程來鋪陳新的故事，說不定你也會自問：假如是這樣呢？也許你會拾起紙筆，隨我們一道投身這個經常要令人發狂——卻也絕對會有回報——的專業。

在解答每道問題時，我試圖提供充分的背景資料，爲手頭的醫學或法醫議題補充基礎脈絡，也希望藉此釐清該特定情節的細微差異。這麼做的目的，是爲了讓作家能夠使用這份新獲得的認識，精心創作出更令人信服的場景或故事。我設法讓每組問題和解答都自成一格，若有其他問題也包含同樣的資訊，除非必要我就盡量不重複提及。

本書不得作爲以下用途：

內容題材絕對不能用來診斷或治療任何醫療疾病。即便是最簡單的問題和解答，都必須受過數十年教育並累積實務經驗，否則不得在現實生活情境中實際採行。

儘管我盡心盡力務求資訊精確，合乎科學原理，然而許多主題都過於複雜，無法詳細解釋並兼顧現代醫學知識的細微差異和紛歧爭議。這就是醫學的藝術成分。書中的解答僅提供寫小說、說故事時在文章脈絡中使用，不該用於其他任何目的。

本書不得用來進行任何犯罪活動或傷害他人。

目錄

第二篇 毒物、毒素、藥物和毒品

第三篇 警察、犯罪現場和犯罪鑑識實驗室

第四篇 法醫、屍體和屍體解剖

第五篇 雜項，多半是稀奇古怪的問題

第一篇

外傷、疾病、醫師和醫院

Traumatic Injuries, Illnesses, Doctors, and Hospitals

1 哪些車禍傷害讓人必須住院治療至少三天？

問 我設定書中的主人翁遇上車禍。我要他住進醫院至少三天，好讓他的夥伴獨自陷入困境。我要的不是會危及生命的狀況，而是必須持續醫療照護的情形。有人建議可以安排在車禍後出現血凝塊（blood clot；血栓），這就必須用抗凝血劑（anticoagulant）治療。這樣可以嗎？他會被投以何種抗凝血劑來改善血管阻塞問題？會住院多久？

派特．布朗（P.A. Brown）
洛城幻影（L.A. Shadows）書系作者
加拿大安大略
www.pabrown.com

答 車禍有可能造成多種不同的傷害，卻不會產生血凝塊。倒不是說不可能出現，而是很少緊接著車禍之後發生。血凝塊有可能在傷患住院臥床不動一天或更久之後出現。這種現象尤其常見於雙腿或骨盆受傷的情況，我們稱之爲血栓性靜脈炎（thrombophlebitis）或深層靜脈血栓症（deep venous thrombosis，DVT）。若有血凝塊脫落流過心臟右側並進入肺臟，這種狀況稱作肺栓塞（pulmonary embolism，PE），有可能立即致命。一般來說，深層靜脈血栓症和肺栓塞並不會在車禍過後的幾天內出現，而且通常只有傷患嚴重受創、必須臥床休息不能活動時才會發生。抗凝血劑療法是先採肝素（heparin）施用數日，接著再使用香豆素（coumarin）多月。

既然你希望書中的主人翁能夠活下來，我建議設定成受到一些不算嚴重的傷害。在這種情況下很容易發生一、兩根肋骨骨折。這種骨折極其痛苦，而且很可能得住院治療兩、三天。遭遇這種車禍時，肋骨骨折往往還會伴隨出現肺挫傷（瘀血），有可能讓狀況更加複雜，也需要更多時間才能完全康復。

兩種情況的治療方式都是限制活動、施用止痛藥物並使用氧氣面罩或鼻插管來幫助呼吸。幾天後他就可以出院了，不過接下來的兩、三週仍會非常疼痛。肋骨癒合很慢。他恐怕還無法回到工作崗位，必須等到身體不靠止痛藥也能正常運作才行。治療單純性肋骨骨折除了需要止痛藥和時間之外，並沒有什麼特別的療法。我想這種傷害很符合你的劇情需要，而且讀者很容易理解，不太需要科學解釋來說明這種情況。

2 護士有沒有辦法靠施打空氣殺人？

問 我設定故事裡有個護士成為連環殺手。我聽說把空氣注入靜脈或動脈，就能殺死目標對象，而且看起來就像是心臟病發作。如果這是真的，該注入多少空氣？注射在哪個部位才不會被看穿或讓法醫起疑，而判定是自然死亡？被害人要多久才會斷氣？

琳達・埃姆斯（Linda F. Ames）
喬治亞州哥倫布市（Columbus）
http://thoughtsalongtheway-lizabeth.blogspot.com

答 注入足夠空氣就能達到目的。單把一個氣泡注入住院病患的靜脈或靜脈注射管並不會造成問題出現。氣泡只會通過心臟右側，進入肺臟並在那裡濾除，完全不會引起被害人注意。不過若是注入的數量很大，那麼情況就不同了。

這種情況稱作空氣栓塞（air embolism）。空氣份量必需達到一百至兩百c.c.或更多才會致死。我們做個參照，一杯份量約兩百四十c.c.。這個份量的空氣若迅速注入，很快會移至心臟右側，阻滯灌輸血功能（pumping action）。這是怎麼辦到的？血液是液體，並不能壓縮。當右心室心肌收縮（擠壓），液態血液就被迫出並進入肺臟。空氣可以壓縮。假使右心室充滿空氣，空氣團泡受擠壓時並不會向前推進，而是留在原來的位置，只是被壓縮成較小體積。這有點像是氣鎖。這會擋住血流，還可能導致心跳停止，不到一、兩分鐘就能造成死亡。

空氣得注入靜脈，任何靜脈都行，因爲所有靜脈最後都流入心臟右側；注入動脈沒有用，因爲動脈會引導血液遠離心臟。你的護士殺手也可以利用被害人身上原本就安置好的靜脈注射管。

這樣的致死事例看來確實很像心臟病發（心肌梗塞）。不過若法醫驗屍——這種突如其來的醫院死亡事例通常都會驗屍——他就會看到右心室有一團空氣，也會知道空氣是由人爲注入。由於住院病人身上通常都有針痕和靜脈注射管，他也許不會知道空氣是從哪裡注入的，同時這也沒辦法提示他是誰把空氣注入，是蓄意或是發生意外。這點得由你的探員來負責調查清楚。

3 最近才接受心臟手術的病人會不會因為一個氣栓誘發中風？

問 在什麼情況下一個人腦中會跑進氣栓？最近接受冠狀動脈繞道手術或受到病毒感染有沒有可能誘發這種情況？

AG

答 栓塞是指在循環系統中穿行的任何異物或外來物質。多數栓塞都是血凝塊，不過也可能是空氣或其他異物，包括靜脈注射用塑膠管、導管先端、靜脈施打海洛因引進的污物和棉花，以及能經由注射進入的一切細小物件。

循環系統分爲靜脈系統和動脈系統。靜脈系統聚集身體血液輸回心臟右側，接著從那裡通過肺臟進入左側，也就是動脈側。接著左心室（心臟的主要泵血腔室）把血液灌輸進動脈，朝外輸向全身，包括腦部。

循靜脈進入體內的栓塞全都會通過心臟右側流入肺臟。到這裡便由肺部的纖小微血管濾除，並不會抵達動脈側。這表示，把任何東西注入正常人右側（或靜脈側），都不可能抵達動脈側和腦部。

想要讓一塊凝血或一團空氣抵達腦部，就必須把它引進循環系統的動脈側。進行心導管插入、冠狀動脈造影或血管再成形術時，都是以一根導管穿過股動脈（兩側腿肢的主要動脈）並導入主動脈和心臟。倘若執行這類步驟時有空氣意外注入，就有可能上行通往頸動脈（脖子兩側各一）並進入腦部。便會引發中風。進行心臟手術時，空氣有可能經由心肺機進入動脈循環，也可能採行比較直接的途徑，在打開心臟進行瓣膜置換術時進入循環。兩種情況都有可能讓空氣進入，發展成氣栓並導致中風。

這兩種狀況都必然發生在治療期間，不會出現在後續階段。若患者在手術期間接受麻醉，就得等到患者甦醒之後才會察覺。所以答案端視你所說的最近是指多久而定。氣栓和中風不會發生在後續階段，不過中風有可能到後來才察覺確認。接受繞道手術過後數日罹患中風的病人，腦動脈通常都有動脈粥樣硬化症（atherosclerotic）隱伏問題。

至於病毒感染不會引發氣栓。

4 嚴重酗酒人士會不會失去記憶，腦子一片空白？

問 我筆下有個嚴重酗酒的人物每次都失憶好幾小時或好幾天，完全想不起來她自己做了什麼事情，包括一起因突發盛怒犯下的謀殺案，這種構想會不會讓人難以信服？

答 長期酗酒人士經常有記憶失誤現象，起因有可能是酒精性記憶空白，或者由多種酒精性腦病之一引發。腦病是個定義寬鬆的詞彙，泛指腦傷或腦機能異常。

震顫性譫妄（Delirium tremens，DTs）就是種酒精性腦病，通常發生在酒精戒斷期間。她有可能變得糊里糊塗，或者忘了自己是誰、身在何方，情況嚴重時還會胡言亂語，旁人對她說的話，她幾乎都聽不明白。她有可能出現妄想，自以爲是耶穌、拿破崙，甚至是比爾·蓋茲。她也許會出現幻覺。著名的「粉紅色大象」（pink elephant）說法就是個好例子，意指見到不存在的事物。這類幻覺往往屬於觸覺型，因爲患者會覺得有東西在他們的身上爬。這種和現實失去接觸到這等程度的人，有可能危害自己和別人。她有可能把另一個人看成意圖對自己不利的怪物，於是動手殺害那個「行兇者」來保護自己。她有可能什麼都不記得。

酒精性記憶空白的情況相仿。這時大腦並不登錄事情經過。進入紀錄的資料雜亂無章，根本不能用來重建她記憶空白期間發生了什麼事。這類情況最常發生在酒精中毒而非戒斷期間。她有可能和別人講話、開她的車、參加派對，或者殺死某人，卻完全不記得事情經過。

此外，還有其他腦病也和酒精有關，不過那些病症都比較複雜，我想震顫性譫妄或酒精性記憶空白就夠你發揮了。

還有一點要注意的是，嚴重酗酒人士總是處於中毒或戒斷期，介於兩者之間的狀況並不常見。他們喝酒時愈喝愈醉，一旦醉倒睡上一整天，他們便進入戒斷時期。所以許多人醒來時都很神經質，脾氣很壞。這種人一醒來就會開始找酒喝以緩解戒斷症狀，接著他們又會開始活動。又是二十四小時狂飲。日子難過，治療也難。

5 當陷入昏迷的人醒來卻得了失憶症，這時會有什麼狀況？

問 有個病人脫離了昏迷，卻完全失去記憶。他什麼都不記得，到後來才恢復記憶。這種事情有沒有可能發生？走出昏迷有什麼感覺？他的人格會不會改變？醫師會問他哪些問題？怎樣做可以恢復記憶？他會待在醫院多久，接受哪些治療？

SG

答 遭遇昏迷和失憶症，幾乎一切狀況都有可能發生。一個人陷入昏迷有可能持續好幾天、幾個月或好幾年，接著間歇甦醒或是突然醒轉過來。甦醒之後，患者有可能出現定向力障礙（disoriented），持續好幾分鐘、幾小時、幾天或者好幾週。他有可能完全恢復正常，也可能帶了種種心理缺憾，而且他的人格絕對有可能改變。他有可能內向怕羞、外向多話、偏執、愛生氣又好鬥、被動沉默，或者其他任何個性。一切都有可能。

患者完全不記得自己在昏迷狀態下發生過什麼事，也可能記得或不記得之前發生的事。這種狀況稱爲回溯性失憶症（retrograde amnesia，又稱逆向失憶症）。他對先前事件的記憶有可能完全失去、局部喪失、殘缺不全，或完整無缺。他的記憶有可能在幾天、幾週或幾個月內慢慢恢復，也可能很快康復。同樣一切都有可能。

我們對昏迷和失憶症所知有限，而且它們各具上千種形式表現。這對寫作很有幫助，因爲你可以隨心所欲構思情節，也全都說得通。

一旦患者甦醒過來，醫師會爲他進行一次心理狀態檢查。這種測驗的設計目的在於評估定向（orientation）、記憶和認知機能。過程中，醫師會提出連串問題。他有可能全部或部分答得出來，或者一題都答不出來。這是種複雜的過程，不過醫師有可能進行下面幾件事。

具有定向力意指知道他自己和別人是誰，還有日期、所在位置以及自身處境。醫師有可能問道：你叫什麼名字？你幾歲？這是誰？（同時指著某位他應該認識的人。）今天幾號？總統是誰？我們在哪裡？我們在哪種建築物裡面？

用來測試記憶的問題包括：你最後記得什麼事？你住在哪條街上？醫師可能會念出一串數字或幾個東西的名稱，然後要他覆頌。

認知機能（cognitive function）意指理解概念和關聯性的能力。醫師可能會要他以一百減七，再以得數減七並依此類推（答案分別爲九十三、八十六、七十九等），並詢問幾句諺語的含義，如「爲潑灑的牛奶哭泣」（cry over spilt milk）或「省一分錢就是賺一分錢」（a penny saved is a penny earned）。這類問題可以測試病患理解、使用抽象思考的能力。

實際上的治療遠比這個複雜許多，不過這樣說明應該會有幫助。

患者有可能不太需要治療，只能仰賴時間療癒，說不定還需要心理輔導和物理治療。倘若昏迷的時間很長，他的肌肉會因爲長期沒有使用而變得虛弱、縮小（萎縮），必須經過幾週或幾個月的物理治療，力量才能充分恢復，接著才有辦法自行就坐、走路、洗浴、進食和著裝。寫作時，這個部分同樣有很大的轉圜餘地。

6 有沒有人比較不容易被麻醉？

問 有沒有人比較不容易被麻醉？我設定故事裡的主人翁接受臉部整容手術（疤痕移除），結果麻醉沒有生效，把她嚇得魂飛天外。我猜想可以和麻醉科醫師溝通這種狀況，然後醫師便嘗試另一種麻醉方式，不過她到底是被嚇壞了。幾年過後，她被兇手注射了一劑嗎啡。這時她有沒有可能跟上次一樣只受到輕微的影響（或許覺得頭昏眼花，卻不致於不省人事）？我設想兇手認為劑量應該足以讓她不省人事，甚至喪命，結果她卻甦醒過來。我希望之前的那次手術經驗，可以讓後來的嗎啡經驗更令人信服。

哈兒蕾．科扎克（Harley Jane Kozak）
www.harleyjanekozak.com

答 是的，這樣安排可行。所有類型的藥物對我們的作用全都因人而異。酗酒人士能夠耐受足以讓普通人喪命的大量酒精，同樣情況也會發生在沉迷於海洛因這種毒品的人身上。有些人麻醉時只需要很小劑量，其他人就需要十倍劑量才行。嗎啡硫酸鹽（morphine sulfate，MS）也是如此。某人也許只需兩、三毫克就會被放倒，另一個人說不定用上二十毫克都毫無鎮定作用。效果極不可測。

再者，有些人對麻醉劑和鎮定劑的反應和預期的效果恰恰相反。施用藥物無法讓他們鎮定下來或喪失意識，反而讓他們陷入高度亢奮狀態（hyperexcitable）。他們出現定向力障礙，變得激動，甚至好鬥。這種狀況稱爲特異體質反應（idiosyncratic reactions）。這是個通用名詞，意指和某種特定藥物的預期效果有別的一切反應。

妳設定的人物可能對麻醉有高度亢奮狀態反應，那位麻醉科醫師可以改用另一種麻醉劑；也可能是麻醉劑對她的影響完全不像預期的那麼強，導致她仍能察覺周遭所發生的事。若是這種情況，相同麻醉劑加大劑量就能讓她失去意識。之後她對嗎啡硫酸鹽可能會產生這兩種反應之一。

所以，沒錯，妳設定的人物所需劑量很容易超過常態，必須施打較高劑量的任一或兩種麻醉劑才會被麻醉。或者她也可能對任一種或兩種藥品有特異體質反應。她甚至可能會對一種有抗藥性，對另一種卻有過強反應。任何情況都可能出現。

7 鼻子受創會不會讓人喪失嗅覺？

問 我希望某人臉部遭到一擊之後喪失嗅覺。我的調查顯示，倘若他的篩狀板（cribriform plate）受損，就有可能出現這種狀況。那麼，鈍挫傷（blunt trauma）會不會造成篩狀板破裂，切斷他的神經？此外還可能造成哪些傷害？他會不會被擊倒？他可不可能因為出現血凝塊或血腫（hematoma）而暫時喪失嗅覺？

喬治・戴伊（George Day）
奧斯汀・德州

答 嗅覺缺失（Anosmia）患者聞不到東西的味道。這種病症有可能是暫時的，好比因爲單純的傷風所引起；也可能是永久的，多種神經病症都有這種情況。顱骨基部鼻部位的篩骨（ethmoid bone；篩狀板〔cribriform plate〕）若受到任何形式的創傷，都有可能傷及嗅覺系統的神經末梢，導致嗅覺缺失。鼻子或臉部受擊就可能發生這種事情，一個拳頭、一根金屬管、一場車禍、跌倒，基本上什麼都有可能。

嗅覺是我們最原始的感官功能，由化學和電反應結合形成。一朵花或一瓶開蓋式的阿摩尼亞釋出分子到空氣中，當接觸到分布於篩狀板的神經末梢時，便循此向大腦傳遞信號。大腦辨識分子，於是人能認出氣味。神經末梢要是受到任何損傷都會干擾這種歷程，使之減弱，甚至毀掉嗅覺。這種損害有可能是永久的或暫時性，因爲傷害癒合之後，嗅覺有可能隨之回復。

臉部遭到擊打還會造成其他損害，包括眼眶壁（眼窩周圍部位）或顴弓（zygomatic arch；頰骨）骨折，還有血腫（血液聚集）、瘀血、眼球受傷、牙齒脫失和短期失去意識的腦震盪。或者傷害也可能只侷限於鼻部位。

所以你筆下的人物有可能遭受嚴重的神經損傷，導致嗅覺永久喪失；他也可能只是鼻骨骨折且鼻腔、鼻竇流血，一旦癒合，他的嗅覺就會回復。這兩種情況的初步治療都是排血或清除血腫，若出現骨折偶爾也得藉由手術修補，不過並不一定需要，施藥止痛、冰敷受傷部位，再加上時間療癒就夠了。至於他的嗅覺是否回復，事前無法預測。有時會，有時不會。這表示，你可以編寫任一種情節。

8 一個人中風後有沒有可能腰部以下癱瘓，想講的話都講不出來？

問 我的小說裡有個六十四歲的人物中風，腰部以下癱瘓，沒辦法出聲講話。我希望他能構思想法，只是沒辦法講出來。什麼樣的中風會造成這種狀況？

LF
密西根州懷特湖鎮（White Lake）

答 首先讓我們看看溝通方面。你描述的情況叫做失語症（aphasia）。導致失語症的原因包括中風、感染，以及某些類型的腦部創傷。失語症可分成感覺型、表達型與混和型失語。

感覺型失語症（receptive aphasia），是指患者無法理解他所聽到的或看到的言語、文字，或者無法辨識出東西。這類缺陷有可能以任意組合的形式出現。比方說，他有可能看著手錶，認不出那是什麼，卻能在紙上寫出手錶一詞。或者他有可能見到手錶字樣，講不出名稱，卻能伸手指著手錶。

表達型失語症（expressive aphasia），則是患者知道自己想說什麼，卻說不出口。他能在心中構思文字、形成概念，卻說不出他心中所想的。這會讓患者感到極大的挫折。

感覺型和表達型失語症有可能分別出現或同時出現。

優勢大腦半球（dominant hemisphere，又稱優勢半腦）的頂葉區（parietal area）和顳葉區（temporal area）中風就有可能造成這種情況。這兩個腦葉（lobe）的位置緊貼耳朵上、後方。優勢半腦是慣用手的對側半球。換句話說，慣用右手的人的優勢半腦是左半球。所以倘若慣用右手的人中風波及左頂葉和顳葉，便可能導致失語症。

你描述的癱瘓情況比較麻煩一些。截癱（paraplegia）是指下半身的癱瘓症，可能原因包括特定幾類脊髓傷害和疾病，好比腫瘤、感染、幾種十分古怪的疾病，這些都會導致腰椎（下背）部位的脊椎受損。在這種情況下，平常能通過該部位的神經傳導作用完全無法穿越受損範圍。若帶動運動的動作衝動（impulse）無法沿著脊髓下行傳達腿肢，便會造成癱瘓。要是讓我們產生感覺的感覺衝動無法從腿肢沿著脊髓上行傳達腦部，就會造成麻痺。

中風不會造成這種現象。因爲左腦控制右側身體，右腦控制左側身體。如果是左腦中風，會出現右側癱瘓；右腦中風，癱瘓會出現在左側。單獨一側中風並不會導致截癱。

倘若患者慣用右手，而且左側頂葉腦部中風，由於左腦負責控制右半邊身體，同時還是他的優勢半腦，就可能出現右腿或身體右側完全癱瘓，同時罹患感覺型、表達型或是混和型失語症。

9 閉鎖症候群（locked-in syndrome）在一八八〇年代如何治療？

問 我正在寫一本謀殺推理小說，故事背景設在一八八〇年代的美國。我希望某人頭部受到重傷後罹患閉鎖症候群。據我所知，罹患此種病症的人意識清楚，卻動彈不得，也無法溝通。以當時的醫療情況，他能活多久？醫師能否判斷病患仍保有意識？他是個有錢人，負擔得起那個時代最好的醫療照護。

J. 沙朗．史密斯（J. Sharon Smith）
加州聖塔克魯茲（Santa Cruz）

答 閉鎖症候群是指患者的肌肉麻痺，仍有生命跡象並保有意識的情況。罹患這種症候群的人大多無須仰賴呼吸輔助，眼球運動通常也不受影響，可以靠眨眼和雙眼動作來進行溝通。有些患者沒有眼球運動，不過這並不是常態。有可能是因爲受創，就像你情節所描述的，也可能出自於感染、中風以及好幾種不同類型的神經系統疾病。

患者不需要生命維持系統，反正一八八〇年代也沒有那種設備，不過他必須依賴喉管餵食和照料。醫師、他的家人或其他人有可能利用前述作法和他溝通，也或許不能。他有可能毫無反應。當然他們知道他還活著，因爲他會呼吸，而且有脈搏。

一八八〇年代並沒有特定的治療法，現在也是。多數患者死於肺部、腎臟感染或肺栓塞（pulmonary emboli）——血凝塊在雙腿形成並上行到肺部。喪失行動能力的人身上常見這種凝塊，你筆下那位不幸的人物也可能受害。

至於他能活多久？幾天、幾週、幾個月或幾年。在一八八〇年代，主要取決於勤奮照料和運氣，其他因素的影響相對較小。

閉鎖症候群也稱爲基督山症候群（Monte Cristo syndrome），名稱得自亞歷山大．仲馬（Alexandre Dumas，亦稱大仲馬）一八四四年的長篇小說《基督山恩仇記》（*The Count of Monte Cristo*）。由於這本書在一八八〇年代應該已廣爲流傳，你可以用那個詞來描述那組狀況。

10 罹患成人呼吸窘迫的人會接受哪些治療？

問 我想安排故事裡的一個人物遭遇車禍，造成胸部受創並引發成人呼吸窘迫症候群（Adult respiratory distress syndrome，ARDS）。我要她昏迷約三週。這樣的安排是否合乎實際？醫師會不會為她進行氣管切開造口術（tracheostomy；氣切），或其他通氣（ventilation）治療？一旦她能自行呼吸，血液中的含氧濃度也維持正常，接著她還會住院多久？

JB

答 有許多因素會誘發成人呼吸窘迫症候群，胸部受創是其中一種。受到這種創傷後，肺臟有可能發炎，或許是肇因於某種所知有限的免疫反應；肺臟一旦發炎，便滲出液體而且變得非常僵硬。這會妨礙氧氣從氣囊輸往血流，並影響血氧濃度，甚至降到危險的稀薄程度。此時，必須爲傷患接上呼吸器，接著進行調節來爲整個呼吸週期提供壓力。我們稱之爲呼氣末正壓（positive end-expiratory pressure，PEEP）——氣道和氣囊內壓在整個呼吸週期都保持高於常態。這能迫使更多氧氣滲過氣囊和血流之間的受損障壁，從而提高血液中的含氧水準。

再者，呼吸器的氧流量也會大幅提增。正常室內空氣的含氧量約佔總量的百分之二十一。這時含氧比例會提高到八、九成，甚至百分之百。患者還會接受類固醇（steroid）治療來紓緩肺炎症狀，以及抗生素來預防繼發感染。

結果取決於這類型的積極支持療法以及運氣。有些人會好轉，有些人不會；有些人活了下來，有些人則不然。這是種變幻莫測的醫療狀況。

倘若患者在車禍時還傷及頭部，他就可能昏迷三週。大腦挫傷（瘀血）或其他幾種腦傷都很容易引發這種狀況。再加上成人呼吸窘迫症候群把氧濃度壓得非常低，照理說患者應該會陷入昏迷。此外，有些人在這種狀況下無法忍受呼吸器而抗拒，意思是他們會咳嗽或排斥。有些抗拒是不由自主的，有些則是基於害怕、焦慮所致。這點至關緊要，因爲假使呼吸週期不受控制，沒有規律往復運作，從呼吸器經由肺臟進入血流的輸氧作用就會不理想。這類患者大多透過施藥處於誘導昏迷狀態，也就是以嗎啡或其他鎮定劑來讓他們保持放鬆和睡眠狀態。無論如何，這大概是熬過這場苦難的最好作法。所以你還可以運用誘導昏迷兩、三週，讓你設定的人物的成人呼吸窘迫症候群自行修復。

剛開始會安進一根氣管（endotracheal，ET）插管。插管經鼻腔或經口腔放入氣管，置入後，吹脹氣球狀氣囊密封並固定位置，好將空氣導入肺中。不過若有人得接上呼吸器超過五至七天，這時通常都會進行一種氣管切開造口術。氣管不喜歡被插進一根管子加一個氣球，而且有可能因爲氣球施壓而受傷，甚至氣管壁都有可能被蝕穿。這會釀成不同的整體醫療問題。而氣切可以緩解這種可能後果。氣切只是在氣管緊鄰喉頭（俗稱亞當的蘋果）下方切開一個孔，以一根稱爲「套管」（cannula）的彎曲中空管穿過開孔伸入氣管，然後把呼吸器連接上去。

如果你設定她會持續昏迷三週，便多出一週左右的時間讓她戒斷呼吸器。以呼吸器輔助時，用來呼吸的肌肉會跟著變弱，還會喪失條件反射作用，必須重新進行條件化制約。每小時移除患者的呼吸器幾分鐘，接著每三、四小時移除一小時，隨後每次移除幾小時，最後完全卸下呼吸器。當這個過程完成，患者也穩定一、兩天之後，即可移除氣管造口套管。

然後是復健問題，而且不單牽涉到她的肺臟，還有她在車禍時遭受的其他傷害。這裡沒辦法明確地告訴你這會花多長時間，她得住院多久，得接受物理治療多久。我建議你安排她昏迷三週，另一週走過戒斷歷程，接著在醫院至少多待一週，她才足夠健壯，也才能夠回家。由於所需耗費的時間充滿了變數，這表示只要你保持在這些寬鬆的參數範圍之內，不管情節想怎樣發展幾乎都沒問題。

11 車子翻覆且手臂被壓在車下的人被救出之後該如何治療？

問 我的小說裡有個年輕的大學生開車進入奧沙克國家公園（Ozark National Forest），結果遇上道路局部崩塌，造成車輛翻覆，把他的一隻手臂牢牢地壓在地面。他可以扭動手指，卻無法自行掙脫。他有幾罐啤酒、一根巧克力棒和一條Slim Jim乾肉棒。他困陷於一處伐木工挖出的沼澤池畔，從週六傍晚熬到週一傍晚，差點被蚊子給生吞活剝。他被發現時會接受什麼樣的急救？到了醫院會發生什麼事？他有沒有可能失去那隻手臂？我希望他不會。

BR
阿肯色州倫敦城（London）

答 這裡牽涉到好幾項醫學問題。首先是他的水合（hydration）水準以及營養狀況。營養方面不會有問題，因爲啤酒和食物夠他取用，熬過你小說情節所需的四十八小時。他的水合狀態也是相同情況，儘管酒精有利尿作用，啤酒卻不是維持水合作用的最好飲品，不過只撐四十八小時應該不成問題。

其次是一再被蚊子叮咬。這會很不舒服，卻也不是什麼大問題。他被發現時，叮咬感染也許仍在早期階段，只需要清潔，還有局部使用抗生素即可，導致長期問題的機率很小。

他的手臂問題對他的健康影響遠勝於其他課題。既然他被困住，代表那隻手臂受到極大的重壓，否則就能脫身。如果他能扭動他的手指，那麼神經和供血都沒有受損，手臂組織應該可以撐過四十八小時，而且也不太有喪失手臂的危險。不過因爲他會被割傷、擦傷、骨折甚至骨頭破裂，有可能需要手術修補。骨折的治療方面也許只是打石膏加以固定，或者採外科手術，使用固定棒、螺釘和金屬板，讓骨折或破裂的骨頭復位。受損的骨頭有可能是肱骨（humerus），也就是上臂骨，也可能是橈骨（radius）或尺骨（ulna），分別爲大、小下臂骨。

所以，你安排的情節行得通。他受困四十八小時之後，手臂有可能還沒出現問題，但也說不定需要動手術來治療骨質折損和其他組織損傷。

現場的急救措施包括撬起車輛救他脫困，控制出血狀況，並以吊帶固定他的傷臂。這時可以呼叫救護車，或其他車輛載送他到當地醫院救治。

到了醫院，醫護人員會爲他的傷臂照X光，清創並檢視割傷或擦傷。他的傷口會被清理乾淨，不過不太可能進行縫合，因爲傷口在暴露四十八小時後很有可能受到感染，封住傷口說不定會讓情況惡化。以抗生素軟膏治療並包紮妥當後，他會在往後幾天或一、兩週內，持續接受靜脈注射施打或口服抗生素。如果他只受到這些傷害，骨頭也完整無損，那麼他大概一、兩天後就能回家，改以門診方式接受治療。倘若有必要接受骨外科醫療處置，那麼他的住院時間就得延長個五天左右，而且術後他還得接受靜脈注射施打抗生素。這時他需要三、四週的時間癒合，以及好幾個月的物理治療，才能恢復並充分運用他的手臂。接著他有可能永遠不會出現長期問題，手臂使用上也不會出毛病，不過其他輕重不等的狀況也都有可能出現。

12 一個人心臟被箭射中會是什麼樣子，被害人會如何死亡？

問 我安排故事裡的某個人物心臟遭箭矢射穿遇害身亡。我希望把這段期間發生的血腥細節都納入書中，並從那支箭刺進他心臟的那一刻開始寫到他死亡為止。那麼，需要多久死亡才會降臨？他的肺部會充血嗎？他的嘴巴會不會湧滿血液？要是他仰躺著，會不會被自己的血給嗆死？

答 心臟中箭不見得都會致命。通常傷患會死，有時卻不會。倘若箭矢射穿心室肌肉（左、右灌輸血腔室〔pumping chambers〕），肌肉有可能收縮包覆箭桿，此時出血會很輕微或不出血，於是傷患能夠存活幾小時，也可能好幾天。一旦拔出箭矢，他就會大量出血並且很快死去。如果把中箭傷患送進醫院，他會被送進手術室；醫師會切開他的胸腔，在射入傷口周圍做一個「錢袋式縫合」（purse-string suture），移除箭矢，把縫口拉圍封住傷口。

不過，這顯然不是常態。

當箭矢射進人的心臟時，會依循幾種機制致人於死。箭矢有可能讓心跳律動出現要命改變，結果幾乎是瞬間奪命。遇上這種情況，傷患會緊抓自己胸膛，崩潰死去。死得突然，又很戲劇性。

那支箭有可能傷及心肌和（或）心臟瓣膜，使得心臟無法好好發揮其主要的灌輸血功能，於是傷患陷入休克（低血壓、脈搏微弱或無脈搏，外觀蒼白、黯淡）終至死亡。

心肌受刺創有可能出血流入心包膜（pericardium），也就是包覆心臟的被膜。心包膜爲無擴張性（不能延展的）囊袋，充血時會擠壓心臟，導致休克及死亡。進入心包膜的血液稱爲心包膜積血（hemopericardium），意即「心囊裡面的血」。當積血擠壓心臟並干擾其功能時，這種狀態稱爲心包膜填塞（cardiac tamponade）。

以後者的情況來說，傷患會覺得胸痛並且呼吸困難。除了血壓下降，脈搏減弱，他的外觀也會變得蒼白並出現紫紺（cyanotic；又稱發紺；膚色呈藍紫色）徵狀。他會陷入休克，因呼吸停頓而喪命。

除非他的肺部也遭到刺穿，否則肺臟不會充血，也不會吐血。倘若眞的發生這種情況，血液將湧滿他的肺臟和口中，接著咳嗽時血液就會從口中噴出。他有可能被自己的血給淹死。

13 不讓氣喘患者使用或暗中破壞吸入器會不會致命，以及法醫能否判定死因？

問 我在小說裡安排了一名年近七十歲的男性氣喘患者。倘若他因為承受極端壓力（對他本人或財產的攻擊舉止）而嚴重發作，但他的氣喘吸入器卻被拿走，或者藥罐被換成空的，此時會不會致命？還有過敏性休克（anaphylactic shock）死亡看起來像不像是死於氣喘發作？

B.J. **西爾柏曼**（B.J. Silberman）
田納西州日爾曼鎮（Germantown）

答 壓力情境確實會誘使氣喘患者發作。倘若患者拿不到吸入器，或者像你所說的吸入器被暗中破壞，他就有可能病發身亡。患者死後看來並無異狀，外觀沒有絲毫證據顯示他是死於氣喘發作。不過，法醫勘驗後會發現死者的氣道發炎，而且氣道和肺部氣囊裡都充滿黏液和其他積液。這暗示了死者是因爲氣喘發作喪命。

過敏性休克有相當複雜的主觀症狀和客觀徵候，其中包括氣喘，許多人還會出現皮疹，臉部和手腳腫脹。這種疹子很像水泡（我們稱之爲大泡〔bullae〕），往往會在患者死後消退，所以法醫勘驗時不見得看得出來。死者皮膚有可能殘留紅色污斑，也可能呈現正常外觀。所以過敏性休克死亡看起來會非常像是氣喘發作死亡，法醫往往無法分辨這兩種死因。

14 被車子撞到有可能受到哪些傷害？

問 我正在寫一本推理小說，主要描述一個女人在慢跑時突然遭人從後面撞死。我假設她被撞飛一段距離。那會是多遠？幾呎或幾碼？她最可能受到的傷害有哪些？

蘇．派克（Sue Parker）
著有《違法犯紀》（*Foul Player*）等作品
加州約巴林達市（Yorba Linda）

答 這種狀況非常不容易預測。當遇上交通和行人的意外事故時，人體的所有部位差不多都有可能受傷。影響結果取決於被害人的體型、年齡和健康水準，車輛的速度和大小，碰撞類型（迎面、呈一個角度或擦撞等），以及其他因素像是如運氣等等。

醫界有句格言：該來的總是會來（whatever happens happens）。你安排的角色有可能當場死亡，也可能毫髮無傷，或是發生介於兩者之間輕重不一的傷害。她有可能被撞飛兩百呎遠、被捲進輪子底下，或者僅僅被撞倒。種種狀況都有可能，沒有規則可循。

她可能遭受的各種傷害包括：

全身挫傷（contusions）和擦傷（abrasions）。

骨折：腿部、手臂、肋骨、背部、頭骨和頸部。手臂和雙腿部分可能是閉合性骨折（simple fracture，又稱單純性骨折）、粉碎性骨折（comminuted fracture：骨頭數處斷裂），或複雜性骨折（compound fracture：皮膚破損骨頭露出）。

內臟破裂：最可能破裂的是脾臟，不過肝、腎、腸和胃也都有可能。這類狀況都會造成程度不等的內出血，失血到一定程度，就會休克死亡。

肺臟和心臟受損：若心臟或主動脈破裂，幾乎會當場死亡。瘀血或肺撕裂有可能導致肺臟一側或兩側萎陷（我們稱之爲氣胸〔pneumothorax〕）或嚴重出血，所以基本上她有可能會被自己的血給淹死。

頭部創傷：有時會伴隨顱骨骨折，有時不然。頭傷有可能造成腦挫傷（contusion：瘀血）、血液流入腦中，或形成腦部周邊積血。她有可能在極短時間內一命嗚呼，或者能夠生還並且需要動腦外科手術。這類傷害和前述所有類型同樣有多種可能，造成從輕微到死亡等結果。

15 若孕婦遭槍擊身亡，醫師有可能救活她肚子裡的孩子嗎？

問 我的劇本寫到一名懷孕三十七週的婦女不幸中槍身亡。醫師有沒有可能讓她肚子裡的孩子平安出世？需要多久的醫療反應時間才能挽救胎兒？有沒有可能孕婦因失血而死，胎兒卻得以存活？有沒有可能不讓大衆和警方知道孩子活了下來？

RS
加州卡梅倫公園區（Cameron Park）

答 倘若發生孕婦中槍當場死亡的緊急醫療事件，醫師大概有五分鐘的時間剖腹搶救胎兒。在孕婦沒有生命跡象時進行這種手術並不困難，不過必須在極短的時間內完成。由於母體死亡，胎兒無法透過胎盤得到血液，也因此得不到氧氣，很快就會失去心跳。

假如孕婦中槍後是緩慢流血而死，此時救護人員就有較多的搶救時間。胎兒在母體因失血陷入休克之前都不會有問題。引起休克的低血壓會減少通往胎盤的血流，隨著母體血壓遞減，胎兒所面臨的風險也愈高。所以，必須在孕婦達深度休克階段或死亡前後，極短的時間內將胎兒取出才行。

不想讓警方和大眾知道的話，必須所有目擊者和現場員警，還有（或者）醫師介入共謀才行。否則醫師有道德責任和法律義務把槍擊事件通告警方。

16 車禍被害人有沒有可能僅喪失視覺，其餘毫髮無傷？

問 一個人有沒有可能發生車禍後，只傷到視神經，此外腦部功能完全正常？會是哪種傷害，還有那是怎樣發生的？

道格拉斯·佩里（Douglas L. Perry）
著有《空中迷航記》（*Lost in the Sky*）等作品
加州利佛魔城（Livermore）
www.douglasLperry.com

答 有可能，好幾種方式都說得通。視神經從眼球背側延伸到腦底。兩眼各伸出一條，兩條神經以複雜的形式局部交叉，但是依照你的劇情並不需要知道細節。視覺脈衝（optical impulse）一進入腦中即傳進視覺皮質（optical cortex），也就是位於腦部背側最後方的部位。

倘若車禍波及傷患的雙眼，或眼眶四周稱爲眶骨（periorbital bones）、最薄弱的骨頭，也可能同時傷到單側或雙側視神經，致使全盲或局部失明。後者意指其中一條視神經受損，這樣一來就會造成單眼失明。

頭部背側創傷有可能傷及枕葉皮質（occipital cortex），這也可能導致失明。此種現象稱爲皮質失明（cortical blindness），因其肇因於腦皮質受傷，而非視神經本身受損，可能發生在頭部背側直接受擊、直接傷害，或者前額受擊（例如頭部撞擊汽車儀表版）。這種腦背側傷害稱爲對側傷（contrecoup injury）。基本上腦組織漂浮在顱內，外側以一層薄膜裹住並以脊髓液來固定位置。當撞擊命中頭部前側，腦部受力朝後推送，撞擊顱骨後側反彈，就會傷害視覺皮質並造成失明。

所以，你可以有兩種作法來安排故事人物失明：額頭的直接傷害並損及視覺神經，或是頭部鈍傷，這會造成視覺皮質直接傷害或對側傷。

17 要如何殺害一名最近才剛接受骨髓移植的住院病人？

問 我在故事裡安排一名牧師前往醫院探視教會教徒，並且打算在神不知鬼不覺中將他殺害。那名教徒才剛做完骨髓移植手術，眼前還住在專門病房裡，而他的免疫系統幾乎毫無作用。有沒有什麼簡單（比方可以擺進一杯冰水的）可行的致命手段呢？

華倫・布爾（Warren Bull）
著有《辯方律師是亞伯拉罕・林肯》（*Abraham Lincoln for the Defense*）和《謀殺，曼哈頓風格》（*Murder Manhattan Style*）兩部得獎作品。
密蘇里州堪薩斯城（Kansas City）
www.warrenbull.com

答 有很多方法可以把住院臥床的人做掉。好幾種毒藥，像是砷或氰化物都可以帶進去施用。就連規範用藥，包括毛地黃（digitalis）、麻醉劑和所有類型的鎮定劑，若注射過高劑量也都能奪人性命。此外，你筆下的病患有可能插了靜脈注射管，於是又多出其他方式可供劇情選擇。有多種靜脈注射藥物都可以達到目的，胰島素、毛地黃、氯化鉀、奎尼丁（quinidine）(註)、任意一種β-阻斷劑（beta-blocker），以及其他幾百種藥品。

不過，我認爲你應該是希望能夠利用病患的免疫抑制狀態這一點。也許是能夠殺死他的極度強勢感染。這樣的安排也有多種方式。最簡單的作法是，把小量糞便混入水中，利用靜脈注射管施打。除了會引發強勢無比的多重有機體血液（multiorganism blood）感染，還會有致命的危險。倘若這樣的情節稍嫌簡陋，你可以安排殺手設法進入醫院實驗室的細菌學部，偷走一些在那裡培養的有機體。這類實驗室一定設有幾台保溫箱，裡頭擺滿裝有種種齷齪有機體的培養皿。任何一種所謂的革蘭氏陰性有機體（gram-negative organism），或號稱超級細菌的抗藥性金黃色葡萄球菌（methicillin-resistant Staphylococcus aureus，MRSA）也都有可能偷來使用。

感染症狀在二十四到四十八小時內還不會出現，所以殺手有時間遠走高飛。病患最先出現的症狀會是發熱和發冷，接著呼吸困難、低血壓、心跳加速、出汗，最後陷入休克、死亡。這類感染性休克（infectious shock）稱爲敗血性休克（septic shock）。這會讓免疫系統功能已經折損的患者喪命。

18 灼熱烙鐵能不能用來殺人？

問 使用烙鐵烙印一個人的頭部會不會使人喪命？腹部呢？如果有可能，是否需要反覆加熱烙印？這樣的過程會不會把大腦煮熟？會不會在頭顱上留下永久性的燒傷烙痕？

DW

註：一種用來治療心律不整的藥物。

答 烙鐵會在人體造成何種傷勢，主要取決於烙鐵溫度、施加的壓力，還有烙印持續時間。遭到烙印部位的皮膚、肌肉和其他組織都會出現非常疼痛的第三度燒傷，這是一定的。若想致人於死，那麼燒灼就必須穿透皮膚和其他組織並傷及重要器官。當然這是指傷患沒先因爲劇痛引發休克而死的情況。

燒透腹壁深入腹腔比燒透顱骨來得容易，不過只要熱度和壓力夠高，又有充裕時間，顱骨也會被燒透。此時腦部會受到嚴重損傷，還可能致命。就算顱骨沒被燒透，施以充分熱度仍有可能使得腦部熱損傷，同樣會造成死亡。兩種情況都需要多次使用灼熱烙鐵。

不論傷患是否死亡，這麼做都會在施用烙鐵的位置留下永久性焦黑區。第三度燒傷一定會留下傷疤。

19 貧化鈾彈（depleted uranium bullets，DUBs）（註）會對人造成什麼傷害？

問 我安排筆下的一個人物遭貧化鈾彈擊中。射入和射出傷口的主要特徵會是什麼？若能找到子彈，有哪些跡象可以顯示是貧化鈾（假設子彈不是已知型號，而是手工自製的）？

RB

答 貧化鈾彈的密度遠高於普通子彈。這表示它的準確度較高，而且能夠穿透裝甲鋼板。此種緻密子彈擊中人體大概會逕自穿透，留下整齊的射入和射出傷口。普通子彈的射出傷口較大，形狀不規則，這是由於子彈穿過人體或擊中骨頭時會開展且（或）變形所致。子彈質地愈軟（與鉛彈和包衣鉛彈相比），變形程度愈高，人所受的內傷就愈嚴重，射出傷口也愈大。而貧化鈾彈穿透之後極有可能完整無損。起碼會比較完整。所以射入和射出傷口都較小。

當貧化鈾彈擊中骨質結構時，所造成的傷害會比普通子彈更加嚴重。若子彈或碎片殘留在傷患體內，可以偵測到放射性。貧化鈾的放射性非常低，不過仍偵測得到。

這種子彈或碎片長期留在傷患體內（也許傷患無法承受手術，或者子彈停在高風險部位，動手術移除太危險）會造成什麼影響仍屬未知，不過既然放射性很低，長期影響也許微乎其微。

若檢驗發現子彈仍然相當完好，受過訓練的鑑識人員就能分辨子彈是軍方製造的或手工自製的。軍用子彈都外覆金屬包衣，自製子彈通常沒有。

註：又稱耗乏鈾，自天然鈾抽取鈾235後的剩餘物質，用來製成砲彈有強大的破壞力，可對付裝甲車、船艦等。

20 一個十二歲男孩有沒有可能坐在一名較小的兒童身上把他悶死？

問 我有一部推理／犯罪影集腳本要呈交到BBC播出。我的問題是，一個一般身高體重的十二歲男孩，有沒有可能跪坐重壓在一名六歲兒童的胸口上把他給悶死？大概要花多久時間？

克琳達．瓊斯（Chrinda Jones）
德州普萊諾（Plano）

答 這的確有可能發生。主要得看兩人的體重相差多少而定，不過較年長的男孩的力氣也有重要影響。這種窒息形式稱爲機械性窒息（mechanical asphyxia）。該手法還有個暱稱，叫做柏克式窒息法，得自十七世紀兩名罪犯威廉．柏克（William Burke）和威廉．海爾（William Hare）。

威廉．柏克是十九世紀早期蘇格蘭愛丁堡（Edinburgh）商人。他從事收購舊鞋整修後出售，以及衣物、動物皮和人類毛髮買賣。一八二七年，他在坦納斯克洛斯村（Tanners Close）和經營一家廉價旅社的業主威廉．海爾結識。該年十二月，旅社一位名叫唐納德（Donald）的房客死亡，於是柏克安排在外科醫師廣場（Surgeons Square）販售那個人的遺體，最後賣給了需要屍體做解剖示範的諾克斯（Knox）醫師。

他倆施展騙術，先是在唐納德的棺材裡塞滿樹皮，接著在眾人眼前將它掩埋入土。隨後再把屍體運交給諾克斯醫師，獲得七鎊十先令的報酬。就這樣，一門生意誕生了。柏克和海爾開始盜墓，偷取屍體供應醫師使用，夏季每具售價八鎊，冬季十鎊。想必在地面寒冷時節，屍體比較不好挖出來。

貪婪害了他們。而當地民眾不願意那麼快死，於是他們動手綁架並殺害不會有人惦記的百姓。動手時柏克坐到被害人身上，摀住其口鼻，把對方給活活悶死，然後運送屍體並收取費用。往後一年間，共有十六人死在這兩人手上。

最後，旅社的一名女性房客在床鋪下發現他們的第十六名，也是最後一名受害者。顯然他們把屍體藏在那裡，伺機運往外科醫師廣場。於是，兩人就逮，隨後海爾坦承犯案並作證反咬柏克。柏克獲判有罪後，於一八二九年一月二十八日處以絞刑，有多達四萬人到場觀看。

以妳的情節來說，倘若較年長的男孩趴在較小的男童身上，並把重量集中壓在男童的胸口，他就有辦法讓男童無法順暢呼吸。此時男童的呼吸能力大幅遞減，接著當他掙扎對抗攻擊者時，還會消耗掉更多氧氣。此種供需失衡的情況會讓他死於機械性窒息。時間上則因人而異，取決於所施加的擠壓力量究竟多強，還有施力是否因故時斷時續而定。我這麼說的意思是，如果男童掙扎時能夠向一邊充分扭動，接著又扭向另一方，那麼在他不時能喘上一口氣的情況下，或許可以持續掙扎個二、三十分鐘。不過，要是較年長的男孩能保持完全掌控以及不間斷地施壓，男童有可能在短短三、四分鐘內死亡，或許在一、兩分鐘內就會先喪失意識。

21 火燒車受害者在專業燒燙傷中心會接受何種治療？

問 我才剛安排讓故事中的一個人物遇上車禍，受到一到三度灼傷，正在燒傷中心接受治療。我希望他活下來。除了靜脈輸液（IV fluid）和高流量給氧之外，他還可能接受哪種治療？我猜想感染和肺炎都是該考慮的課題。他能不能接見訪客？

諾姆・本森（Norm Benson）
自由作家，《萊克郡記錄蜂報》（*Lake County Record-Bee*）「綠色連鎖」（Green Chain）環境專欄作家
http://timberati.com

答 傷患會被安置在嚴格隔離的環境，不准訪客探病。起碼在癒合過程進展順利之前都不行。任何人進入他的病房，包括醫師、護士、實驗室技師或其他醫護人員，都得身著無菌袍、口罩和手套。

他會經由靜脈注射施打廣效抗生素（broad-spectrum antibiotics），而且燒傷部位還會塗敷一層厚厚的磺胺嘧啶銀（Silvadene）軟膏並以紗布包紮妥當。那是一種濃稠白色藥膏，外觀和觸感都很像Crisco起酥油。一天必續換藥一到兩次。此外還會大量使用嗎啡、地美露（Demerol，亦即哌替啶鹽酸鹽〔Pethidine〕）或其他強效止痛劑來控制疼痛，特別是在每次清潔、敷藥時，因爲這種治療過程會引發劇烈疼痛。許多第三度燒傷患者承受的痛楚低於第二度燒傷患者，由於深層燒傷會損壞皮膚神經，讓感覺變得遲鈍。不過也不見得總是如此。你故

事中的人物會遭受程度不等的燒傷，這點前面你已經指出，多數燒傷病患也都是如此。

若傷口開始癒合，也沒有出現感染，就可以開始進行第三度燒傷創面植皮。見到肉芽組織出現時，表示傷口已經開始癒合；肉芽色紅濕潤，則代表血液供給充裕。多數傷患的燒傷部位在一到兩週後就會出現肉芽，但許多第三度燒傷創面則否。無論如何，都可以在燒傷過後幾天到幾星期間進行植皮。有時甚至更久。因爲感染會讓一切功敗垂成，還會提高事後留下疤痕的機率。

至於感染和肺炎是嚴重燒傷患者最常見的死因。

22 哪種癌症會致人於死卻沒有外顯徵候，也沒有會引人注意的症狀？

問 有個傢伙遭人謀殺，不過他在遇害前為自己買了一份人壽保險，並指定妻子為受益人。驗屍時發現他罹患了癌症末期。進一步調查顯示，他正在接受一位醫師治療，也知道自己的來日不多。

他有可能得到哪種無藥可治又會迅速致命的癌症，而且由於症狀不明顯，他的妻子和同事才沒有注意到並表示疑問？我希望他知道自己的病情，以及那種疾病有辦法瞞過其他人。

M．黛安．沃格特（M. Diane Vogt)
著有薇拉．卡森（Willa Carson）法官推理系列小說和《浴室犯罪謎團隨筆》（*The Little Book of Bathroom Crime Puzzles*）等作品
佛羅里達州坦帕城（Tampa）
www.mdianevogt.com

答 儘管選項很多，不過最好的方式或許是黑色素瘤（melanoma）——一種齷齪的細小惡性腫瘤，短短幾個月內就會致命。通常被發現時都是種形狀不規則的黑痣，長在手臂、雙腿、背部、頭皮或身體任何部位，其中又以受到陽光曝曬的區域最爲常見。在經過切片檢查確認是黑色素瘤後，會以所謂的廣泛性切除法（wide margin excision）於移除黑痣時的同時，把相當部分的周遭非腫瘤組織一併切除。

黑色素瘤的眞正危險是，確診時，往往腫瘤已經轉移擴散全身。轉移性病灶最愛的部位是腦，當腫瘤擴散到那裡，患者就死定了。化療沒什麼幫助。一旦擴散到腦部，再過幾週或幾個月就會死亡。

腦部黑色素瘤轉移病灶的常見症狀包括有：頭痛、視力模糊或複視、一肢或多肢或身體一側無力或癱瘓，還有噁心、嘔吐、癲癇發作、定向力障礙、妄想或非理性思維、舉止反覆不定和昏迷。這類症狀都可能具有程度不等或任意組合的狀況。他有可能基本上全無症狀，或者症狀十分細微，因此有辦法隱瞞。

所以，你設定的人物有可能染上轉移性黑色素瘤，而且自知會死，卻幾無外顯症狀或徵候，於是他購買壽險保單來確保妻子在他身後能有財務保障。

23 一八七〇年代是如何治療卵巢癌和子宮頸癌？

問 我需要關於一八七〇年代早期中西部小鎮如何治療卵巢癌或子宮頸癌的資訊。當時的診斷會有多完備，以及可能的治療方式為何？患者是一名資歷尚淺的年輕醫師的妻子。我的想法是，以他的經驗或設備恐怕還不足以自行妥善處理，所以會把她送到大都市的醫院動手術。那麼，她在術後需要待在醫院多久？或者她接受的治療純粹只用來緩減症狀？

答 依循今日的標準，一八七〇年代還沒有治療癌症的方法。當時並沒有放射治療或化學治療，醫療處置多半是爲了減輕不適，好比用鴉片和酒精來止痛。手術本身在一八七〇年代是一項高風險提議，目的是在治療，有時或許眞有療效，不過大部分都是做白工，因爲很少能在很後期之前發現。

患者有可能接受手術，還可能捱過手術，甚至熬過癌症本身並存活下來。她的復元過程和現在大同小異：會有幾週覺得不適，接著花幾週恢復元氣，過後就能完全恢復並回歸正常生活。然而在點A和點B之間仍潛藏著許多危機。

首先是麻醉。一八七〇年代有好幾種選擇。鴉片、酒精、風茄（mandrake；又稱曼德拉草）根都都有人使用，但效果差強人意。當時已經有乙醚（Ether）和氯仿（chloroform，又稱哥羅芳），其中乙醚是在一八四二年由克勞福德・隆恩（Crawford Long）醫師在亞特蘭大率先採用，並於一八四六年在麻賽諸塞綜合醫院（Massachusetts General Hospital）第一次公開示範其用途。到了一八七〇年代，多家醫院已開始給藥，不過仍未普及。

第二個問題是手術本身。多數手術死亡案例的禍首都是失血、休克和繼發性感染。當時還不懂輸血，也沒有抗生素。外科醫師於術前洗手，動手術時戴口罩和手套，皆在相當晚近才出現。手術死亡和術後感染死亡在當時都屬常見。

你筆下的人物有可能接受鴉片和舒適護理（comfort measures）或手術治療。她或許會全無問題安然渡過，也可能失血和（或）受到感染，熬過這類併發症或因此死亡。一切情況都有可能，所以你可以隨心所欲編寫你的故事。

24 頭部受擊會不會引發凱卜葛拉斯症候群（Capgras syndrome）？

問 我正在為藝術娛樂電視網（A&E）編寫一齣警偵新戲。背景設在佛羅里達州西部，劇名是《血迷棕櫚》（*The Glades*）。

主觀型凱卜葛拉斯症候群有沒有可能肇因於腦傷，好比從樓梯跌落撞擊水泥地？這種症候群會不會在受傷過後十個小時才發作？隔幾天腦部腫脹消退後會不會回復正常？基本上我希望有個人在午夜被送入急診室，接著，隔天上午他告訴護士和員警，他有個分身在昨晚殺了一個人。

馬特．威騰（Matt Witten）
作家暨製片
加州洛杉磯

答 是的，我想有可能。不過，跟這種症候群連帶相關的腦傷，其嚴重程度多半高於單純的腦震盪。我建議你安排讓那個人物受到腦挫傷（cerebral contusion）——亦即腦部瘀血。腫脹過程有可能持續好幾個小時，因此神經受損和精神障礙有可能過了好幾個小時才會出現。隨後當腫脹緩解，他就會恢復正常。假如他患有潛藏的精神分裂症，比較可能出現這種狀況。症狀會很輕微，稱爲功能性精神分裂症（functional schizophrenia），意思是他有可能在社會上正常活動，完全沒有人知道他有精神分裂症。

凱卜葛拉斯症候群歸入妄想性錯認症候群（delusional misidentification syndrome）一類的精神疾患。這是種妄想性信念，認定一個朋友、配偶或另一個人已經被一模一樣的假冒分身頂替。該疾患最常和精神分裂症有連帶關係，不過也會伴隨某種腦傷出現，特別是傷及右腦半球背側（後腦或枕葉）區域的情況。這個部位負責臉部識別，所以失去這項能力似乎是釀成凱卜葛拉斯症候群的禍首之一。你可以這樣安排。

一進入急診室，他會接受神經科全面檢查，還可能用上電腦斷層掃描（CT）或核磁共振造影（MRI）來進行腦部掃描。掃描結果也許完全正常，不過隨後當他開始出現妄想信念，就必須注意患者已經出現腦部腫脹或腦內出血情況。再次掃描有可能顯示右腦後半球開始腫大。治療方法是休息，並使用類固醇來緩解腫脹，有時還會用上利尿劑（diuretics）引致全身脫水，包括腦部。類固醇或可採用十六毫克地塞米松（dexamethasone），利尿劑方面最可能施用四十毫克泌塞米（furosemide），分別以靜脈注射每十二小時施打一次，持續數日。

一旦腦部消腫，他就能恢復正常，往後也不會再出現神經性或精神性問題。倘若他患有隱性的精神分裂症，那麼他必須看精神科醫師並接受治療。

25 兇手以勒頸的方式殺人要多久才會致人於死？

問 使用勒頸方式殺人要多久時間才會致命？兇手站在攻擊對象後方，或從身後貼背並以前臂施加壓力來阻斷血流。雙方的體重、身高相差懸殊；被害人身高一米八，體重將近六十四公斤，兇手身高將近一米九，重九十三公斤。

MF

答 各種鎖喉手法都不是靠阻塞氣道來殺人，而是像你說的那樣，藉由壓迫頸動脈來奪命。兩條頸動脈約供應大腦所需的九成血液，所以一被壓縮就會大幅減少血流，導致喪失意識，接著造成死亡。所需時間無從預測起，取決於施展鎖喉手法的攻擊性強弱，頸動脈是否受擠壓到完全不通，被害人是否「破招」或起碼能間歇減輕鎖喉力道喘息片刻，還有被害人頸部粗細及其他因素。要讓被害人喪失意識有可能只需二十秒鐘，接著一、兩分鐘就能取他性命；被害人也可能掙扎搏鬥持續好幾分鐘，於是得以在死前對攻擊者造成傷害。此外，也可能介於兩者之間。就像美國南方常講的一句話：狗打架不看狗有多大隻，而是鬥志有多旺。

26 閹割是如何進行的？

問 閹割會造成什麼樣的立即影響？會失血多少？我假設這會誘發立即性休克。會不會很快致命，有沒有辦法拖延一下？從醫學角度來看，會發生什麼事？

派特．布朗
《洛城幻影》書系作者
加拿大安大略
http://www.pabrown.com

答 閹割亦即睪丸移除手術，實際上是種很單純、安全的醫療程序。處理時必須切開陰囊

（scrotum），分別紮住兩邊睪丸（testicle）的動脈和靜脈，接著從緊貼打結處的遠端位置剪斷，所造成的出血量極少。隨後縫合陰囊傷口並包紮妥當即可。這是在醫療環境的情況。若在其他地方進行，情況又不同了。

不施用麻醉的話會非常疼痛，而且要是沒紮好血管將造成出血，不過出血情況不太可能危及生命。這幾條動脈和靜脈都很小。靜脈的血液會很快凝結成塊，動脈則會攣縮（收縮），這是身體面對動脈受傷時的自然反應，能夠減緩血流並加速凝固。除非情況很特殊或運氣很差，否則接受閹割的人不會陷入休克，也不會死。若非在無菌狀況下進行手術，就有造成繼發性感染和致命的可能。如果你還沒看過電影《水果硬糖》（*Hard Candy*），請找來觀賞，內容就是描述這個情節。片中艾倫．佩姬（Ellen Page）角色詮釋得相當精彩，佩姬即主演《鴻孕當頭》（*Juno*）走紅的女演員。

27 哪些因素決定一個孩子能否接受父母輸血？

問 什麼樣的疾病會讓嬰兒只能接受父親輸血或「器官捐贈」，母親卻愛莫能助？也就是說，母親的條件不符，不能提供血液或其他必要組織。

特威斯特．費倫（Twist Phelan）

答 你的問題涉及兩項重大議題。那個孩子爲什麼需要輸血或某種移植治療，還有哪些因素會讓他的雙親之一不得輸血。

那個孩子有可能遇上車禍或其他意外事件受傷而大量失血，必須輸血救治。在大多數的情況下，輸血時是使用血庫存血。不過還是有可能，只是機會不大。

要讓父母之一能夠直接輸血或捐出其他身體組織，就得安排那個孩子出現更複雜的醫療問題。好比白血病（leukemia）一類疾患。

白血病基本上是骨髓細胞的癌病變。這類細胞的功能包括生產人體的紅血球（red blood cells，RBCs）和白血球（white blood cells，WBCs）。白血病患者體內所製造的白血球異常且數量龐大，有可能達到常態的十倍、二十倍甚至更多。這種白血病型白血球呈不規則狀，通常無法發揮其正常該有的功能。白血球是我們對抗感染的主要防線，然而白血病細胞卻不能善盡這項職責，因此儘管患者擁有數量充裕的白血球，仍然很容易受到感染。事實上，多數白血病患者都死於感染。

白血病還會引發貧血症（anemia；紅血球數目過低），由於白血球生產過量，「排擠」製造紅血球的骨髓細胞，而造成釋入血流的紅血球數量減少。情況嚴重時，必須接受輸血。

此外，用來治療白血球的化療藥物也會損傷或殺死骨髓所含多數細胞，不只是白血病細胞，也包括「好的」白血球以及製造紅血球的細胞。這些因素都會引發嚴重貧血和白血球數低落的狀態，無法對抗感染。

化療往往會把骨髓給完全「肅清」。原理是把細胞不分好壞全部殺光，接著移植健康的骨髓到患者體內以重新長出新細胞，治療白血病。白血病的治癒率可達九成或者更高。

你可以設定那個孩子得了白血病，由於嚴重貧血需要輸血，或者接受化療需要骨髓移植。不論哪種情況，雙親都可以是捐贈人選。

現在進入第二個部分。爲什麼母親不能成爲合格的血液或骨髓捐贈人？

父母的血型不見得都和子女的相同，而血型是決定捐贈人能否和受贈者配對相容的因素之一。孩子和父親有可能是A型陽性，母親是B型陰性。她不能捐贈給孩子，但父親或許可以。由於決定相容性的因素不只是血型，那個父親仍需和孩子進行「交叉試驗（cross-matching）」。所以，母親不能捐血或骨髓，父親則或許可以。

另一種情況是，母親可能患有疾病，於是不論是否相容，都不得成爲捐贈人。這裡最常見的問題是急性、慢性肝炎。

28 在第三世界條件下，什麼樣的分娩併發症會導致產婦死亡？

問 我筆下有個人物在和平工作團服務，她親眼目睹一名十五歲女孩在分娩時死亡。當時她前往服務的國家毫無產前暨醫療照護可言。哪一種因素會導致產婦在生產過程中死亡，還有目睹這起事件的人會看到什麼情況？

JP
喬治亞州

答 這有許多種可能。在醫院和醫療保健匱乏的偏遠地區，產婦和胎兒的死亡案例相當頻繁。有種情況稱爲顱—骨盆不對稱（cranial-pelvic dissymmetry），意指嬰兒的頭顱太大，無法通過母體的骨盆開口。在理想情況下，可以採用剖腹產方式接生，然而就你描述的環境卻未必能夠施行。此時產婦的收縮和鎮痛時期間拉長。她會精疲力盡，滿身大汗，同時感到呼吸困難。她會呼喊呻吟，哀求協助；由於子宮持續收縮，損及負責供血的胎盤血管，終究導致胎兒死亡。此外，子宮有可能破裂，爲她帶來極大痛苦。陰道也有可能大量出血，致使產婦陷入休克死亡。

胎兒還可能胎產式異常，包括臀位（屁股先露出）、足位（一足先露出）或肩位（肩膀先露出）等產式。這些情況都可能帶來危險，因爲遇上這類先露位置，嬰兒往往沒辦法通過骨盆開口或產道。同樣地，在理想情況下，產科醫師會伸入產道中（用手或產鉗）轉動嬰兒，矯正成合宜的頭部先露位置並完成接生，否則就得採行剖腹產。若是沒有人知道該如何施行這類程序，將發生如前述的連串事件。

另一種可能是前置胎盤（placenta previa）。這是非常緊急的醫療狀況，必須立即剖腹處理。胎盤一般都附著於子宮一側或背側位置，前置胎盤則是附著於子宮頸內口。平常這並不是個問題，然而等到開始分娩，麻煩就來了。當子宮頸開啓，子宮收縮迫使胎兒朝頸口移動時，胎盤卻擋在前方。這會造成子宮破裂，帶來劇烈痛楚和陰道出血。由於胎盤不再能供應血液，導致胎兒死亡，產婦也會因爲大量出血和休克終至死亡。

29 產婦有沒有可能在分娩後昏迷六週，接著又甦醒過來？

問 我正在進行下一季的《法外柔情》（*Judging Amy*）劇本，我想安排劇中一名孕婦罹患某種類似子癇前期（preeclampsia）的症候群。她在產下一名健康的嬰兒後，心臟停止跳動，儘管復甦處理生效，卻陷入昏迷狀態。她有可能持續昏迷六週嗎？一旦甦醒過來，她會需要哪種復健或照護？

保羅．蓋奧特（Paul Guyot）
http://paulguyot.net

答 這樣的安排可行。子癇前期會引發高血壓，造成手腳和臉部水腫、癲癇發作、昏迷，以及你劇情提到的心跳停止，不過這倒是很罕見。

若產婦心肺驟停，即便施予心肺復甦生效，腦部仍有可能遭受暫時性或永久性傷害。這種情況稱爲缺氧性腦病變（anoxic encephalopathy），也就是缺氧所導致的腦部傷害。

這有可能讓她陷入昏迷六週，然後才甦醒過來。她首先會開始移動她的四肢或手指，並非有意的，不過總歸是個動作。這個動作會變得愈來愈偏向有意的舉止，好比拉床單、扯住靜脈注射管和抓握物件。她清醒時會覺得昏沉、迷糊。她有可能無法辨識出自己身在何處，發生了什麼事情，今天是何年何月何日，自己還有身邊的人是誰。這種狀況稱爲對人、時、地和處境的定向力障礙。她有可能胡言亂語，甚至表現出偏執狂徵候，自以爲遭人囚禁，而且她的家人和醫師都故意跟她過不去。這些障礙會漸漸消失，可能要花上好幾個小時、幾天、幾週或幾個月。通常是數天或數週。

或者她會直接甦醒過來，幾乎是立刻恢復正常。兩種情況都有可能。

她需要物理和精神科醫師的治療，有可能恢復正常，或殘留一些涉及記憶、認知、心理或情緒方面的問題，也許延續數月或永遠不能康復。所以你有很大的轉圜空間來安排後續事件。

30 十六世紀是如何治療昏迷的？

問 在十六世紀，昏迷該如何處理？怎麼餵食或給予水分好讓患者存活下來？他們會受到何種照護？

答 十六世紀世界大半地區的醫學思維，主要奉行西元二世紀希臘偉大的醫師加倫（Galen）的觀點。而他的思想大半承襲亞里士多德的著述。加倫認爲，好的和壞的體液（Humors；血液、黃膽汁、黑膽汁、粘液）是健康和疾病的起因，而種種不同的藥草和軟膏都可以用來治療一切疾病。他還相信放血的療效。加倫對醫學的影響延續至十八世紀，甚至更晚近時期。從加倫時代開始，一直沿用到現代醫學接手之前的草本治療藥物，多半稱爲「加倫式藥（galenicals）」。地方藥師還會根據醫師指示來混合調製草藥。這類藥物有可能是口服製劑，用來塗敷傷口或身體各處部位的軟膏，也可以是經過蒸、燒並釋出蒸汽的吸入式調合劑。有效的少之又少，不過他們也只有那些品項。

十六世紀的藥品主要都由神職人員（或同類人士）施用，而且教會也經常扮演現代醫院的角色。當時的醫藥充其量只在初期階段，有關藥品對人體的作用幾乎一無所知，病菌論（germ theory）仍需四個世紀才會出現，外科手術既危險、血腥又痛苦。除了傷口治療、截肢、剖腹生產和腎結石摘除術之外，少有外科手術能帶來好處。

當時認爲多數疾病若不是犯下罪行遭上帝懲罰，就是患者被女巫或巫師下咒所致。普遍思維是，敬神的好人是不會生病的。所有醫療照護幾乎全任憑正邪見解來主導。塗敷藥膏和服用藥草則經常伴隨著吟誦、儀式和其他禮儀。

由於沒有人知道昏迷的起因，也沒有人知道如何治療，因此皆依循其他所有疾病的標準處理手法處理。患者很可能被當成毒咒受害者或遭上帝復仇折磨。因爲無法服用口服藥物，療法可能以儀式爲主，加上吟誦和其他活動，還會藉由燃燒藥草和精油來製造蒸汽和煙霧，身體各處部位也會塗敷藥草和軟膏。這些可能交由當地醫師或教會人員負責執行。放血或許會納入療法的一環。理由是，疾病導致體內累積污濁體液，排除若干血液也能排出這類毒素，於是病人就會好轉。但結果通常不如所願。

重點在於：當時提供的療法全都包著宗教信條的外衣，並無有效療法。

31 醫師在什麼情況下會誘導患者進入昏迷狀態？

問 倘若某人的頭部遭鈍器擊傷，醫師會不會讓他進入誘導昏迷狀態？如果會的話，那是為什麼，誘導昏迷有什麼好處？如果不會的話，在什麼情況下，醫師才會使用這種治療方式？基本上，我想利用誘導昏迷來讓一個劇中人物被冷凍個幾章篇幅。

西蒙．伍德（Simon Wood）

著有《吹笛手的贖金》（*Paying the Piper*）等作品
加州灣區
www.simonwood.net

答 遇上頭部受傷喪失意識的情況，通常醫師都會避開鎮定劑或痲醉鎮痛劑。因爲患者的神經系統和心理狀態必須持續接受評估，才能在釀成長久損害之前，及時確認傷害併發症的發生。而任何鎮定劑都會抑制腦部功能，干擾評估結果。

不過，有時患者不受控制，而且不受控制的處境還讓他的病情進一步惡化。若遇上這類情況，最好還是採行醫療誘導昏迷方式。其中一個例子是不可控制的癲癇發作，稱爲癲癇重積狀態（status epilepticus，又稱癲癇持續狀態）。這是種癲癇接連強烈再發現象，會延續數分鐘或數小時。這種現象有可能在頭部受傷之後伴隨其他狀況同時出現，發作時有可能干擾患者的呼吸能力，甚至致命。此時可以採靜脈注射施打苯巴比妥（phenobarbital）和苯妥英（phenytoin）等抗癲癇藥物控制，但是有時需要好幾個小時才會生效，有時則完全沒有效果。因此最好讓患者完全痲痹，讓他使用人工呼吸器，直到抗驚厥藥物（anticonvulsant medications）發揮效用爲止。

再者，有些腦傷和呼吸驅力抑制作用有連帶關係，必須讓患者接上人工呼吸器，避免窒息死亡。有時患者會出現定向力障礙，不斷抗拒任何型式的治療；這種對抗行爲表現也包括試圖拔除靜脈注射管和人工呼吸器管線，還有他們能抓到的所有裝置。束縛措施會有幫助，不過傷患有可能抗拒人工呼吸器，從而妨礙呼吸。醫師會使用嗎啡，或許還會用上箭毒（curare）或琥珀醯膽鹼（succinylcholine，又稱司可林）等神經肌肉麻痺藥劑讓傷患完全麻痺，才有辦法維繫呼吸控制。

兩種情況都有可能肇因於頭部鈍傷。此種傷害不會是單純的腦震盪，有可能是稍微不那麼單純的腦挫傷。基本上是種腦瘀血。還有更不幸的因素，好比出血滲入腦中或形成周邊積血。這種狀況比較複雜，必須動手術，康復期也會比較長。從你的問題，我覺得這並不是你想要的情況。我會採用腦挫傷，加上癲癇發作或者對抗行為，或兼採兩種情節。

32 小產有什麼症狀和跡象？

問 一名年輕婦女接受人工受精（in vitro fertilization，IVF）治療，結果療程失敗而她也小產。小產會有什麼症狀？她需不需要住院？

蕾碧．馬辛泰爾（Rebbie Macintyre）
www.rebbiewriter.blogspot.com

答 小產也稱為自然流產，而且無論是如何懷孕的，自然受孕或透過人工受精，其症狀和徵候都相同。

懷孕時有幾種狀況會導致胎兒死亡，像是胎兒有缺陷以至於無法存活，子宮或胎盤出現缺陷，或是服用某些藥品。流產時，子宮會收縮以施力把血液和胎兒胎盤組織推出子宮頸外。症狀包括下腹絞痛（類似月經絞痛）、出血和組織流出現象。絞痛剛開始可能只是輕微不適，接著持續幾小時甚至好幾天，最後變成劇烈疼痛。出血有可能是急性嚴重出血或間歇出血並持續數日，然後才出現嚴重出血。至於會排出哪種組織要看懷孕到哪個階段而定。倘若只有三、四個月，會出現胎盤和少量胎兒組織。要是再多出幾個月，就會排出胎盤和成形的胎兒。

許多女性都經歷過這種情況，卻沒有告訴任何人，也沒有就診；一旦胎兒胎盤物質流出，出血停止，再過幾天便回復正常。起碼就身體上而言。

或者當她以爲苦難已經結束，之後卻可能持續出血、絞痛，病情也愈來愈嚴重，有可能出現發熱、發冷、噁心、嘔吐和嚴重腹痛等感染症狀。通常這是發生在物質不完全流出的情況，稱爲胎兒殘留。子宮會繼續試行排出殘留物，倘若此時出現感染，結果會非常危險，還可能致命。碰到這種情況，她必須緊急接受子宮內膜刮除術來清除殘留組織，並且接受輸血和抗生素治療。

33 若孕婦陷入昏迷一年，她跟她的孩子會接受什麼樣的治療？

問 有名婦女陷入昏迷一年。她的丈夫試圖謀殺她不成，只讓她陷入長期昏迷。哪種藥物或創傷會造成這種結果？沒有人知道她懷孕了，包括她自己。未生出的孩子會遭遇哪些問題？在這種情況下，母體會出現哪些狀況？

康妮．惠普爾（Connie Whipple）
奧勒岡州波特蘭市

答 昏迷的肇因為腦部功能嚴重錯亂。錯亂則是由創傷、感染、腫瘤、藥物、休克、溺水和心跳停止（患者經復甦生還，但復甦期間缺氧造成永久性腦傷），以及其他一些重症所引起。鎮定劑和麻醉鎮痛劑都有可能讓患者的血壓和呼吸機能降到極低水準，使得腦部供氧大幅減少。這種情況稱為缺氧性腦病（anoxic encephalopathy），意指因缺氧造成腦部傷害。胰島素（insulin）亦可能把血糖值壓得過低，致使腦細胞因缺糖壞死，形成另一類腦病。因此，腦部受到任何損傷都可能導致長期昏迷。妳的情節安排採用麻醉鎮痛劑或胰島素都說得通。

此外，頭部鈍傷也會造成出血滲入腦中或形成周邊積血，導致長期昏迷。

長期昏迷的患者幾乎都無法康復。就妳描述的情況，我們會採用「永久性植物人狀態（permanent vegetative state）」一詞來表示被害人陷入昏迷，對聲音或碰觸等任何刺激皆無反應。她必須接受持續支持性療法才能存活。有些人得仰賴人工呼吸器，他們沒辦法自行呼吸，不過多數患者只需要餵食和普通照護即可。若照顧得當，患者可存活幾十年，所以昏迷一年說得通。然而，她隨時可能死於在這種情況下所伴隨的多種併發症之一，能夠甦醒過來並回復到稱得上接近常態的機會非常渺茫。

主要的併發症有：

褥瘡（bedsores）：這是臥床所引發的潰瘍，爲身體長期採行相同臥姿使皮膚受到壓力所致。瘡口有可能很深並出現感染，不但很難治療，還會導致敗血症（感染進入血流）和死亡。

肺炎（pneumonia）：這是昏迷患者常見的病症。陷入昏迷的人呼吸不如常人般深沉，肺臟會稍微萎陷，還會引發感染，這同樣可能致死且很難治療。此外，以鼻胃管餵食流質食物也可能引發吸入性肺炎（aspiration pneumonia），若吸入肺中相當危險。胃酸和食物酸液實際上會灼傷肺臟和支氣管，還會讓一些非常齷齪的病菌有機會造成感染。胃造口管（gastrostomy tube）則能降低這個風險。作法是把一條塑膠餵食管直接穿過腹壁進到胃部，只需切開一個小口，而且可以沿用好幾年。由於導管不通過喉嚨，因此可以大幅降低倒吸入肺部的發生率。

泌尿道感染（urinary tract infections）：許多昏迷患者身上都會裝一根導尿管插入膀胱來幫助排尿，並防止弄髒身體。細菌有可能順著這根管子進入膀胱，接著循尿液上行進入腎臟。這類感染有可能擴散進入血流，進而引發致命的敗血症。

肺栓塞（pulmonary embolus）：這是在腿部或骨盆靜脈中形成的血凝塊脫落移行通過心臟右側並進入肺臟的情況。肺栓塞有可能瞬間致死。由於各種原因而無法行動的人——昏迷、手術之後、中風或車禍——都很容易發生。

胎兒也可能因爲最初的侵害波及受到損傷。倘若母體被施以麻醉鎮痛劑導致氧含量過低，或受胰島素影響血糖過低，就有可能連帶造成胎兒腦傷，而形成死胎、流產，也可能不會。孩子有可能毫髮無傷活下來。所有情況都有可能。妳想要孩子正常或受傷，這樣的劇情安排都說得通。假如妳希望劇中人物小產，那也是常見的。孕婦會如前述接受支持性療法，妊娠也得以持續。接近預產期時她能夠自然分娩，不過最可能的情況是採剖腹產接生。

34 哪一種懷孕併發症有可能導致婦女往後再也無法生小孩？

問 我安排故事中一名十六歲少女遭人輪暴，因而懷孕小產。什麼樣的因素會造成她日後無法生育？骨盆感染有可能嗎？

海麗．埃弗崙（Hallie Ephron）
著有《千萬別撒謊》（*Never Tell a Lie*）和《過來找我》（*Come and Find Me*）等得獎作品

答 她有可能同時染上淋病（gonorrhea）等性病，而損及輸卵管，讓她再也無法懷孕。這種感染還會波及子宮，造成非常危險的情況，大概需要動手術切除子宮來挽救她的性命。子宮內感染若治療得不夠積極很可能送命。

小產時會出現腹痛和出血症狀。她會在醫院接受子宮內膜刮除術（dilatation and curettage，D&C），動這種手術有可能傷及子宮，導致她往後無法生育。此外，小產也可能併發嚴重出血，必須緊急進行子宮切除手術。

有個重點：若安排少女隱瞞強暴好幾天最容易造成這種情況，那麼她所受到的任何感染就有時間造成損害。兩、三天就行得通。爲什麼？因爲強暴受害者的治療包括使用預防性抗生素來全面清除淋病等傳染型性病，以及使用一種墮胎藥來預防懷孕。妥當使用這類藥劑可以抑制感染或避免懷孕。當然了，她有可能拒絕接受，也許是基於宗教考量或性格上的種種因素使然。不過拖延個幾天或許是最好的安排，強暴受害者也常有拖延事例。她有可能決定不透露遭受強暴，但是當淋病造成身體不適，此時她也沒有選擇的餘地。症狀包括發熱、發冷、下腹疼痛，陰道也可能排出乳白色惡臭的分泌物。

35 一九四九年是如何施行心肺復甦術的？

問 我設定故事背景發生在一九四九年。當時會施行心肺復甦術嗎？如果不會，醫療專業人員是採用哪些措施讓心跳停止的病患甦醒？

RD

答 古時候遇上有人崩潰並喪失意識，會用上好幾種非常怪誕的技術。好比伸展、彎曲和壓迫雙臂做泵送動作等，彷彿這麼做就能把生命「泵（pump）」回患者體內。當然了，這些手法沒有一種有用。

一九〇三年，喬治・奎爾（George Crile）醫師率先使用胸外按壓法（external chest compression）成功拯救一位心跳停止人士。口對口人工呼吸最早是由彼得・薩法爾（Peter Safar）和詹姆斯・伊拉姆（James Elam）示範，不過最近這個作法已經從心肺復甦術準則移除。薩法爾在一九五七年發表《急救復甦的ABC法》（*ABC of Resuscitation*），書中便描述了這套步驟。有趣的是，口對口人工呼吸在舊約聖經中就曾提及，以及荷蘭人道協會（Dutch Humane Society）在一七九七年發表溺水者復甦指導方針（resuscitation guidelines），其中也包括口對口換氣法。不過在薩法爾和伊拉姆實際示範它的用途之前，這種手法從來沒有在醫療情境被用來爲心跳停止病患進行心肺復甦。

所以在一九四九年，他們只會施行胸外按壓法，當時並沒有呼吸技術。情況和現在相同，心肺復甦術的口對口部分不再是推薦作法。爲什麼這樣修改？因爲在醫院之外，心跳停止病例採口對口人工呼吸並不能幫他們活下去，而且門外漢很難做得正確。

36 醫務人員在直升機上會怎麼進行心肺復甦術？

問 有位軍醫在支援醫療後送的直升機上救助一名傷患。那名傷患的心臟停止跳動。倘若他身著遭彈片射穿的克維拉防彈背心，醫務兵會把心臟除顫器電極貼在哪裡？

蜜雪兒．加農（Michelle Gagnon）
暢銷書《看門人》（*The Gatekeeper*）和《人質贖金》
（*Kidnap & Ransom*）作者

答 在直升機上進行心肺復甦術並不容易，但或許不會有太大妨礙。現在的克維拉背心比以往加裝金屬或陶瓷護甲的防彈背心柔韌，要是穿著老式背心根本不可能進行胸外按壓；不過他穿的是克維拉，可以進行壓胸動作。壓胸是個初步措施，可以邊做邊等待除顫器預備就緒。

心肺復甦過程中一般會利用除顫器來矯正心律異常現象，特別是心室性心搏過速（ventricular tachycardia）或心室纖維性顫動（ventricular fibrillation）。多數除顫器都附帶電極貼片或掌上型電極板，這組電極板必須和皮膚接觸，貼放位置還必須約略位於心臟相對兩側。於是當電流從電極板之一朝另一個傳導時，就能通過胸部和心臟。

通常電極板或電擊貼片會放置在右胸上以及左腋下。依照妳的情節，由於背心會擋住常規擺放部位，所以其中一個貼片或電極板可以貼在右側肩膀或頸部，另一個則貼在下腹左上部位，即可讓電流通過心臟——其實這正是完成心臟復律（從異常心律轉換成正常心律的程序）的充分要件。那名軍醫可以避開背心，依然能夠完成他的工作。

37 如何謀殺一名重症肺氣腫（emphysema）患者，讓他看起來像是自殺或意外身亡？

問 有個罹患重症肺氣腫的七十歲老人，他的日常生活都仰賴坐輪椅還插接氧氣瓶。倘若有個壞蛋想殺他，而且要看起來像是一起自殺案或意外身亡，他該怎樣進行？他能不能直接拿掉氧氣瓶或是暗中破壞？

西蒙・伍德
著有《吹笛手的贖金》等作品
加州灣區
www.simonwood.net

答 許多肺氣腫患者確實需要全天候供氧，並且隨身攜帶小型氧氣瓶或氧氣濃縮器。無論如何，患者自供氧裝置吸入的空氣含氧量，都略高於呼吸室內空氣。拿掉他的氧氣瓶或濃縮器，或把氧氣放光，的確有致死的可能，而且到底是意外還是自殺都無從區辨起。

還有一種作法是增加他呼吸時的氧氣量。容我解釋。肺氣腫和其他慢性阻塞性肺病（chronic obstructive pulmonary disease，COPD）的患者，對於氧氣吸入量都十分敏感。生理學原理極端複雜，但對罹患此種疾病的人來說，若吸入空氣的含氧量極高，腦幹呼吸中樞就會嚴重受到壓抑，覺得昏昏欲睡並陷入昏迷，最後死於窒息。這會是比較愉快的自殺方式。倘若減少氧氣的吸入量，會導致嚴重呼吸困難，讓他在死前遭受極大痛苦；增加氧氣吸入量則會讓他睡著，陷入昏迷並安詳去世。

假如那個壞蛋在事後回到現場，把氧氣罐調回正常流量，這樣一來就無法判定死亡方式。也就是說，他殺、自殺、意外死亡和慢性阻塞性肺病自然死亡看來都相同。這類氧氣瓶的正常流量約爲每分鐘兩公升。提高流量到每分鐘四到五公升，就能在幾分鐘內或最久一小時內致命。

38 哪種精神錯亂會讓人出現幻聽，覺得有人要他去殺人？

問 我安排故事裡的某個反派人物看到且聽到希特勒要他殺了猶太人和其他人。他還把妨礙他辦事的人給一併除掉，不但對自己罪行沒有絲毫不安，也毫無感覺。他正在搭建一間專屬毒氣室，打算殺死幾個仇人。他認定自己無所不能，對自己的所做所為沒有任何悔意。該如何解釋這種精神錯亂的心理學原理？這是精神病、自戀、妄想狂或者什麼病症？

TS

答 你所描述的人物患有自戀狂、自大狂和帶有妄想、精神病成分的妄想型精神分裂症（paranoid schizophrenia），還有一點社會病態。由於醫學所有領域的大師對於術語用法見解紛歧，要採用哪種稱法得看你閱讀誰的著作而定。學術象牙塔中人對某種疾患的稱法，和第一線醫師的用語往往沒有什麼關聯。不過假使精神科醫師談起這個人，大概會用類似上述的用語。

他是個精神分裂症患者，因爲他有嚴重心理疾患，導致他和現實脫節。他有妄想症，因爲他相信自己無所不能又重要之極。他患有精神病，因爲他會聽到實際上並不存在的聲音。

妄想不過是對環境事物的誤解。有偏執妄想的人見到旁人看著自己，有可能認定那個人是個威脅。若是見到兩個人交談，他很可能認爲他們是在談論他本人。這類狀況都只是對眞實事件的誤解。在精神病方面，患者所感受到的事物都是他腦中想像出來的。他出現幻聽、看到不存在的東西或覺得有蟲子在他身上爬，事實上卻完全沒這回事。他相信沒有現實根據的事情是眞的。

由於你筆下的人物對於其作爲毫無悔意，因此他具有社會病態的傾向。他看來是個有趣的角色，不過我希望你在故事尾聲把他給結束掉。

39 哪種因素會讓一名中年男子出現定向力障礙？

問 我根據一個實際人物形塑我筆下的被害人，那個人在戶外工作時離開崗位走失。據稱他有某種心理狀況讓他看來就像喪失定向力，不過新聞報導中並沒有指明。什麼樣的

因素會讓一名中年男子出現定向力障礙？

格倫・艾克勒（Glenn Ickler）
麻州霍普戴爾鎮（Hopedale）

答 許多因素都會讓人喪失定向力。身體因素包括腦部創傷、感染和腫瘤。倘若頭部受擊，這會造成迷惘和記憶喪失。此種現象無須任何外顯傷害徵候。如果是罹患病毒性腦膜炎（viral meningitis）之類的傳染病，他會發熱、發冷、出汗、頸部僵硬和畏光（嫌惡光線）。要是長了腦瘤，則會引發頭痛、癲癇、妄想、幻覺等五花八門的病症，實際情況則視種類和生長位置而定。症狀有可能出現任意組合，嚴重程度高低不等。

他可能患有精神分裂症等精神疾患。精神分裂症患者可依執行功能高低區分，差別在於他們能否在社會情境中運作。有些患者的情緒表現古怪或對旁人做出怪異反應，還會講出有點離譜的事情，有些則是坐在公園板凳對著鴿子講話或自言自語。有些人知道自己是誰、身在何方，或對身邊事物茫然無頭緒。至於其他輕重不等的狀況也有可能出現。這項診斷讓你有很大的轉圜餘地來塑造你的故事人物，因爲幾乎一切行爲都有可能。

或者跟毒品有關。使用酒精、海洛因、其他鎮靜藥劑成癮的人，會表現出昏昏欲睡、定向力障礙和健忘症狀，戒斷時還會引發妄想。而對安非他命和古柯鹼成癮的人很容易激動，也可能患有妄想症和精神疾病。他們會攻擊別人或尖叫逃離他人。定向力障礙在長期酗酒和濫用毒品的人當中絕對不算少見。

他有可能患染失智症（dementia）眾多類型之一，包括阿茲海默氏症（Alzheimer's disease）。真正的阿茲海默氏症是較爲年輕成人的失智症，通常在四、五十多歲時發病，演變至今則指稱任意年齡的失智症，包括老年期的老年失智症，這個類型通常在六十歲之後才會發病。失智症是神經元死亡或受損引起的腦功能廣泛喪失。不論是什麼原因所引發的失智症，皆涵括記憶喪失、講話遲緩、動作緩慢、混亂迷惘、陣發哭泣、亂發脾氣等症狀。

此外，也有罹患其中任意症候組合的可能。

40 曾接受骨髓移植的兇手在犯罪現場留下血跡，比對結果會與他或是當初捐贈骨髓的人相符？

問 我安排故事裡的主人翁將骨髓移植給一名兇手，那麼那名兇手在犯案現場所留下血跡DNA會與捐贈人相符還是他自己？

ET

答 骨髓移植往往是多種白血病及其他少數醫療問題治療方案中的一環。過程中，首先會以化療藥物摧毀受贈者的骨髓，把負責製造各類血球的骨髓細胞徹底消滅。接著再透過靜脈注射植入捐贈人的骨髓。當植入物質轉移到受贈者的骨髓後，便開始進行整頓、製造血球的工作，並注入受贈者的血流之中。由於血液細胞中具有捐贈人的DNA，因此現場所殘留的血跡確實會與捐贈人相符。這點對他很不利。所幸法醫還有其他選項。

倘若那名兇手遺留下精液、口水、皮膚碎屑或毛髮，其中所含DNA就不會和捐贈人相符。只有血液中的DNA才會。骨髓移植只會影響受贈人的血液，跟其他身體組織DNA毫無關連。如果法醫取得任何這些材料，就能證明它們是來自於兇手，而非骨髓捐贈人。當嫌犯就逮時，他的血液會顯現捐贈人的DNA模式，而得自口腔抹片的DNA會披露嫌犯本人原有的DNA圖譜。根據這些物證，法醫便得以破解謎團。

毛髮必須有毛囊附著才能取得細胞核DNA。通常是扯下的毛髮才有，至於隨時都會自然脫落的毛髮則沒有毛囊。不過即便現場採集到的毛髮全無毛囊附著，也不致於前功盡棄。我們從毛桿能夠檢析出粒線體DNA。這類DNA全由母系遺傳而來，歷經多代不會改變。所以兇手和捐贈人的粒線體DNA是不同的。若雙方母親為同一人，那又另當別論了。

41 觸碰通電圍籬會發生什麼事？

問 我的故事寫到在蒙大拿州漢密爾頓市（Hamilton）附近的一處牧場，有個十六歲男孩觸碰到圍繞在一間小木屋外的通電圍籬。小木屋是用來防止被拘禁的人逃跑用的。後來，一位四十歲的醫師也觸碰到同樣的圍籬。觸電後，他們的身體會出現什麼狀況，還有醫師會採行哪些步驟來協助兩名傷患？他們會昏過去嗎？需不需要做心肺復甦？

蘇．雷曼（Sue A. Lehman）
http://www.suealehman.com

答 觸碰電流會發生什麼事情因人而異，這當中有許多變數，還得看運氣。一般來說，體型愈小、電壓愈高、觸電時間愈長以及地面濕度愈高，所受的危害相對嚴重。

你設定的兩個人物有可能受到重擊而仰翻倒地，截斷電流接觸後，除了暈眩、混亂個一、兩分鐘外別無大礙。或者一時喪失意識，持續好幾分鐘，醒來之後迷惘一陣子。也可能因電流造成癲癇發作一、兩分鐘。就上述任一種情況，他們都可能在頭腦清楚之後隨即恢復正常。

若觸電情況嚴重，有可能影響心臟，導致心律產生致命變化，最後造成猝死。要是立刻施予心肺復甦術或許還有希望救回一命。當然這表示附近要有個能夠勝任心肺復甦術的人才行。然而在這樣非醫療的情境下施行心肺復甦術，成功比率最高只有一成。

觸電有可能讓腦部停工、導致呼吸中止，於是患者在幾分鐘內就會窒息而死。

不過假使這類威脅生命的情況全都沒有發生，他們也活了下來，觸電仍有可能留下其他傷害。電流從接觸點通過身體流向接地點。好比受害者左手抓住圍籬，電流通過身體流向右腳，在電流的進出點有可能同時出現組織燒焦現象，也可能只出現在其中一端而已。最可能出現的位置是在進入點，不過也可能侷限於流出點。電流有可能強得可以把金屬扣、首飾或錶帶熔銲黏上傷患的皮膚。

這種電流還會傷害身體的其他組織，其中最容易受損的是肝臟和骨髓。電擊有可能對這些組織和器官造成暫時性或永久性損傷，患者有可能需要接受長期醫療。

所以觸電傷害有多種形式，還有許多可能結果。有各式各樣的狀況可供妳運用編寫故事情節。一切情況幾乎都有可能出現，從輕微休克到突發死亡都說得通。

42 一九四〇年代是如何治療癲癇（epilepsy）的？

問 一九四〇年代會如何治療活動性癲癇發作？當時的醫師會不會用藥讓他們平靜下來？

西蒙・伍德
著有《吹笛手的贖金》等作品
加州灣區
www.simonwood.net

答 二十世紀前半治療癲癇的正規藥物爲巴比妥鹽（barbiturates）和其他鎮定劑，不過以巴比妥類的苯巴比妥（phenobarbital）最爲有效。其實這種藥物到現在都還在使用。

在一九三七到一九三八年年間，H.梅里特（H. Houston Merritt）和特雷西・普特南（Tracy

J. Putnam）兩位醫師發表了數篇論文，公開他們鑽研苯妥英鈉（diphenylhydantoin，如今以別名大侖丁〔Dilantin〕行銷）以及施藥對癲癇控制的積極作用之研究成果。使用苯妥英鈉或苯巴比妥皆可控制癲癇，還能預防發作，兩種藥物在一九四〇年代均已開始使用。

對於活動性癲癇發作的治療方面，醫師最可能使用的是苯巴比妥，並採靜脈注射或肌內注射施打。由於當時苯妥英鈉還是新藥，苯巴比妥則有長時間的成功紀錄，因此在多數情況下，後者是最好的選擇。倘若施藥無法抑制癲癇發作，才會使用「實驗性的」苯妥英鈉新藥。

43 眼睛受到哪種類型的傷害需要包紮繃帶覆蓋雙眼並住院好幾週？

問 我的故事寫到需要讓主人翁受傷或動手術以至於必須住院好幾個星期，而且在多數時間他的雙眼還得用繃帶裹著。他可能會出現其他併發症或傷害以延長他的住院時間，此外我必須安排他看不見的時間愈長愈好，但至少能夠交談、進食等。你能想到任何也許我可以採用的情況嗎？

貝芙．休斯頓（Bev Huston）
加拿大不列顛哥倫比亞塔寶勒嶺（Tumbler Ridge）

答 我想到幾種可能的情況。

最好的方法是安排主人翁的臉部和雙眼遭燙傷或化學灼傷，不管哪種都行。火和酸劑（如鹽酸或硫酸）會燒灼他的臉部並使角膜受損。如此一來，就必須住院治療。他的角膜受傷不能看東西，而且雙眼得包紮好幾週。他有可能完全復元，也可能需要角膜移植才能恢復視力。他的臉部傷害有可能痊癒沒有後遺症，也可能留下傷疤，而且（或者）需要植皮。以上情況還可能引發繼發感染，這在所有燒傷類型中相當常見，於是問題變得十分複雜，療程也會拉長，並導致更長期的併發症，波及視覺和所有疤痕部位。

視網膜有可能受到明亮光照而受損，導致暫時性或永久性傷害。直接觀看日蝕就會造成這種現象。黑暗環境騙過大幅擴張的瞳孔，於是日晃光線長驅直入損害視網膜。同樣道理，不戴護具肉眼直視核爆也會造成損傷。他有可能很靠近一場閃爆，然後住院、雙眼包紮繃帶「休養」一到兩個星期。他也許會完全康復，也可能視覺遭受某種程度的永久性損傷，最糟糕的情況是或許會永久失明。

另一種可能的情況是視網膜剝離或出血。好比眼睛或頭部受到撞擊所致。安排打鬥、跌倒或者車禍都說得通。重擊有可能造成視網膜下出血，需要包紮休養個好幾週，說不定還得進行雷射治療。這裡有個問題，撞擊不太可能同時損害雙眼。他會被嚴格要求臥床休養，不過可以用不受影響的眼睛看東西，所以這個選項或許不符合妳的需求。

44 火災逃生時有可能受到哪些傷害？

問 我安排劇中的一個人物逃出失火的房子。他花了二十分鐘才穿越濃煙烈燄找到出路。他有可能受到哪些傷害，以及該如何治療？

朵恩．布朗（Dawn Brown）
著有《卡爾克雷格村的魔咒》（*The Curse of Culcraig*）和《生活是一片謊言》（*Living Lies*）等小說
www.dawnbrown.org

答 這裡得考慮三個面向。

他的皮膚有可能受到第一、第二或第三度燒傷。通常受傷部位兼具所有等級的燒傷。我會安排讓第三度燒傷保持在最小範圍，因爲這些部位會留下疤痕，往往還需要接受植皮手術。第一度燒傷就像嚴重曬傷，第二度燒傷則是皮膚起水泡的程度。他的頭髮、眉毛等毛髮都可能被燒光。

他的雙眼（特別是角膜）也可能受損。這會造成視覺缺損，必須做角膜移植來矯治。

他的肺部和支氣管（氣道）有可能受到火燄和煙霧影響。這可以是輕微刺激，也可能造成嚴重傷害，必須住院並接上人工呼吸器，還得接受好幾個星期的治療。其他輕重不等的狀況也都可能出現。

我建議妳安排筆下人物的肺部和支氣管只受到中度傷害，這會引發咳嗽、呼吸困難和胸痛並持續好幾天。他在呼吸或咳嗽時會有灼痛感，和流感所引發的急性支氣管炎非常類似。他會住院接受氧氣治療，被給予抗生素和皮質類固醇（corticosteroids）。抗生素有可能採用頭孢菌素（cephalosporin）類藥劑，每天以靜脈注射施打兩次，持續數日，接著改採口服，約莫持續十天。類固醇方面或許會採用甲基潑尼龍（methylprednisolone）以靜脈注射每日施打八毫克兩次，持續兩到三天。過幾天到一個星期他就會好起來。

45 被大提琴琴弦絞殺的女人會受到什麼類型的傷害？

問 我筆下的一個人物站在他想要謀害的對象身後，用一根大提琴鋼絃纏繞她的脖子。他希望拉長這個舉動的時間，因此施加的力道只足以讓她受到驚嚇；等他拿定主意，最後猛力一扯，把事情了結。結果會出現什麼情況？大提琴琴弦會對脖子產生致命危害，或者只會造成窒息？我希望描繪出濺血場面，不過必須符合現實。法醫能否推斷出兇手所使用的工具？好比在傷口找到琴弦松香？

P.J. 帕利什（P.J. Parrish）
曾贏得夏姆斯獎（Shamus Award）、驚悚小說獎以及安東尼獎，並曾入圍愛倫坡獎提名。
佛羅里達州羅德岱堡和密歇根州佩托斯基（Petoskey）

答 大提琴弦可以作爲絞喉工具，但無法像細繩般打結。使用絞線時基本上會戴上手套並將弦線圈繞於手掌，或是木頭、金屬等材質製成的握柄。它的作用方式較爲不同，因爲圈線會切入肉中，繩索或軟線則不然；留在被害人頸部上的瘀血和切痕會呈橫向，且前方傷口會比後方深，法醫可由此判斷兇手是站在被害人的後方。

由於兇手在痛下殺手前曾經絞扼、折磨被害人好幾回，所以每次都會留下一道和琴弦粗細約略相符的瘀血線。最後當他出力猛扯兩端握柄時，琴弦會切入肉中，截斷頸動脈和（或）頸靜脈。起碼這是辦得到的。倘若有條動脈被截斷，接著就會大量出血，脈動噴濺到好幾呎外；靜脈被截斷則會出血的相當嚴重，不過並不會噴濺。兇手有可能截斷一條動脈和一條靜脈，而另一側不受影響。此外，妳們（註）想安排哪種組合也全都行得通。

法醫會檢視瘀傷和切痕寬度，來判定兇手所使用的絞喉圈的粗細。若能找到涉嫌謀殺的用具，就能判定是否和傷口相符。不過即便寬度相符，也無法斷言該用具即爲凶器，只能說有這個可能，或是類似的絞圈。話說回來，如果法醫在琴弦上發現血跡，且ＤＮＡ和死者相符，那麼就能確定它就是殺人凶器。

是的，法醫有可能在死者的傷口表面或內部發現異物，檢驗後判定是琴弦松香。

註：P.J. Parrish是兩位姊妹作者共用的筆名。

46 一個人腹部中彈有可能熬過十二到二十四小時，之後才接受治療嗎？

問 我是電視影集《靈媒緝兇》（*Medium*）的撰稿助理，我們的作者群希望劇中某人的腹部中槍，在十二到二十四小時內都無法就醫，但不致於死。如果子彈沒有穿透他的器官，在沒接受治療的情況下，他能夠活多久？

埃莉卡．彼得森（Erica B. Peterson）
加州洛杉磯

答 腹部中槍時，唯有傷及主要血管才會立即致命，好比主動脈或下腔靜脈（inferior vena cava）受損的情況。這會造成大量出血，迅速死亡。若是肝臟、脾臟或腎臟等器官之一受損，出血會非常嚴重並危及性命，但不會有馬上送命的危險。死亡在好幾個小時之後才會降臨。不過這些選項都不適合妳的情節。

倘若沒有傷及血管或器官，出血情況會十分輕微，致死風險主要來自於感染。感染有可能過幾天才會形成，而且要許多天、甚至幾個星期才會死亡。

腹部中了一槍會十分痛苦。腹膜（peritoneum，腹部內襯）神經分布綿密，而這片神經網對痛苦又極爲敏感。所以闌尾炎才會那麼痛。就連依照妳情節所描述的槍傷的最小可能血量，都可能刺激這席內襯，而且一切動作都會引來劇烈刺痛，波及整個腹部。被害人會盡量避免動作，但連呼吸也覺得疼痛不已，因爲呼吸時橫膈膜會上下移動並帶動腹內器官。要是有人碰觸他的腹部或施力壓迫，他會感到極度痛楚。坐著、站著、翻身到一側，幾乎一切活動全都很難忍受。他會大量出汗，還可能噁心、嘔吐，而嘔吐會帶來劇痛。

所以，那個人物有可能活過妳勾勒的時間範圍。他會承受巨大的痛苦，以及最後當他獲救並送達醫院時，他需要接受手術、積極抗生素治療和疼痛處理。

47 一個人股動脈中槍能活多久？

問 我的故事寫到某人的股動脈中了一槍。他會流血多久？止血帶能不能幫忙止血？

黎姍・哈林頓（Lisanne Harrington）
獲獎長、短篇小說家
加州約巴林達市

答 他要多久才會失血休克致死取決於好幾項因素，包括動脈遭受哪種傷害（只受到擦傷或者整個被打斷）、被害人的體型和整體健康狀況，還有運氣。倘若動脈損傷嚴重，血液會強力脈動噴濺並造成迅速失血。隨著被害人血壓的降低，噴濺的距離、強度、血量也會逐步遞減。最後會陷入休克、喪失意識，終至死亡。一旦他陷入休克，血液就只剩涓涓淌流，死亡時會完全停止。這整個過程有可能需要兩分鐘或十分鐘，實際得視多種因素而定。

如果他用力壓住傷口，或將止血帶繫於傷口上端來延緩出血，那麼他有可能活過好幾個小時。腿部在一、兩個小時內不會有問題，不過再久就有可能釀成無法挽回的傷害，甚至嚴重到需要截肢的程度。他可以拿任意柔韌堅固材料當成止血帶，像是皮帶、捲起來的襯衫、長襪、跨接線纜或電線等都行。

48 一個人腦袋瓜中槍後大量出血，真有可能不受重創存活下來嗎？

問 有個好人跟一個恐怖分子之類的壞蛋短暫搏鬥，最後以一把點二二口徑手槍擊發告終。好人倒地且嚴重出血，於是壞蛋認為他的這一槍已足以致命。倘若彈頭擦過好人的顱骨，有可能只造成腦震盪卻沒有帶來真正的傷害，於是他過一、兩天就能出院嗎？

菲力浦．唐雷（Philip Donlay）
著有《五級熱帶氣旋》（*Category Five*）和《黑色代碼》（*Code Black*）等作品
www.philipdonlay.com

答 有可能，這樣安排說得通。

像點二二這種小口徑子彈能輕易射穿皮膚，卻射不穿顱骨。彈頭有可能在頭皮底下穿行一路繞過頭部，最後停留在顱骨對側；也可能擊中顱骨反彈並穿出頭皮——此時會有進入和射出傷口，而且相當接近，或位於顱骨的相對兩側。彈頭還有可能在擊中顱骨時變形壓扁，並留在進入傷口的正下方。各種情況都會造成腦震盪，有時傷患還會喪失意識。

當他被送到醫院後會照顱骨X光，檢查是否出現骨折並確認彈頭位置；若彈頭碎裂，也可以靠X光找出來。彈頭碎片在X光片上呈亮白色。治療的下一步，則是將之移除，若仍有碎片也一併移除，然後進行清創、包紮傷口，並爲傷患施打抗生素。他有可能待在醫院兩到三天，開立止痛藥和抗生素後就能出院。傷口會在往後幾星期內痊癒。

49 一個人腦袋瓜中槍後，真有可能完全沒出現腦傷，卻出現記憶受損的情況嗎？

問 期望能夠再次借重你的醫學頭腦為我的新作提供解答。我筆下有個人物頭部中槍受傷。我希望這次槍傷不致於讓他喪命而是陷入昏迷，當他甦醒之後出現記憶受損，而且個性出現部分改變。

這樣的傷害有可能造成此類影響嗎？它們會是永久性的，或者過一段時間就能改善？

大腦是否有哪個部位受損？

佐伊．夏普（Zoë Sharp）
著有夏洛特「夏莉」福克斯（Charlotte "Charlie" Fox）犯罪驚悚系列小說
英國某座「前後都不著村」離島（Middle-of-Nowheresville）
www.ZoeSharp.com

答 妳的情節有幾種可能發展。

彈頭擊中頭顱時變形壓扁，完全沒有射入顱腔。彈頭擊中頭顱後反彈，接著射出頭皮，或在頭皮底下穿行，停留在進入傷口對側。每一種情況都有可能造成傷患腦震盪或腦挫傷（瘀血），也可能導致短暫意識喪失，並改變記憶和個性。不管顱骨有沒有骨折，這種情況都有可能發生。

彈頭也可能射穿顱骨，造成程度不一的腦傷。此時受損程度和修補成敗都會影響治療過程及最終結果。外科醫師在爲傷患進行手術取出彈頭的同時，也會全力修補受損部位。接著，他會被送進加護病房並接上呼吸器，至於不省人事的時間長短則因人而異。有可能持續一天、數日、幾週，甚至幾個月。他會接受抗生素、呼吸器和營養支持治療。

他在甦醒後有可能完全正常，不過也可能出現重大問題，波及他的運動、記憶和認知功能。他或許永遠不會甦醒，長期持續昏迷或死於腦傷、繼發感染，特別是肺炎及泌尿道感染。

一個人的性格、與他人的互動狀況部分受到額葉（frontal lobe）控制，因此大腦前額部位受損，有可能改變他理解以及與人交往的能力。運動機能多半由頂葉（parietal lobe）控制。頂葉位於頭部兩側耳朵正上方，這個部位受傷有可能造成身體另一側永久（或暫時性）的完全（或局部）癱瘓。意思是右頂葉區受損會造成身體左側運動障礙，必須長期復健才能重新學會安穩起身，邁步行走。這可能要花上好幾週、幾個月或幾年，或者永遠無法恢復正常。

記憶就稍微困難一些，因爲我們並不知道涉及記憶形成和回憶的腦區究竟位於哪些部位。

但是額葉或頂葉受損很可能造成記憶喪失。失憶有可能是永久性或一時的，嚴重或輕微的，完全或零星的，他的記憶也許會迅速恢復或拖延許久，局部或完全回復。

因此當頭部前方或側邊受到槍擊，彈頭射穿頭顱傷及腦部，就必須接受緊急手術，接著住進加護病房至少幾天或幾個星期。隨後妳可以依照情節在任意的時間範圍內安排他康復，而且物理復健的強度和持續長度也都能隨心所欲。他有可能完全或局部康復。他的記憶喪失可能有各種不同形式和程度，持續時期則如上述。

50 肝臟中槍會發生什麼事，被害人會不會在三十分鐘內死亡？

問 我安排故事裡一名成年男子的肝臟中彈，那把手槍是在三、四呎外擊發。他距離醫院和最簡陋的急救設施都很遠。我希望他在約莫三十分鐘內死亡，不過最初十分鐘左右必須能夠行動。這行得通嗎？他應該是哪個部位中槍？前面或後面？彈頭的口徑、包衣，或者是否為空尖彈有差別嗎？傷口和出血情況又是如何？

葛蘭特・布萊克伍德（Grant Blackwood）
作家
www.grantblackwood.com

答 你的情節完全行得通。由於一切情況都有可能發生，因此槍擊距離或是使用哪種彈藥，幾乎沒有差別。和較爲柔軟的鉛彈，特別是空尖彈（註）相比，包衣高速子彈對肝臟造成的損傷一般都比較輕微，不過兩類子彈都能符合你所需要的劇情。

就這兩種情況，進入傷口都會較小、較圓，而且由於槍擊距離超過兩呎，傷口周圍也不會留下火藥顆粒或火藥斑紋。傷處只會出現一個圓孔，創口周圍有一環深色挫傷圈。射出傷口會比較大，外觀也比較不規則，參差不齊，尤其是使用較柔軟子彈或空尖彈的情況。

肝臟位於右上腹，藏身橫膈膜下方，局部受到該側肋骨防護。槍彈可以從前、後或側邊射擊，彈頭會留在體內、肝臟或完全穿出體外。後者的情況稱爲貫穿槍傷（through-and-through gunshot）。包衣彈比較可能貫穿，空尖彈則較可能嵌留在肝臟，或埋在腹部某處。

肝臟是富含血管的器官，意思是裡面充滿血液且遍布血管，一旦受傷就會大量出血。以槍傷的狀況，部分會是外出血，特別是從射出傷口流出，不過多半會是流入腹腔的內出血。肝內的血液顏色往往非常深且帶紫。若室內照明很差或是在夜晚，看起來幾乎是黑色的。

隨著被害人的血液流失，他會接連出現各種症狀，而多數都和失血以及低血壓有關。除了傷口之外，由於腹內出血，因此整個腹部也會感到非常疼痛。

他會覺得感到疲倦、衰弱、呼吸困難和乾渴，寒冷甚至發抖。剛開始他有可能還站得起來，蹣跚移動小段距離，但是當血液繼續流失，血壓開始下降，他就會覺得暈眩，有可能得坐下或躺下避免暈倒。接著當他失血的情況加劇，流向腦部的血量減少，有可能出現會定向力障凝，甚至妄想。最後陷入昏迷、死亡。

整個歷程會耗時幾分鐘、半小時、幾小時或一天左右。實際得看失血速度而定。這表示你可以依照你的劇情需要來編寫人物的症狀、徵候出現順序，還可以任意調整被害人的死亡時間。

51 醫護人員一般會如何處理槍傷，以及使用哪種鎮定劑？

問 我的問題是關於我筆下的女探員要怎麼處理嫌犯的肩傷。為了唬過嫌犯，她身著醫師袍，手邊還有一台急救推車，而且醫護人員還向她做了簡報，所以她對該如何處理有一定程度的了解。我安排她從推車取用繃帶並施壓止血。這樣可以嗎？接著，她會讓他挨一針好讓他失去意識。我考慮使用一種短效鎮定劑速眠安（Versed），也安排醫護人員將針筒準備好，並由在場護士做靜脈注射。我這樣安排妥當嗎？

寶拉・伍茲（Paula L. Woods）
著有夏洛特・傑斯提斯（Charlotte Justice）推理小說得獎書系。

註：彈頭尖端中空的子彈，又稱中空彈。

答 這樣安排十分理想。首先她會捏取一疊四乘四的紗布墊緊壓住嫌犯的傷口，同時由另一個人拆開一條壓迫繃帶——一端具有黏性的彈性繃帶。然後把繃帶伸展拉開蓋住紗布並施壓固定位置，這樣就能穩固傷口，等待更進一步的治療。

有好幾種藥物都能用來讓他鎮靜下來，速眠安（咪氟唑侖〔Midazolam〕）無疑是其中之一。另外，品名煩寧（Valium）的地西泮（diazepam）或嗎啡硫酸鹽（morphine sulfate，醫師和護士常把它叫做MS）也同樣有效。劑量約為速眠安二到五毫克，煩寧二到十毫克，嗎啡硫酸鹽五到十五毫克。這類藥劑都可以用靜脈注射施打，而且不到一分鐘就能生效，並在二到五分鐘內達到高峰。

每一種藥物急救推車裡應該都有，也可能已經配好並吸入針筒。探員或護士只需要拆開包裝、取下針頭蓋，接著把針頭注入靜脈。注射器有容積刻度，所以她可以視情況施打所需劑量，讓嫌犯鎮靜下來。

52 手部受到哪種傷害會侷限雙手的使用功能？

問 我想安排故事裡的人物遭逢意外，傷及雙手的使用功能。好比被掉下來的重物給壓傷，造成骨折和其他傷害。我希望他會慢慢痊癒，不過並沒有完全康復，因為最後他的力量和活動力都減弱了。什麼樣的傷害會造成這種狀況？

西蒙・伍德
著有《吹笛手的贖金》等作品
加州灣區
www.simonwood.net

答 骨頭、肌腱或神經受損有可能導致長期傷殘。手部或手腕動脈受損也會造成問題，不過多半屬於急性症狀，只要好好治療，並不致於導致長期毛病。

手腕（腕骨）、手部（掌骨）或手指（指骨）受到嚴重損害或擠壓傷都能符合你的劇情需求。骨科或手外科醫師會盡可能爲傷患修補受損骨頭，好比透過手術插入金屬接骨桿、接骨板和螺釘。然後患者的手部就能回復最接近常態的功能，也可能由於嚴重變形，只殘留極少功能，而其他輕重不等的狀況也都有可能出現。手部最後很可能會變得僵硬，動作範圍和抓握力量都會縮減。

負責運動手部和手指的肌腱分爲兩類。屈肌腱（flexor）順延手掌分布，負責連接前臂肌群和手腕、手部、手指各部位，能屈曲手指、闔上手掌並屈曲手腕。伸肌腱（extensor）順延手背分布，同樣把前臂肌群和手腕、手部、手指各部位連接起來。這類肌腱能伸出或延展手腕、手部和手指。伸肌腱受損一般都能修復，若修復得不夠完備或癒合過程不甚理想，患者所殘留的運動範圍和力量就會縮減。於是患者使用手部的各種能力都會折損，包括開闔手掌、抓握鉛筆或其他工作相關物件，以及提筆書寫、打開或扣上鈕扣、綁鞋帶等精密動作。

負責連接手部和手指的神經皆自脊髓伸出，沿著手臂下行一路延展到指尖。這群神經受損會導致手部癱瘓、衰弱、動作失調並且（或者）失去感覺。

這類傷害有可能出現任意組合以及嚴重程度不等的症狀。好比手指輕微麻木、無法從事精細動作，最終手部和手指力量減弱或完全癱瘓。幾乎所有狀況都有可能出現。

不管是哪種傷害、嚴重程度如何，患者都必須接受治療，必要時還得接受手術並進行復健。有趣的是，這類手部復健稱爲職能治療（occupational therapy，OT）。患者對治療的反應有可能相當理想，於是回復常態或接近正常功能；也可能受損得過於嚴重，不但治療無效，復健成果也不盡理想，致使手部功能喪失。你幾乎可以隨心所欲地安排。

患者的康復時間表取決於幾項因素，包括確切的傷害類別、修復成果好壞、復健情況、年齡、健康狀況，還有運氣。若是嚴重到造成長期傷殘，他的康復期就會以月來計算。持續時間有可能從兩個月到一年不等。因此，你可以隨性自由地編寫故事。

53 一個人被吊刑處死後心臟還能跳多久？

問 我的故事寫到一名男子被處以吊刑。行刑架頂端距離地面約略超過六呎。我研究時發現，一八八五年報紙曾報導一起吊刑，上面描述犯人的肌肉不再抽搐而且沒了呼吸，但心跳直到十七分鐘後才停止。為什麼？如果他的脖子延著軸線脫臼，脊髓會不會破裂或斷裂？會不會殘留腦活動之類的現象？

LD

答 像這樣的吊縊會讓人出現頸部骨頭破裂或骨折的情況，脊髓也會受損。此種傷害通常是撕裂傷或切割傷，接著出血滲入脊髓。受刑人會立刻陷入所謂的脊髓休克（spinal shock）狀態，每當脊髓遭受突發傷害、撕裂或截斷（橫切成兩半）時都會出現。發生這種情況時，傳往身體——特別是血管——的神經脈衝就會猛然受阻。血管會擴張導致血壓大幅猛降，使人的意識倏然喪失。此外，由於脊髓受損以及神經脈衝受阻，肌肉也隨之弛緩（鬆弛）。好比把傀儡戲偶的懸絲切斷一樣，結果任何動作都做不出來。所以問吊且脊髓受損的受刑人並不會抽搐、移動、痙攣，或者掙扎試圖呼吸。假如頸部沒有斷裂，受刑人是因絞扼才緩慢死亡，那麼他就會爲了呼吸空氣而掙扎，身體也會在吊繩上抽動。

心臟會表現所謂的先天自動性舉止。意思是心臟會自行跳動，無須神經傳來任何信號。腦死之後，心臟通常還會繼續跳動好幾分鐘。就你所描述的吊縊情況，受刑人實際上是立刻死亡，但心臟仍持續跳動。然而在心跳停止之前，法醫還不會宣告死亡。爲什麼？這是因爲心跳是一種很清楚的死亡指標，所以執勤法醫會靜候這個跡象出現，接著才宣告受刑人死亡。

54 十九世紀初的前衛女性有可能使用哪種反常的謀殺手法？

問 故事發生在十九世紀的維也納。我筆下的一名女性人物為了制止情人偷走她想偷的東西，於是先下手把他給殺了。我希望她的殺人手法令人不安，又不想出現血腥或可怕的場面。我知道下毒的手法很常見，但我也在心中揣摩是否有比較有趣的方式。她是個有點前衛的女性，經常在夜間身著男子服裝騎馬外出。

M.J. 羅斯（M.J. Rose）
著有暢銷書《輪迴催眠師》（*The Hypnotist*）
toxins

答 槍枝、刀子、劍、弓箭以及毒藥在當時都拿得到手。而砷、顛茄、毛地黃（俗名「狐手套」）、鴉片和其他許多毒素，都曾在十九世紀被用來殺人。

不然使用帽針怎麼樣？帽針在那個時候相當常見，針長六吋或更長，採金屬打製又很尖銳，可以當成一種古怪的謀殺工具。她可以用帽針刺入受害人胸膛，傷及心臟、肺臟或同時造成兩者損傷。以帽針作爲凶器必須瞄準左胸肋間部位才能刺中心臟。這有可能在幾秒或幾分鐘之內就讓他喪命。

此外，她也可以把帽針刺進他的耳道。帽針刺腦部會造成出血並滲入腦中，有可能立刻奪命，或隔幾分鐘、幾小時才會致命。

不論是哪種情況，由於傷口非常小，都只會造成極輕微的外出血。

55 一九七五年會如何治療體溫過低（hypothermia）的情況？

問

一九七五年，醫院處理體溫過低的常見醫療程序為何？我設定的情節是：兩名員警在上密西根一處林間雪地遭遇埋伏。一名員警被擊倒而且被裸身吊掛在樹上。她在遇襲後不到一個小時便自行脫困，穿上濕衣服並呼叫求援。另一名員警則是身穿連帽大衣，肩膀被散彈槍擊中倒臥雪地。他僅剩一口氣，而救援在約莫十五分鐘後抵達。我猜想第二天早上那名女員警並無大礙，能夠在醫院病房陳述事發經過。我假定她身上插有靜脈注射管。還有別的嗎？

而她的搭檔情況比較危急。她後來來到他的病房探視。我希望能夠精確描繪他當時的模樣，包括靜脈注射等事項。我猜想他甚至有可能一度失去呼吸心跳。他一定得活下來。

P.J. 帕利什

曾贏得夏姆斯獎、驚悚小說獎以及安東尼獎，並曾入圍愛倫坡獎提名。

佛羅里達州羅德代堡和密歇根州佩托斯基

答 當時處理體溫過低的方式和現在相同：提升體溫以及控制幾乎免不了伴隨出現的脫水（dehydration）現象。

那名女警的情況比較單純。醫護人員會讓她換上乾暖衣物，再用毛毯或手邊所有派的上用場的東西裹住她的身體，並讓她飲用一些流質，最好是溫熱的。他們把她送上車後會調高暖氣，接著處理她的傷勢。她很可能在現場就能交談，因爲她可以走動，還能求救。他們大概不會爲她施打靜脈輸液，因爲她能飲用流質自行補充水分。除非她的體溫嚴重過低，否則不會有不能說話或飲用口服液的情況；當然了，如果是那樣，她也無法脫困並呼叫求援。倘若傷勢並不嚴重，她在一、兩天內就能回家，而且復元情況良好。

那名男警的情況就複雜得多且充滿變數，實際得看他傷勢的嚴重程度、失血量和其他因素而定。他的心跳有可能停止，不過若是如此，按照你的情節，他的存活率會低於百分之一。除非你希望他喪命，否則就該避開這種情況。

醫護人員會在傷口施壓控制出血，還會用保暖物品裹住他的身體。抵達醫院之後，他們會馬上爲他施打靜脈輸液。但是不會讓他喝東西，因爲他很可能必須接受緊急手術。他們會爲他輸血，送他到外科修補槍傷，還爲他接上靜脈注射管來輸血並施打注射液、止痛藥和抗生素。他會住院多日，也可能待上一、兩個星期。他的傷口有可能受到感染，還可能因爲體溫過低和失血而導致腎臟永久損傷；或許會感染肺炎，而發展出其他幾種病症，拖長他的康復期。遇上這類情況，他能否完全康復就很難講了。

56 協識脫離轉化症（hysterical conversion disorder）患者能不能自理生活起居？

問 我筆下的主人翁患有轉化症（協識脫離癱瘓症〔hysterical paralysis〕）必須坐輪椅，無法走路。她非常富有，家中雇有幫傭，能夠獨立且保持活躍生活，不過仍需仰賴動力輪椅和一隻輔助犬的協助。她還透過健身來增強體力。像她這樣不靠旁人協助，能夠自我照護到什麼程度？我設定她希望凡事都自己來，可是下半身癱瘓患者真有辦法不靠旁人協助，自己設法從輪椅上、下床，以及淋浴和如廁嗎？她是不是得藉由外力才能解決個人照護問題，或者她完全能夠自理？萬一因故被拉下輪椅，她有沒有辦法自行把身體拉回座位？

黛安．唐納（Diane M. Downer）
北卡羅萊納州沙洛特（Shallotte）

答 協識脫離轉化反應（hysterical conversion reaction）是一種精神疾患，並非肢體障礙。這不是截癱（paraplegia），截癱是脊髓受傷導致腰部以下半身不遂。轉化反應患者並沒有這種神經缺陷，他們什麼事情都能做，包括跑、跳、淋浴、進食、穿衣服等，只是故意不做而已。或者更確切來說，是他們的心理疾病讓他們選擇不去做。

有這種疾患的人往往會靜坐凝視身邊的人，卻漠然以對。他們不會坐著動力輪椅四處移動或做健身活動。他們看來很消沉，事事不感興趣。她不會養輔助犬，因爲連那隻狗她大概都會置之不理。她能爬回輪椅，而且只要自己想做，她確實什麼事都辦得到。別忘了，這是種精神疾患，不是身體障礙。

這類反應在精神分裂症等心理疾病患者身上也看的到，並常見於遭受嚴重心理創傷的病例。以後者的情況來說，他們往往是自我設限，意思是這種反應不用特別治療即可自行緩解，通常只需費時數日或數週，要是遇上某些罕見情況，就會延續多月或多年。

所以你筆下的人物什麼事情都能做，不過她有可能故意不做。倘若她拒絕動手，或許就需要別人從旁輔助個人照護。

57 哪種創傷會讓一名男性不能生育，但不致於陽痿？

問 故事發生在南北戰爭（the Civil War）後十五年。我希望我筆下的人物受傷無法生兒育女，但仍能作為他妻子的「丈夫」。他在戰時有可能受到哪種傷害才會造成這種結果？

AP

答 睪丸負責製造兩大產品：精子和雄性激素。若精子數過少或無精子會導致不育症

（sterility），性激素含量過低或無性激素則會導致陽痿。睪丸產出的精子必須經由輸精管（連接睪丸和尿道的管道）進入尿道，隨後才在射精時排出體外。而性激素並不以這種方式，而是直接注入血流。

若睪丸被彈頭、彈片射中或遭直擊受傷嚴重，戰地軍醫可能會把傷患的睪丸切除。精子和雄性激素的源頭也就一併被切除了。如果只有一邊的睪丸受損，他也許不會有生育問題；要是兩邊都因傷切除，那麼他非但不能生育，還會出現局部陽痿的情況。說不定不會完全不舉，所以你這樣安排行得通。

若兩邊的輸精管同時受損，管道有可能結疤封死，使得精子無法從睪丸輸往尿道。不過產生性激素以及注入血流的管道卻完全不受影響。於是他無法生育，卻沒有陽痿障礙。這樣的情節安排頗爲理想。

58 一個人長期被監禁在完全黑暗的環境會發生什麼事？

問 一個健康的人被關進全黑的小房間裡，時間一久身體會受到什麼影響？任何可察覺的生理影響要過多久才會顯現出來？對了，會提供他基本需求。

查克・安德森（Chuck Anderson）
華盛頓州大學城（University Place）

答 既然被害人的生理需求都能受到滿足，他的身體就不太可能出現問題。他有可能因爲空氣濕冷的緣故而染上肺炎。如果遭到監禁多月而且無法活動，他的骨頭和肌肉就會有減輕的傾向，或者雙腿出現靜脈栓塞症（venous thrombosis）。

不過傷害最嚴重的，絕對以感覺剝奪症候群（sensory deprivation syndrome）所帶來的心理影響莫屬。當一個人被囚禁在缺乏或只有局部感覺輸入的環境時，他的心智會自行塡補空缺。大腦會創造感覺、改變感覺或者兩者兼具。像是從記憶取材來製造這類感覺，而記憶有可能是扭曲的；也可能憑空杜撰編造感覺。任何人在這樣的情境下，基本上是被侷限在自己的腦袋裡過活，而心智實質上有能力建構出任何事物。

他能在黑暗中見到東西，好比色彩、無定形物件、空中飄浮的影像、臉孔和恐怖生物，以及任何他想像的到的事物。倘若室內很安靜，他有可能聽到聲音（在呼喚他、談論他，甚至輕聲低語或歌唱）、鈴聲、刮擦聲或急速奔跑聲，還有咆哮或其他聲響。他有可能感到冷風或暖風徐徐吹拂，蟲子爬過他的皮膚，加上他的心智所捏造出的其他感覺。就連味覺和嗅覺也可能扮演一定的角色。像是聞到惡臭或香甜氣味、過去的氣息，都會觸發記憶，包括眞實的和想像的。嗅覺是我們最原始的感覺，往往會把記憶挖掘出來，而且是深埋在心中的記憶。

他的感官經驗不完全是從他的心中浮現。環境雜音也可能播下種子，接著他被感覺剝奪的心智就會朝任意方向擴大或改變這類感覺——有可能變好、變壞，或者只是不同而已。例如，他有可能聽到樹枝受風吹動刮擦外牆的聲音，卻想像有人或有某種東西在牆後挖洞，打算救他、殺了他，還是把他活活吃掉。他有可能聽到旁人說話或吼叫聲，卻認定那是惡魔大聲咆哮要抓他下地獄，或是天使要來拯救他的靈魂。他有可能感到水滴或眞有蟲子爬過，卻虛構出一批恐怖怪物打算把他給吞吃下肚。

他對時間、地點的感受在黑暗中會嚴重扭曲，使他更加混淆，並且爲他的想像力加油添醋。而待在寒冷的室內時間一久會導致體溫過低（身體失溫），這有可能改變他的大腦功能，還可能助長他的幻覺。

至於要過多久才會顯現出來，時間長短殊異。每個人對感覺剝奪的反應不盡相同。有些人關個幾小時就會出現徵候，有些人可能需要好幾個星期。

一旦獲救，他有可能完全康復，或陷入全面錯亂，其他輕重不等情況也都可能出現。他有可能在一、兩個小時、一、兩天或一、兩個月內康復，或者永遠不會康復。所有情況都有可能出現。

這表示你確實有無數的可能性。他有可能感覺到一切任意事項。不論你想像出什麼事情，他都可能有這類經驗。

59 器官捐贈人和受贈者如何進行配對？

問 就活體腎臟移植情況，是否只需要考慮血型相容的問題？我希望安排筆下人物很難找到捐贈人，於是她必須尋覓失散已久的女兒。

凱倫．桑德勒（Karen Sandler）
青少年反烏托邦小說《從繁殖槽誕生的人》（*Tankborn*）作者
北加州
www.karensandler.net

答 移植排斥作用（Transplant rejection）屬於免疫學（immunologic）方面的問題。人體會製造抗體（antibody，又稱免疫球蛋白〔immunoglobulin，Ig〕）以抵抗任何外來抗原（antigens，Ag）的入侵，我們就仰賴抗體的保護活下去。每當有病毒或細菌入侵時，身體會認出那是異物並產生抗體加以防備。抗體會附上抗原，然後吸引白血球來殺死、吞食抗原。移植排斥作用也是同樣情況。相容捐贈人不會被視爲異質對象，如果會的話，程度也相當輕微。換句話說，捐贈人和受贈者的配對程度愈高，出現排斥問題的機率也就愈低。

對器官捐贈人進行分析時，他們的血型和其他多種抗原都會被檢測。血液中及人體內有多種蛋白抗原，這些物質最好都能匹配。然而理想配型相當罕見，因此移植外科醫師會盡力尋找最佳可能對象。

ＡＢＯ和Rh血型鑑定也是配對過程的一環。ＡＢＯ系統會告訴你血液是Ａ、Ｂ、AB或Ｏ型，而Rh系統（恆河猴血型系統）告訴你血液呈Rh陽性或陰性。陽性表示血液中含有Rh因子，陰性則不含。所以Ａ型陽性是指血液爲Ａ型且含Rh因子。捐贈人和受贈者必須具有相同血型。

人體中還有其他多種血液抗原，對移植外科醫師來說，其中最重要的一種稱爲人類白血球抗原（human leukocyte antigen，HLA），這組抗原可區分爲眾多類型。

當某人接受捐贈評估時，外科醫師會進行血型鑑定和ＨＬＡ配型，並分析其他幾種抗原的相容性。每一種抗原愈能匹配，移植成功機會也就愈大。

負責照料你筆下人物的醫師，會針對所有可能的捐贈人逐一進行檢測，然後選定相容程度最高的對象，接著從這裡入手。

60 痲瘋病（leprosy）在維多利亞時代的英國是不是個重大問題？

問 我寫小說時必須知道痲瘋病在維多利亞時代的英國，從十九世紀中期到晚期是不是個重大議題。我在網路搜尋時發現，痲瘋病在十八世紀和之前曾被提及，之後就完全沒有。當時那是不是個重大問題，或者我的方向錯了？

金・連諾克斯（Kim Lenox）
著有《暗影衛隊》（*Shadow Guards*）得獎系列小說

答 痲瘋病肆虐了好幾個世紀。到了二十世紀，疫情在西方多數國家已獲得紓解，卻沒有完全消失。好比在十九世紀的最後幾年期間，挪威多達百分之一的人口仍患有痲瘋病。此外在英國也頻頻爆發疫情，其中多半來自於印度等地移民，痲瘋病在那些地區依然是個重大的衛生問題。英國士兵、生意人和前往印度的旅客，也偶見染上痲瘋，回國後傳染的案例。

所以，即便維多利亞時代的英國沒有重大的痲瘋疫情，仍偶見零星爆發。這個情節應該能符合你的需求。當然了，當時還沒有治療痲瘋病的有效方法，而且直到二十世紀中期之前也尚未出現。

61 遭到致命性注射處死的人能不能捐贈器官？

問 我正在寫一部短篇小說，故事裡主人翁會接受一名連環殺手的器官捐贈。若某人獲判注射死刑，他的器官能不能捐出來？用來執行死刑的化學物質有任何危險嗎？會不會殘留在器官裡，尤其是心臟？

沃恩．哈爾達克（Vaughn C. Hardacker）
緬因州卡里布市（Caribou）

答　注射死刑所使用的三種藥劑沒有一種會傷害人體器官。所以沒錯，理論上器官都能捐贈出來。主要問題會出在後續作業上。

器官捐贈者有多種類型，包括腦傷程度嚴重到必須移除生命維持系統，或是因頭部受創被送進急診室，但傷勢無法挽救的人士。其他還有許多器官捐贈的場景，不過就這些情況，基本上器官都能捐出來，我假設你說的就是這個。

致命性注射並不是在醫院進行，而是在監獄裡執行，在這種環境條件下摘除和移植器官極爲困難。在故事情節中，會需要一組外科醫師到監獄設置一間手術室，在受刑人死後立刻摘取器官，以冰桶冷藏，並送到器官移植機構。然而並非所有器官都要這樣處理。許多器官自屍體摘除之後，只需冷藏並保持濕潤，就能在體外存續很長一段時間。像是角膜和骨骼等等。若是心臟、肺臟就必須盡速移植，期限通常只有六個小時。

另外還有種作法，致命性注射可以在醫院手術室執行，當場摘取準備器官移植。不過我從來沒聽說有人這樣做過，至少理論上是可行的。

眞正的問題是，以醫院的捐贈案例，器官都是在捐贈人移除生命維持系統前摘取。也就是說，腎臟、肝臟以及其他幾種器官是在捐贈人還活著的時候摘取，心臟和肺臟必須等到生命維持系統撤除之後馬上摘取。而注射死刑可能得靜候十五到二十分鐘，才會宣告受刑人死亡。儘管心臟、肺臟和其他器官或許仍能使用，卻已經不在最理想的狀況了。但是以你的故事來說，這還是行得通。

62 年輕的白血病（leukemia）患者搭乘露營車長途旅行時，會出現什麼症狀以及遇上哪些問題？

問 在我的電影腳本裡，有個十三歲男孩罹患了白血病，只剩下三個月可活。他和家人預計搭乘露營車旅行，一起度過他最後的時光。他會面臨哪些困境？他會不會感到疲倦，需不需要使用輪椅？他會不會受白血病的副作用影響而昏倒？

SC
紐約州日內西奧（Geneseo）

答 白血病有多種類型且嚴重程度高低不等。你筆下的年輕人可能已經進入相當後期，想必也做過所有治療，包括各種化療方案。在這裡我必須指出那種情況相當少見，因爲多數兒童白血病如今都能治癒。不過並不是全部，所以有可能只剩三個月的生命。

白血病是種骨髓疾病，患者的骨髓會大量製造無法有效對抗感染的異常白血球。他很容易受到繼發感染，好比肺炎和泌尿道感染，而這類狀況通常是白血病患者的主要死因。

此外，這種白血球增生作用會抑制骨髓製造像是紅血球、血小板等其他類型細胞。紅血球數量過低稱爲貧血症（anemia），會導致疲倦、衰弱、呼吸困難、暈眩、畏寒，以及外觀蒼白等徵候。血小板則是影響血栓形成的首要因子。倘若數量減至極低的水平，很容易有出血傾向，常見於罹患白血病卻未接受治療或進入末期的患者。這種狀況表現在牙齦出血或流鼻血，還有受傷時的出血現象。患者往往很容易瘀血。所以那名少年患者會面臨流鼻血、牙齦出血和瘀血的問題，像是碰撞到桌子時，這些輕微創傷都會在他的體表留下點點青紫。

末期白血病患者會極端地虛弱、蒼白，還會遭受如前述的瘀血和出血情況的折騰。除了出現畏寒現象外，做任何活動幾乎都會讓他喘不過氣，有可能需要輪椅才能移動；他也需要大量睡眠，而且確實會在體力不堪負荷之時，或純粹由於度過漫長一天體力耗盡，而容易入睡。末了，他很可能染上肺炎或泌尿道感染（urinary tract infection，UTI），這兩種病症都會引發致命性敗血症（septicemia），也就是血流感染疾病。他會開始咳嗽、呼吸困難，如果染上肺炎，甚至還會發燒；若是出現泌尿道感染，則會出現身體虛弱、發熱、發冷和背痛等症狀。一旦患染敗血症，他就會陷入昏迷乃至死亡。他還可能因爲血小板數量過少而導致出血滲入腦中致命。這時，他極有可能出現嚴重疲倦及定向力障礙，最後沉沉入睡，陷入昏迷，呼吸停頓終至死亡。

63 紅斑性狼瘡（lupus）在一九三九年如何治療？

問 故事背景設在一九三九年。我筆下的反派人物患有紅斑性狼瘡，所以我需要知道這種疾病在當時如何治療。確切來說，我希望偵探發現那個對手服用某種藥物，由此判定他有紅斑性狼瘡而且正在接受治療。這有可能嗎？

詹姆斯．索普（James Thorpe）
加州柏班克市（Burbank）

答 一八九四年，J. F. 佩恩（J. F. Payne）發表以奎寧（quinine）治療全身性紅斑狼瘡（systemic lupus erythematosus，SLE）的成效，四年過後，另有研究人員證實，添加水楊酸（salicylates，阿斯匹靈就是種水楊酸）還能夠增強療效。於是這種組合成了標準用劑，沿用至一九〇〇年代中期皮質類固醇問世爲止。然而到了一九三九年，這類藥物仍被用來治療多種疾病，證明當時所知的多麼有限。所以，倘若患者還出現狼瘡性皮疹，那麼就能由此推斷他用藥是爲了治療紅斑性狼瘡。紅斑性狼瘡的典型皮疹呈粉紅色或紅色，分布於鼻梁及兩側、上頰部位，由於形狀像蝴蝶，又稱爲蝴蝶狀皮疹或蝴蝶班（butterfly rash）。皮疹有可能非常醒目或讓人幾乎看不出來，還會時發時消。它會出現數天、數週或數月，接著便消失幾週或幾個月。皮疹可以用化妝遮蓋掉。

倘若你筆下的偵探看到像這樣的皮疹，還得知那個人在服用奎寧和水楊酸，他就能判定那個人罹患了紅斑性狼瘡。

64 假如摩托車騎士遭受核爆波及，他會受到哪些傷害？

問 我的劇情是：有個人騎摩托車時，一枚飛彈擊中他那座城市。他和爆炸中心相距甚遠，沒有當場喪命，不過後續衝擊波把他轟倒摔車跌落地面。他會受到哪些傷害以及傷勢有多嚴重？倘若及時接受治療，他能不能生還？如果活了下來，他要隔多久才能重新站起來？

AS
阿拉巴馬州塔斯卡盧薩市（Tuscaloosa）

答 核彈頭在城市爆炸會釀成許多慘禍，而且會非常迅速波及廣大地區。你的情節有個問題，假如衝擊波強得能把他轟倒摔車，就代表放射線十分嚴重。這是由於衝擊波本身帶有輻射。我不是指落塵，那是在爆炸過後數小時和數日期間，發生在下風地帶的現象，我說的是隨爆炸即時釋出的輻射。要是他離的距離夠遠，足以避開這種污染，那麼他跟衝擊爆炸的距離也就夠遠，不會被轟倒。起碼不會直接受擊。倘若受到輻射照射，那麼不管他受到哪些傷害，隨之而來的問題都將相形見絀。根據他接受的輻射曝露量多寡，他有可能在幾個小時、幾天或幾週之內死亡，反正他一定會死。這種情況無藥可醫。

不過也不是完全沒有指望。換個方法就說得通。你可以安排核裝置引爆時他人位在好幾哩外，只受到非常輕微的衝擊，而且多半是地面晃動，不是爆炸衝擊波。再者，爆炸強光有可能猛烈得讓他暫時失明好幾分鐘。他有可能是在騎車時遇上地面晃動，或突發強光才失去控制。

接著他會因爲摔車而受到輕重不等傷害，輕者只是擦傷瘀血，重者有可能腦部或胸部遭受致命傷害。根據你的提問，我假設你希望他能活下來，而且無須接受積極治療。別忘了，像這樣的事件發生過後，醫療體系會左支右絀忙亂不堪，治療上不會太理想。由於到處亂成一片，說不定要等上好幾小時甚至好幾天，才會有人幫忙醫治，然後還得再等一、兩天，其他醫療救援才會來到災區，或者才能把傷患後送到災區之外的醫院。整個交通運輸和醫療體系都會不堪負荷。

假如他只受到擦傷、瘀血和肌肉拉傷，那麼經過簡單清創和包紮傷口之後，他就能自行痊癒，不用接受其他治療。

要是他的腿部或手臂骨折，那麼他可以靠別人或自行用夾板固定傷肢。這能讓他撐過幾天，直到抵達醫療機構或是醫護人員有時間照料他爲止。屆時他會裹上石膏四到六週，實際情況得視骨折的類型而定。然後他會碰到常見的骨折癒後問題，如關節僵硬、肌肉無力，並持續好幾個星期。這些症狀過幾個月就會完全康復，他也能恢復正常生活。

倘若他的傷勢更爲嚴重，好比胸部受傷肺臟萎陷，腹部受創脾臟破裂，或傷及肝腎，他就必須盡快接受手術，否則會有生命危險。在趕往醫療機構的途中，他或許可以撐個幾小時，不過時間一久，他很有可能喪命。至於需要哪種手術得視傷害類型而定。脾臟受創就得摘除，肝臟或腎臟可以修補。肺臟受傷的話，有可能需要大規模的手術。這類傷勢的康復期會漫長許多。他有可能住院一、兩週，完全康復有可能得花上三、四個月。

此外他還可能受到多種傷害，不過你應該可以從這幾種做出抉擇。

65 器官在摘取後多久還能用來移植？

問 我有幾個跟器官捐贈有關的問題。器官在摘取後妥善保存，過多久時間還能拿來使用？如果醫院意外發現有人把器官送上門來，但是來源和捐贈人不明，這類器官會不會拿來作為移植用途？

答 被人留置醫院門廊的器官不會被拿來使用。因爲說不定有人類免疫缺陷病毒（HIV）、肝炎感染，或者染有某種癌症。到時不會有時間檢驗有沒有這類問題。如果拿來使用，風險很高也很愚蠢。

從捐贈人身上所摘取的器官，其續存力高低取決於器官本身和保存狀況而定。

一般來說，器官從摘取到移植的保存時間爲：

肺臟　二到四小時

心臟　四到六小時

肝臟	十二到十八小時
胰臟	十二到十八小時
腎臟	二十四到四十八小時

66 空服員有可能用花生殺死有過敏症的旅客嗎？

問 有個空服員想謀殺一名旅客，她知道那名旅客對花生過敏。倘若她打開一袋花生，用搓磨過花生的雙手碰觸三明治、乾酪和冰塊，然後拿給那位旅客食用，此時會不會讓他出現致命反應？

李．戈德伯格（Lee Goldberg）
著有《走過震災路》（*The Walk*）、《神探蒙克的旅程》（*Mr. Monk on the Road*）等作品
加州洛杉磯
www.leegoldberg.com

答 如果那名旅客對花生嚴重過敏，就有可能發生。只需少量花生油就能誘發過敏性反應（anaphylactic reaction）。唯一的問題是，沾上三明治的花生油夠不夠多。不然她也可以把裝有花生油的注射器帶上飛機，在給他的三明治上滴上幾滴。

幾分鐘後就會出現反應。他會感到呼吸困難、雙唇腫脹，然後長出呈現點點紅斑狀的瀰漫

性皮疹，還會起大水泡（裡面充水，模樣像水泡的病變）。他的喉嚨和氣道會束縮，他會有氣喘急性發作現象，並出現喘鳴、喘不過氣，手捂胸膛或喉嚨。他的血壓會下降，接著當他陷入休克時，他會出現暈眩、喪失意識，陷入昏迷乃至於死亡。整個過程可能需要兩、三分鐘，最長可達半小時，實際得看劑量和他對花生的特定反應而定。

67 女性會不會出現多指畸形（polydactylism）？

問 我今早醒來時大感恐慌，心想自己恐怕犯了個錯。我的長篇小說核心情節裡提到有個男子和一名女子生了個男孩，又跟另一名女子生了個女兒。而他的子女都患有多指畸形。我的恐慌來自於我對多指症缺乏相關認識。多指症基因是不是Y染色體才有，以及是否不會遺傳給女兒，或者女性也會出現多指症？

瑪喬麗（Marjorie）
密西根州羅徹斯特山（Rochester Hills）

答 別慌。多指（趾）症有許多類型，不過妳在小說中所處理的，最有可能是體染色體顯性遺傳（autosomal dominant）樣式。意思是，遺傳得來的基因可以區分為兩大類型：性聯基因（X和Y染色體）和體染色體基因（另外那二十二對染色體）。顯性意指該基因在所屬基因對中占了優勢，於是即便一個人只有一個異常基因（同對基因的另一個是正常的），這種疾病也會表現出來。就隱性遺傳疾病來說，一個人必須具有兩個疾病基因，病症才會完全表現出來。而男性和女性同樣會帶有體染色體多指症基因。

妳筆下那個多指症父親說不定具有一個異常基因和一個正常基因，所以他的精子有一半會得到異常基因，另外一半則是正常基因。據統計，他的小孩有半數會出現多指症。由於這是一種體染色體顯性特徵，而非性聯特徵，所以孩子的性別並沒有差別。所以妳的故事內容沒問題，可以保留原有寫法。

現在，妳可以安心睡回籠覺了。

68 在刑事現場被骨頭碎片戳傷，會接受什麼樣的治療？

問 我故事裡的主人翁是個犯罪現場清理人員。某次她在一處相當新近的（槍擊死亡案件）現場被碎骨戳傷。當她抵達醫院時，會立刻接受哪種治療？除了縫合傷口外，會有什麼樣特殊的清創方法嗎？假如被害人疑似為ＨＩＶ陽性患者，她需不需要馬上進行雞尾酒療法？能不能請你列出藥名？治療會不會延後施行，靜待法醫判定被害人是否為ＨＩＶ陽性患者？要多久才能確認？

WR
加拿大不列顛哥倫比亞薩裏市（Surrey）

答 任何異物穿刺傷送到急診室都有相當制式的初步治療。醫護人員會爲她清潔傷口並且施打破傷風疫苗，倘若她在過去五到十年間不曾打過。醫院不會把傷口縫合，因爲穿刺傷最好讓傷口開放自行癒合，以避免受到感染。在接下來的五到七天，他們說不定會爲她施打抗生素。實際作法取決於確切傷勢，也得視急診室主治醫師如何決定。

既然她是被生物生成物給戳傷，就本例爲一個骨頭碎片，那麼她很可能接受B型肝炎疫苗（Hepatitis B vaccine）注射，因爲B肝是一種可以經由血液傳染的危險疾病。醫師很可能會這麼做。

至於是不是會爲她處理ＨＩＶ問題具有爭議，穿刺物品也許受到感染，也可能沒有。有的醫師會等候槍擊死者的血液檢驗報告。不過這會很快完成，最多幾個小時或一天。這類穿刺傷當然十分令人憂心，但並不一定代表絕對會染上ＨＩＶ。

倘若檢驗結果呈陽性反應，她就會接受感染ＨＩＶ所需要的治療，使用一種或多種蛋白酶抑制劑（protease inhibitor）。這類藥物有好幾種，而且隨著我們對於ＨＩＶ的認識益深，治療方式也不斷演變，所以我沒辦法告訴你究竟會採用哪些藥物。倘若檢驗結果呈陰性，他們仍會在三個月內於急診室爲她重做一次ＨＩＶ測試，然後爲了保險起見，在六個月內還會再進行一次。假如所有測試全都呈陰性反應，表示她在受傷時並未受到感染。要是任一次檢測出現陽性反應，那麼她所接受的治療和所有ＨＩＶ患者也就沒有兩樣。

69 被人用鏟子擊打會受到哪些傷害？

問 我正在進行一本書，故事裡的主人翁是一名二十歲出頭、身材中等的女性。她的手臂被一名壯漢用鏟子給擊中。這一擊有可能只讓她的臂骨裂開卻不致於完全折斷嗎？醫師會怎樣描述她的傷勢？其次是，同一個人又揮打她的頭部，讓她摔倒在地昏了過去。這會造成什麼樣的後果？她需要住院多久？

莎蓮．哈里斯（Charlaine Harris）
作品包括榮登《紐約時報》暢銷書榜的《精靈的聖物》
（*Dead Reckoning*）
www.charlaineharris.com

答 這兩種情況都會帶來許多傷害，不過得視揮擊的切確類型以及被害人的體質和運氣而定。手臂有可能只受到瘀傷，也可能造成肌內出血並形成血腫（hematoma，積血）、骨頭開裂（線性骨折〔hairline fracture〕），或者骨頭斷裂成兩個部分（稱爲簡單骨折），也可能斷裂成多片（稱爲複雜性骨折）。要是被鏟子刃緣給擊中，則有可能截斷動脈，造成大量出血。看來採用線性骨折最符合妳的情節。

頭部遭到鈍器擊傷可能會喪命，也可能只造成瘀傷。頭皮是富含血管的部位，意思是裡面遍布血管。假使揮擊撕裂頭皮就會造成大量出血，否則血液會在頭皮底下積聚，形成血腫（俗稱腫成「鵝蛋」）。

頭部受到任何形式的擊打都可能造成腦震盪（concussion，沒有眞正腦傷的頭部創傷）或腦挫傷（腦瘀血），後者的傷勢較爲嚴重。兩種傷害都可能導致意識喪失，不過腦震盪的情況通常非常短暫——最多幾分鐘。如果是挫傷，有可能暫時失去意識，也可能持續好幾天。揮擊力道夠強的話，還會導致出血滲入腦中或形成周邊積血。這有可能致命，甚至當場死亡，或在幾分鐘、幾小時、幾天內死亡，也可能不會死。

不管頭骨有沒有骨折，所有傷害都有可能出現。

頭骨裡面出血一般稱爲顱內出血（intracranial hemorrhage，頭顱或頭骨內的出血現象）。若是大腦本身內部出血，稱爲腦內出血（intracerebral hemorrhage）。倘若出血位置介於腦部和頭骨之間，則是硬腦膜下出血（subdural hemorrhage，SDH）或硬腦膜外出血（epidural hemorrhage，EDH），實際得視確切出血位置而定。

任何頭內出血都會導致壓力升高。這實際上會擠壓腦部，迫使腦部向下擠過顱底開孔，而脊髓也會從這裡穿出沿背向下延伸，並分枝出神經連往身體。這個開孔稱爲枕骨大孔（foramen magnum）——脊髓上半段稱爲腦幹（brain stem），也就是腦和脊髓的交接部位。擠迫腦部向下穿過枕骨大孔的過程叫做腦幹疝脫（herniation）。由於腦幹負責控制呼吸，這種擠壓會讓腦幹的功能停擺，導致呼吸停止，於是傷患有可能迅即窒息死亡。因此顱內出血是眞正的緊急醫療事件，通常需要急救手術。

你設定的人物有可能遭到簡單挫傷（頭皮瘀血）、腦震盪（喪失意識幾分鐘）、腦挫傷並失去知覺不定時間、頭皮撕裂大量出血，或者沒有外出血，只形成頭皮血腫；也可能出血滲入腦中或形成周邊積血。各種情況都有可能出現。

至於治療、康復時間以及長期問題方面，取決於她的確切傷害類型。挫傷、腦震盪和頭皮撕裂不太需要治療（除了縫合撕裂的傷口），留院一到兩天即可。其他傷害有可能需要動手術，於是她要過一段時間才能康復，情況也比較複雜。

70 鐮刀形血球症（sickle-cell disease）在三十年前是如何診斷的？

問 我有個關於鐮刀形血球貧血症(註)的問題。在二十五到三十年前，那種特徵形式的檢驗結果會是什麼樣子？具體來說，檢驗報告有可能怎麼稱呼？報告內容會如何描述？當時如何指出該特性的陽性反應？

特威斯特・費倫
驚悚小說獎得主
www.twistphelan.com

答 鐮刀形血球症是種遺傳疾病，會導致人體製造的血紅素（hemoglobin，紅血球所含攜氧分子）異常。正常血紅素稱爲A血紅素，鐮刀形血球貧血症（sickle-cell anemia，SCA）和鐮刀形血球特徵的血紅素稱爲S血紅素。SCA患者有兩個S血紅素基因，只具鐮刀形特徵的人則有一個Ｓ基因和一個正常基因。ＳＣＡ比具鐮刀形特徵更加嚴重。

三十年前並沒有今天這種Ｓ血紅素檢驗法。診斷是根據個人症狀和以顯微鏡觀察紅血球形態來判定。鐮刀形紅血球看來就像細小的鐮刀或新月。

檢測方法是「帶有細胞分類的全血細胞計數」（complete blood count with differential，a CBC with diff）。細胞分類是指分別清點各種白血球數量，這樣就能得知血液中各種白血球類型的個別百分比。檢測還包括對紅血球的描述，從這裡便進入ＳＣＡ和鐮刀形特徵的診斷部分。

進行檢測時，醫師必須採得血樣，滴一滴抹在載玻片上，以蘇木精、伊紅（hematoxylin and eosin，H&E）染色，接著用顯微鏡觀察。ＳＣＡ和鐮形特徵都會呈現鐮刀形血球，不過ＳＣＡ的數量會多得多。於是診斷完成。

檢驗報告叫做「ＣＢＣ分類報告」，裡面會說明檢驗見到眾多鐮刀形紅血球。

71 吸入濃煙時會發生什麼事，以及該如何治療？

問 一名警探在撲滅穀倉火災時受到煙塵吸入傷。他有可能受到哪些傷害必須留院好幾個

註：由於血紅素分子異常而引起的溶血性貧血。此種紅血球很脆弱、易破裂，無法順利在血管內流動，並且在血管內堆積，阻斷血流，使組織發生氧氣不足及營養缺乏。

小時或一天，不過還不致於造成長期損傷，終結他的警探生涯？

科琳・斯蒂爾（Coleen Steele）
兩度獲提名亞瑟・艾利斯獎（Arthur Ellis）候選人
加拿大安大略省鮑曼維爾（Bowmanville）

答 吸入煙塵和煤灰的主要影響是刺激眼睛、喉嚨和肺部支氣管，導致這些部位紅腫並滲出體液。這會造成胸部灼痛、呼吸困難，而且呼吸、咳嗽都會引發疼痛，還會分泌少量水樣稀痰，痰中有可能沾染點點塵灰和血跡。由於肺部能夠迅速自行恢復健康，所以這類症狀有可能只持續幾個小時或一到兩天。這裡有個但書，萬一受到繼發細菌感染侵襲，單純的支氣管刺激就會轉變成急性支氣管炎（acute bronchitis）。當氣道受到傷害，在這種情況下，很容易引起繼發細菌感染。

那名警探會被送往急診室，然後接受胸部X光照射，並以脈搏血氧定量計（pulse oximeter）來測定血氧含量。這種小器具可以夾住手指，持續測量血氧含量。他的治療方式會包括接連幾天施用類固醇來減輕發炎現象，加上一個星期的抗生素來預防繼發感染。倘若他的血氧飽和度和胸部X光都很正常，那麼他很可能幾個小時過後就能回家，往後幾天就診即可。若他的血氧含量或胸部X光顯示異常，或是胸痛得厲害，那麼他可能有必要在醫院過夜或更久，當一切都沒問題，他就能出院了。

72 要是被被鎖進煙燻室裡會怎個死法？

問 在我的小說裡，有個人被打昏或被下藥迷昏（說不定還加上絞扼），他失去知覺後被放進一間燻製牛肉乾的煙燻室。接著他會不會因為吸入濃煙而死？或者這種商用煙燻室的通風太好？我的研究顯示，這類煙燻設施都保持在攝氏五十四到六十三度上下，而且有一定程度的通風。

凱伊・喬治（Kaye George）
阿嘉莎獎（Agatha Award）候選作家，入圍作品有《短篇故事補綴集》（*A Patchwork of Stories*）和伊莫金・達克沃夕推理系列（Imogene Duckworthy Mystery）之《哽喉殺手》（*Choke*）
德州泰勒市（Taylor）
www.KayeGeorge.com

答 我不清楚妳希望那個人失去知覺多久，是要剛好能把他鎖進煙燻室裡，或讓他在這整段時間都不省人事乃至死亡？妳採用不同手法來制伏、控制受害人，結果便出現差異。

一個人被擊昏，約莫一分鐘就會醒過來。想想妳看過的拳擊賽，輸家被擊倒後三十秒便抱怨道，對手剛剛那拳只是好運罷了。倘若不省人事持續超過五或十分鐘，那麼腦部很可能受到了嚴重傷害。絞扼也是如此。遭絞扼失去知覺的人，只要對方鬆手或將絞索移除，二十到六十秒過後就會甦醒。兩種作法都能幫妳制伏受害人，並且有足夠時間把門鎖上，不過他只會一時失去知覺，不會持續很久。

如果妳希望他昏倒較長時間，用藥就能辦到。許多藥物都能讓人精神恍惚或完全不省人事好幾個小時，好比海洛因或嗎啡等麻醉鎮痛劑，贊安諾（Xanax）或煩寧等鎮定劑，苯巴比妥等巴比妥鹽，此外還有許多類似鎮定劑的藥物也都有這種作用，尤其與酒精一同服用的效果更強。

被害人有可能因爲體溫過高喪命，而非死於濃煙吸入。曝露在攝氏五十四度左右的高溫下好幾個小時容易導致中暑。受害人會出現多種狀況，包括脫水、核心體溫升高和血壓下降，然後陷入休克終至死亡。他有可能在短短兩個小時內喪命。

73 一個人在氣密冷凍櫃裡可以活多久？

問 普通體型的成年男性被關進落地型冷凍櫃裡能活多久？冷凍櫃沒有插電，尺寸約為六呎長、三呎寬、三呎高。在這樣的情況下，最有可能的存活時間上限是？如果事前先讓他不省人事，結果會有多大差異？

艾倫．萊維隆里（Allan Leverone）
著有《最後向量》（*Final Vector*）等作品
新罕布夏州倫敦德里（Londonderry）
www.allanleverone.com

答 精確時間無法預先估計，因爲其中牽涉到許多因素，包括被害人的體型和體重，還有他是否陷入驚慌。倘若他能保持鎭定抑或處於神志不清，那麼他在冷凍櫃內的氧氣消耗速度就會比較慢，也能活得久一點；要是他驚慌失措或搥打櫃門、尖聲吼叫，就會死得比較快。

儘管如此，櫃內空間依然非常狹小，而且他不單會很快耗盡空氣含氧量，每次呼吸還會製造二氧化碳。由於他的神志不清，所以不會察覺到在這種環境條件下會出現的症狀：呼吸困難、暈眩、睏倦、精神恍惚，最後喪失意識終至死亡。

這種情況的存活時間測量單位是分鐘，而不是小時。我的建議是最少十五分鐘，最長六十分鐘。平均大約是三十分鐘左右。這是純粹猜測的數值，因爲不同情況會產生懸殊的結果，不過若遵循這些範圍，你安排的情節應該不會有問題。

74 一個人的股動脈被刺穿會發生什麼事？

問 故事的主人翁名叫鄔麗，住在鄉間山區。她被一個壞蛋用肉類溫度計刺穿她的股動脈。精確的刺入點應該在哪個位置？她有可能按壓傷口就止住出血嗎？她可不可能即使失血頭昏眼花，卻仍然保有意識，神志也很清楚？這種傷害會不會讓她完全不能使用傷腿，或者她有沒有辦法站起來走路？過多久之後她就得接受什麼樣的治療不可？

答 股動脈刺傷是一種會危及生命的嚴重傷害。動脈出血就像噴泉一樣，會造成嚴重失血和休克。時間從三分鐘到十五分鐘不等，實際得視傷勢的嚴重程度和出血速度有多快而定。

股動脈位於鼠蹊部，伸出手指按壓很容易感到那裡有脈搏。按壓住該部位是最好的止血方式——其實也只有這個方法——在妳勾勒的那處鄉間環境，她可以這樣控制出血。由於傷口位於鼠蹊部，止血帶沒有用武之地。

失血會導致低血容量症（hypovolemia，血容積過低），進而造成低血壓，最後休克死亡。傷患會接連出現各種症狀，大致順序如下：衰弱、疲勞、覺得寒冷、暈眩、乾渴、手足麻木、睏倦、迷惘，還可能出現幻覺，接著就會昏迷乃至死亡。所以，鄔麗有可能感到暈眩，不過意識仍然清楚。

傷口會非常疼痛，不過除非股神經也受損，她應該可以移動傷腿，甚至還能站立行走，當然她必須控制出血狀況。她不能奔跑、游泳或做出眞正費力的動作，這樣才能持續控制出血狀況。最好是靜坐等待救援，或者踉蹌回到文明處所。

她愈快得到救援愈好，如果出血狀況控制得宜，她就能等上好幾個小時。會造成損害的是失血，而不是傷口本身。但這類出血很難控制得久。因爲必須強力施壓，手和手臂很快就會感到疲倦。除非她拼湊出某種施壓裝置，也許是把夾克、襯衫捲起來，用大石頭壓在上面，這樣可以輕鬆一點。石頭能施加部分壓力，她自己就能少出點力。不然她也可以把衣物捲成一團施壓然後用腰帶紮緊。話說回來，她必須隨時留意任何她所使用的裝置。一旦對傷口的直接施壓力道減弱，結果有可能突然大量噴血。

她需要動手術來修補動脈，如果一切順利的話，住院時間大概五到十天不等。治療包括接受輸血來補充失去的血液，使用抗生素和止痛藥。她會待在加護病房（ICU）約四十八小時，往後三、四天還必須限制活動。接著她可以開始行走，並展開物理治療。完全康復約需六週。

75 在一九三二年，有沒有可能把脊髓灰質炎（poliomyelitis，polio）傳染給另一個人？

問 在一九三二年，有沒有可能害別人染上急性脊髓前灰白質炎（acute anterior poliomyelitis）？若有可能，會怎麼引發感染？有沒有可能藉由食物？假如被害人是個年輕健康的二十四歲男子，要多久才會顯露病徵？我的故事裡提到一名年輕的情報人員被敵方用這種手法害死，所以他看起來就像是自然死亡。

答 是的，你的情節行得通。脊髓灰質炎在一九三二年無藥可醫，當然也沒有疫苗。一九五二年，喬納斯・沙克（Jonas Salk）才首次測試疫苗，而且直到一九五五年疫苗才問世。在此之前，這是種常見的毀滅性疾病。

脊髓灰質炎是由病毒所引起的疾病，俗稱小兒痲痺症，最常見的傳染模式是經由受污染的食物和飲水散播。所以，只要從患有急性脊髓灰質炎的人取得唾液、血液甚至糞便，拿來污染被害人的食物或飲水即可。他有可能染上這種疾病，也可能不會，因爲接觸病毒不見得總是會造成感染。結果無從預測起。不過你的反派人物可以污染被害人的食物，不久之後他就有可能染上脊髓灰質炎。如果能有多重接觸，染病的機率也會增加，然而單一接觸就有效果。

脊髓灰質炎的潛伏期爲一到五週，最短三天，最長略超過一個月。初期症狀通常是發熱、嗜睡、頭痛和全身性肌肉疼痛、無力，跟流感非常相像。對許多患者來說，病症就這樣結束。他們也沒有出現進一步的問題，最後病毒被身體殺死，患者也對脊髓灰質炎免疫。不過情況不見得總是如此。

脊髓灰質炎有可能造成多種癱瘓症（paralysis）。這類病症稱爲癱瘓型脊髓灰質炎（paralytic polio），區分兩大基本類型：脊髓型脊髓灰質炎（spinal polio）和延髓型脊髓灰質炎（bulbar polio）。當病毒攻擊脊柱特定部位，導致身體肌群衰弱，便發展出脊髓型脊髓灰質炎。雙腿和雙臂再也不能移動，還可能造成橫膈膜癱瘓，並且無法呼吸。舊時的鐵肺（人工呼吸器）就是在這個時候派上用場。癱瘓的肌群會逐漸開始萎縮。

約有兩成病例屬於延髓型。病毒攻擊的是腦幹，也就是大腦較下方的部位暨脊髓上段。延髓型脊髓灰質炎會波及若干腦神經——直接從腦部伸出的神經，而非出自脊髓——於是患者會覺得很難呼吸、吞嚥和說話，無法使用臉部肌肉，加上視力模糊、複視，以及其他神經異常狀況。脊髓型和延髓型脊髓灰質炎有可能同時出現，這往往發生在兩成患者身上，稱爲延髓脊髓小兒痲痺（bulbospinal polio）。

一旦染上癱瘓型脊髓灰質炎，患者的肌肉會停止運作，肌肉萎縮、呼吸變得困難，於是他們會被送進鐵肺。這是一九三二年的正規療法。這種疾病從病程早期即可能出現致命的併發症，其中最主要是肺炎和泌尿道感染。盤尼西林（Penicillin）在一九二八年被發現，不過相關研究直到一九三四年才實際出現，而純化取得作爲眞正的抗生素藥劑則是在一九四〇年代展開。因此，在一九三二年這類肺炎和腎臟感染並無有效療法，而且都可能致命，對於無法行動的人士尤其危險。

所以把受污染的飲食拿給被害人，他就有可能染上癱瘓型脊髓灰質炎，最後由於感染或日漸消瘦而死亡。不論從醫學或法醫鑑識的角度都無從判定，他所受到的感染是有人蓄意謀害，還是跟多數病例一樣是來自於正常的人際接觸。

76 一九六五年會使用嗎啡滴注來止痛嗎？

問 我的藝術創作碩士（ＭＦＡ）論文小說背景設在一九六五年。有個女人得了癌症，也許是卵巢，而且已經擴散到骨頭，除了止痛藥之外，還有沒有其他方法能幫她治療？我假設嗎啡滴注是當時的作法，但我沒有把握。

卡洛．弗里施曼（Carol Frischmann）
俄勒岡州波特蘭市（Portland）
www.carolfrischmann.com

答 轉移型卵巢癌（metastatic ovarian cancer）在今日並沒有什麼療法，更何況是在一九六五年。至少全都無效。當時嗎啡硫酸鹽在那種極端疼痛情況下確實派上了用場，不過並不是以靜脈注射管連續施打。理由很簡單，一九六五年還沒有像現在這麼可靠的裝置，沒辦法確保能夠控制注入緩慢給藥。當時的靜脈注射多半是利用注射管線的夾輪裝置來調整特定流量率。這種裝置能鉗住管子來控制流量，不是非常精確，也不太可靠。以此種方式來施打嗎啡硫酸鹽這類具有潛在致命危害的藥劑實在過於鹵莽。所以當時才改採間歇施打。這種疾病在病程早期，可以每隔二至四小時以靜脈或肌肉注射，施打五到十五毫克就有效果；不過當治療持續超過數週或數月之後，患者會習慣嗎啡，如同成癮一般，於是控制疼痛的所需劑量不斷增加。幾個月過後，可以想像每隔三到四小時就需要施打三十到五十毫克。由於在這種情況下，成癮並不太讓人憂心，醫師會從患者舒適角度考量，劑量再大也會使用。

77 哪種傷害會讓一位十世紀公爵在受傷後十年才喪命？

問 我正在進行一本傳記體歷史小說，內容關於十世紀日爾曼王后梅希蒂爾德（Queen Mechthild）。故事提到的人物都真有其人。她的兒子是巴伐利亞公爵海因里希（Heinrich），曾在戰場上受傷，但活了下來。根據歷史學家的描述，那次傷害約在十年過後讓他喪命。有關那次傷害只知道這麼多。公爵有可能在戰時受到哪種傷害，儘管當時生還，卻在多年過後因併發症死亡？

米雷亞．帕策爾（Mirella Patzer）
歷史小說作家
http://mirellapatzer.com
http://historyandwomen.com

答 他在戰場上最可能遭受的傷害是被劍、箭或長矛給刺傷。他會流血，不過傷後的存活機率很高。我們假設傷口是在大腿或小腿位置，並且深及骨頭。傷口感染在當時經常發生，也是常見死因，受到那樣的傷害有可能隨之出現感染。有些人熬過了這類感染，即便當時的醫師對於感染是怎麼來的，還有該如何治療全都一無所知。他們的作法包括爲傷患放血，這沒有好處，實際上還有害，而且他們還經常切開受感染的傷口放膿——這就有幫助了。完全是我們今天的作法。有趣的是，當時的醫師認爲傷口化膿是件好事，代表傷口癒合得很好。事實卻正好相反，因爲傷口化膿表示有細菌感染。話說回來，十世紀也有人熬過這種情況。千萬別低估運氣的威力。

所以妳筆下的人物遭人刺傷並深及骨頭，還出現感染。然後感染轉移到骨骼以及稱爲骨膜（periosteum）的骨骼周圍軟組織上。這個情況稱爲骨髓炎（osteomyelitis）。骨髓炎有可能演變成慢性感染，即便在今天都很難治療。接著感染暗中醞釀數週、數月或數年。這可能就是那位公爵的處境。

他受傷的地方會出現慢性疼痛和腫大現象。病情時起時落，有時輕微，有時嚴重。遇上感染發作時，他的醫師會切開傷口釋出膿液，感染問題雖然得以改善，不過只維持數週或數月，又會再次復發。這個循環有可能持續多年。最後由於出現非常嚴重的感染，而他對當時能派上用場的治療全無反應，於是與世長辭。

事實上，英王亨利八世（King Henry VIII）就遇上這種情況。他在一次長槍比武時腿部受傷，傷口始終沒有好好痊癒，一直糾纏到他臨終病榻。

第二篇

毒物、毒素、藥物和毒品

Poisons, Toxins, Medications, and Drugs

78 毒物還能作為有用的武器嗎？

問 在這個高科技法醫鑑識時代，毒物還能不能在小說謀殺案中派上用場？

GB

答 能，經常有人下毒之後逍遙法外，因爲沒有人會想到這點。假設一名住在療養院，患有心肺疾病的八十五歲失智患者在睡夢中死去，他的私人醫師有可能簽署死亡證明，判定他是心臟病自然死亡，而法醫也會採信。這種情況很可能不會進行驗屍，也不會花大錢做藥毒物學檢驗（toxicological testing），因此若有過量施用嗎啡、毛地黃等藥劑就不會被察覺。不過要是其中牽涉到像是有五百萬美金的遺產，或者死者的保險公司無須理賠遭謀害的案例，或者某個家屬懷疑有其他家人涉案，那麼法醫可能會依照請求立案調查。

投毒殺人卻能逍遙法外的第一步，就是得安排得看起來不像謀殺。絕對不要讓法醫介入，或起碼避重就輕給他一個可信的死因。如果死者沒有被謀殺的嫌疑，他會採取阻力最小的途徑，也就是最便宜的方式。在法醫預算不斷縮減之下，他必須接受這種處境。要是揮霍預算就得開始求職。所以給他一個便宜又輕鬆的脫身台階。

第二步是使用不容易檢驗出來而且能夠逃過多數藥物篩檢的毒物。藥物篩檢一般都檢測酒精、麻醉鎮痛劑、鎮定劑、大麻、古柯鹼（cocaine，又名可卡因）、安非他命和阿斯匹靈。有些還篩檢其他幾類藥物。一旦檢測出某類藥物之一，就會進一步化驗確認藥物種類以及劑量爲何。這類檢測都比較花錢且費時，不過倘若篩檢顯示有問題，就會進行下去。否則爲了省錢，會判定死亡是其他因素所致，然後回歸正常生活。別忘了，中年男子的常見死因，有一項是沒有心臟病發徵兆的心律不整（cardiac arrhythmia）。這種死亡案例驗屍也驗不出結果。心臟病發看得出來，心律不整則純粹是放電問題，無跡可尋。

話雖如此，如果懷疑死者是中毒致死，以及金錢和利害關係都足夠激發追查動機，那麼只要屍體保持完整，幾乎全都驗得出來。使用氣相層析法（gas chromatography，GC）再加上質譜測定法（mass spectrometry，MS）或紅外線光譜法（infrared spectroscopy，IR）就能取得任何分子的化學指紋。由於每種分子都有自己的結構，具有特定指紋，也因此所有化合物都能相互區辨。

基於這些理由，毒物依然是犯罪小說作家豐富好用的題材。

79 哪種藥物可能會讓失語症患者的病情惡化？

問 我筆下的人物正在一步步毒害她的母親。她的母親是個中風患者，並患有布洛卡氏失語症（Broca's aphasia）。我希望中毒症狀能逐漸出現，完全不啓人疑竇。有沒有哪種東西我可以派上用場？

HO

著有艾瑪·溫貝里（Emma Winberry）推理系列之《天外飛來的案子》（*The Accidental Sleuth*）
伊利諾州荷馬格倫（Homer Glen）
www.helenosterman.com

答 失語症是種複雜耐人尋味的神經性疾患，可區分成兩大基本類型：感受性和表達性。感受性失語症（receptive aphasia）是無法理解視覺或聽覺資訊的病症，表達性失語症（expressive aphasia）則是無法傳達言詞或思想的狀況。布洛卡氏失語症屬於表達性類型。兩者都有許多變異形式。

感受性失語症方面，患者有可能聽不懂口語或看不懂書面文字、圖像或物品。舉例來說，若某人寫下手錶一詞，患者有可能看不懂文字或沒辦法講出來，不過他說不定有辦法伸手指著手錶或手錶圖像。或者當某人講出手錶一語，患者說不定有辦法伸手指著手錶，卻沒辦法書寫手錶兩個字。或者當某人指著一支手錶，患者說不定有辦法寫出手錶，卻沒辦法講出那個詞。

表達性失語症是無法說出他想講的話。通常他心中都知道該用什麼詞，卻講不出口。這非常令人沮喪，因爲詞彙似乎就陷在患者腦中，他卻沒辦法把話說出口。

表達性和感受性失語症同時出現的情況並不少見。這類病症的最嚴重形式稱爲廣泛性失語症（global aphasia）。各位應該想像得到，染上這種疾患的人，溝通時會遇上很嚴重的問題。失語症有多重起因，包括中風、創傷、感染、酒精或藥物濫用、精神分裂症等精神疾患和阿茲海默氏症（Alzheimer's disease，AD），還有其他任何類型的失智症。失語症病情可輕可重，也可以是暫時性的或永久性的。

布洛卡氏失語症屬於表達性型式。罹患這種病症的人會遭受極大挫折，因爲他們知道自己想講什麼，卻怎麼也說不出口。這會造成好幾種罕見情況。有時他們會不顧旁人提問，無視當時狀況，一再複述同一個字詞或句子。從前我有個病人一再使用「這樣很好」這個句子。不論我問什麼問題全都無關緊要，反正她都這樣回答；儘管她完全知道自己想講什麼，卻只有這句話說得出口。

有些人則發展出號稱新詞（neologism）的單詞。基本上就是杜撰的單詞。還有，從前我另有個病人也只能講出聽起來就像「路訥」（loop-nert）的詞語。

沒有哪種藥物能明確導致眞正的失語症或者讓病情惡化。不過仍有多種藥物會干擾整體腦功能，從而讓妳筆下人物的失語症彷彿有惡化現象。這些主要是會導致某種程度的嗜睡、迷惘或抑制心理歷程的藥物。有些藥物只需小劑量就能引致心理機能進行性變異，包括：麻醉鎮痛劑（如可待因〔codeine〕或嗎啡）、鎮靜劑（如地西泮〔diazepam〕或俗稱蝴蝶片的阿普唑侖〔alprazolam〕）、巴比妥鹽（如苯巴比妥）或者任何一種常用的選擇性血清素再吸收抑制劑（SSRI），好比氟西汀（fluoxetine，品名百憂解）或帕羅西汀（paroxetine，品名賽樂特）等，道理在於這每種藥物都有干擾種種認知能力的傾向。相同的，許多安眠藥也都有類似作用，好比唑沕坦（zolpidem，品名史蒂諾斯）或替馬西泮（temazepam）。

持續使用這類藥物多週或多月，劑量會在體內累積，有可能導致腦功能變異，特別是老年人以及本身原本就有神經性問題的人士。

妳可以安排筆下人物讓她的母親定期服用這任何一種藥物，持續數週或數月，這樣她的腦功能會逐漸衰退，主要波及她的警覺性、記憶和種種認知能力。接著這每種變異又會讓她的失語症更顯惡化。由於老年人的心智功能本身就有遞減現象，尤其身染疾患引致失語症的人士更是如此，這種衰退現象看來像是一種正常歷程，沒有人會聰明得想到那個女兒用上化學手段好讓情況惡化。

80 施打酒精能不能殺死已經喝醉的人？

問 在電影劇本裡，我安排主人翁企圖謀殺一名喝得爛醉的男子，把酒精注射到他的靜脈裡。那個人已經醉倒，所以她這麼做輕而易舉。倘若她用上類似Everclear（酒類品牌）這種酒精濃度超高的物質，足以讓人酒精中毒並且喪命嗎？法醫能不能找出施打針痕，尤其是如果她非常謹慎，打在腳下或腳踝部位的話？

愛麗森・莫爾丁（Alison R. Mauldin）
電影《Missy》劇本
北卡羅萊納州夏洛特市（Charlotte）
www.missymovie.com

答 可以。酒醉程度和致命劑量都取決於血中酒精含量或濃度。Everclear或穀類蒸餾酒是百分之百（美製酒度〔U.S.Proof〕兩百）的純酒精。施打這種酒精會很快達到致命程度。如果喝了酒，在血中酒精濃度已經很高的情況下，那麼只需非常少量就能致命。至於量要多少則相差懸殊，取決於被害人的體型、體重和整體健康狀況，同時還得看那個人是否長期酗酒而定。所以給他注射一些酒精並讓他死亡，讀者就會假定不管施打的劑量有多少皆已足夠。

血液酒精濃度〇．〇八為法定上限，含量達〇．二〇或更高則是嚴重酒醉，超過〇．四〇就會致命。這些濃度值因人而異，不過一般而言是如此。

倘若法醫刻意尋找針痕，只要仔細很容易就能找到。然而卻不見得都會費心去做。有些法醫很忙或很草率，或者很疲倦，也可能經費、能力不足或者腐化墮落，所以有許多原因會造成疏失。他有可能乾脆寫下死因為酒精過量，完全沒有進一步查證而就此結案。

81 從死亡兩天的屍體能不能驗出酒精和麻醉鎮痛劑？

問 倘若一個人溺水身亡（水溫很低，不過並不冰冷），隔兩天屍體才被發現，驗屍結果能不能證實死者生前喝了酒？假如那名溺者死前曾少量攝取一種名為奧施康定（OxyContin）的強力止痛藥，是不是也查得出跡象？

朱蒂．科貝克（Judy Copek）

答 是的，會在死者體內發現酒精和奧施康定。

人死亡時，心跳停止，血液不再流動，代謝歷程也全部停擺。於是肝臟破壞酒精和麻醉鎮痛劑的作用也隨之停頓。這類藥物在血液、尿液和組織中大致都能保持不變，直到最後才被腐敗過程破壞。就妳描述的情況，才經過短短四十八小時，屍體並不會腐敗得非常嚴重。這表示組織尚未出現化學變化。

奧施康定是種麻醉鎮痛劑，攝取後在所有人體組織裡都找的到，不過主要會在血液和肝臟中。人死的時候藥物含量會在體內保持不變，所以可以經由測量得知。

酒精可能稍微棘手些，因爲有些屍體在腐敗過程會生成酒精。然而依妳描述的情節，由於腐敗程度不足，還不致於出現這種現象。即使眞的發生了，法醫也有辦法解決。他可以從眼睛抽取玻璃狀液（vitreous fluid）。此爲眼球內部的膠狀流質，所含酒精水平的變化往往比血中含量遲滯兩個小時左右。這表示不論在哪個時點，玻璃狀液的酒精含量都反映出兩個小時之前的狀況。腐敗之初，玻璃狀液並不會受到影響，而且屍體被泡在低溫水中四十八小時，肯定仍然保持原樣。

所以法醫在檢驗時不會遇上問題，可以測得被害人死亡時血中含有多少奧施康定和酒精。那麼，這些數值對他有什麼用處？他能否藉此斷定死者是死於藥物或溺水，還有到底是遭到謀殺或者意外溺斃？

酒精加上奧施康定是一種非常危險的組合。加乘作用會抑制腦部的呼吸中樞並造成窒息死亡。這兩種成分若單獨存在通常還不足以危及性命，然而只要同時出現中等含量，就有可能致人於死。那個人可能是醉得不省人事才會跌落水中溺斃。

不論這起命案是出於意外、自殺或他殺，在法醫看來並沒有兩樣，他也許很難分辨死者的眞正死因。他只能判定死者體內的酒精和奧施康定含量都很高，而且是溺死的。法醫若在屍體的手臂、腿部或身體其他部位找到瘀傷，進而推斷出死者曾經遭受重擊或者行動受到某種形式約束，案情就有可能朝兇殺方向發展。

倘若兩種藥物的含量都足以致命，表示死者有可能在落水之前已經喪命。話說回來，要是含量還沒有高到會讓人中毒，這些推斷也就完全不算數了。再說一遍，兇殺、自殺、意外用藥過量和溺水在驗屍時看起來完全沒兩樣。

法醫必須判定的極高難度事項之一是某人是否死於溺水。這點往往無法斷定。屍體泡在水中四十八小時，可以想見肺部會充滿積水。然而這不過是種被動歷程，因爲空氣會滲出，水分則會滲入。

那麼，法醫會檢視哪些事項來確定被害人是死於溺斃而非藥物過量？溺水的人會爲了呼吸空氣而掙扎，同時吸入水中所含物質，包括水、泥土、殘屑、纖小動物（microscopic animal）和植物材料。如果這是一種被動過程，在肺部深處就找不到這類物質。再者，法醫會尋找證據來確認死者曾經掙扎以呼吸空氣。當受害者用力深深吸氣，還有當水及殘屑都被吸進肺中，加上伴隨而來的咳嗽痙攣現象，此時他的喉嚨和氣道組織都會受損，在鼻子、喉部、氣道和肺臟的內襯組織，也都能夠找到創傷和出血證據。

所以，妳就能明白單單在被害人體內發現藥物，並不能告訴法醫實際死因和死亡方式。他還必須檢視其他事項。死者體內的藥物含量能幫助他判別其成分是否達到致命水平，或只是死亡的部分肇因。瘀傷和身體其他創傷要素有可能引導他朝他殺方向偵辦，因爲意外和自殺案件較少發生這類情況。肺部積水無法作爲溺斃的診斷依據，不過就我在前面討論的其他所有事項，全都隱指死者很有可能是溺水斃命。然而由此依然不能判定那是意外、自殺或兇殺案件。前面說過，這些狀況在驗屍時看來並沒有不一樣的地方。事發經過往往得靠優秀的警偵工作才能判定。

82 阿摩尼亞加上含氯漂白劑（chlorine bleach）足以致命嗎？

問 我知道漂白劑加上阿摩尼亞對肺臟有不利影響。要是在浴缸裡抹上少量阿摩尼亞，多久之後還會與漂白劑起反應？乾燥之後仍會起變化嗎？假如有個人被關進沒有窗戶、房門緊閉的小房間裡，而且裡頭有漂白劑和阿摩尼亞混合液，這麼做會不會把他給殺死？屍體會不會留下足以顯示死因的任何可辨識跡象？氣味會留存多久？

賈桂琳．維克（Jacqueline Vick）
加州聖塔克萊利塔（Santa Clarita）
www.jacquelinevick.com

答 阿摩尼亞和漂白劑混合會產生化學反應釋出氯氣（chlorine gas）。釋出量則取決於兩者的用量及濃度。除非用上複雜的化學方程式計算，否則很難求出結果，這裡我就略過數量不談。要嘛就足以帶來麻煩，不然就不會，所以妳可以任意編寫情節。

氯是一種具有高度腐蝕性的氣體，和人體各處組織都能迅速反應，像是皮膚、眼睛、嘴巴、喉嚨和肺部等。有可能造成輕微刺激，組織起水泡、剝落，或是組織嚴重受損，實際結果取決於氯濃度以及暴露時間長短而定。

氯的主要危害是損及氣道和肺部，這會造成受傷組織體液大量外流。肺部會充滿積水，所以被害人基本上是被淹死的。至於隔多久才會出現這種情況，取決於幾項因素：被害人的體型和整體健康狀況、空氣含氯濃度、現場有沒有新鮮空氣來源（好比開啓的窗口），還有暴露時間。由於這當中的變數極大，你可以根據希望的結果並衡量讀者是否能夠信服來編寫場景。假如妳希望被害人死亡，就讓他死吧。要是妳希望他活下來，但肺部遭受永久性傷害，那也是種可能結果。如果妳希望折磨他幾天，只有皮膚、眼睛和肺部受到刺激，此外毫髮無損，也同樣可行。

按照妳的情節，被害人死亡表示氯濃度和暴露時間已足以造成肺部嚴重受損而致命。屍體皮膚有可能出現水泡，嘴巴和喉嚨也可能積聚體液。法醫驗屍時會發現肺部和氣道嚴重紅腫並充滿泡沫樣積液，由於氣道受傷出血，還略呈粉紅色調。死因方面，法醫可以判定被害人是吸入有害氣體而死。他也許能檢測出肺部積液的含氯水準，從而確認那種氣體就是氯。不過也或許不能。兩種情況都有可能。

當這兩種化學物質皆呈現液態時，混合速度會快上許多，結果也會劇烈得多。而阿摩尼亞乾燥之後仍會在浴缸底部殘留，有可能足以引發嚴重反應，特別在狹窄密閉室內更可能發生。

83 哪種注射式鎮定劑可供特種部隊用來制伏敵人？

問 我希望我筆下的特種部隊在目標對象的手臂上注入一管昏迷針劑。該藥物的作用有如痛速寧（Ultiva），很快能讓人失去意識。那支特種部隊在境外某國逮捕了一名大毒梟。在這裡有哪種藥物可以派的上用場，或者我應該自己虛構一種？

NF
維吉尼亞州斯特靈（Sterling）

答 可以使用品名爲痛速寧的瑞芬太尼（Remifentanil），不過有多種可注射式藥劑也都行得通，包括鎮定劑、麻醉鎮痛劑和麻醉劑，如勞拉西泮（lorazepam，品名安定文〔Ativan〕）、芬太尼（fentanyl）、俗稱K他命的氯胺酮（ketamine）、嗎啡和海洛因。這些藥物在短短幾秒鐘或幾分鐘內就能生效，實際情況得視劑量和對象而定。被害人會變得精神萎靡、昏昏欲睡，感到身體虛弱並搖搖晃晃，最後失去知覺。由於這類藥物會抑制大腦呼吸中樞，所以施打過量會導致被害人停止呼吸終至窒息死亡。

另一種可行藥物是芬太尼噴劑。它能立即見效。好幾年前，一群車臣恐怖分子闖入一間座無虛席的劇院挾持觀眾作爲人質，當時俄羅斯人就是使用這種噴劑制敵。當時恐怖分子在身上捆綁炸藥，然而藥劑實在作用得太快，讓他們來不及引爆。這是個好消息。壞消息是那種藥物的效力過於強大，使得許多人質在還沒來得及等到醫療救援之前便窒息而死。

治療此種用藥過量的作法是進行人工呼吸，持續至藥效退卻，或直到施打麻醉拮抗劑（如品名Narcan的納洛酮〔naloxone〕）之後才能停止。施打Narcan可以立刻逆轉芬太尼、嗎啡和海洛因等麻醉鎮痛劑的藥效，應付前述其他鎮定劑就沒有這種效果。

84 將蛇毒注入水果會不會造成死亡？

問 我正在寫一本場景設在古埃及的推理小說。若把蛇毒注入椰棗或無花果等果實裡，人吃了之後會不會死？這種毒液的毒性夠不夠強，能用來殺人嗎？

克勞迪亞．迪雷爾（Claudia R. Dillaire）
著有《埃及發財魔法》（Egyptian Prosperity Magic）等書
亞利桑那州梅薩市（Mesa）
http://claudiardillaire.blogspot.com

答 這種事情非常不可能成眞。蛇毒毒素分成兩類。一類是酵素群，能摧毀組織，導致咬噬部位受損。第二類是神經毒素，能隨血流運行並造成神經性問題。

不過這兩類毒素都是蛋白質，而蛋白質很快就會被胃中的酸液給破壞。這表示毒素在被人體吸收之前，早已失去活性或遭到破壞。此類毒素只有採注射方式才能生效，通常是透過蛇的毒牙注入。

倘若果實中所含的毒液量非常大，而且被害人口中也有開放式潰瘍或者最近才剛拔牙，那麼這就有可能，機會不大但仍有可能，說不定會有充分毒液從創口進入血流而導致死亡。

古埃及找得到多種毒藥，包括砷、銅、銻、鉛、天仙子（henbane）、曼陀羅（mandrake），毒參（hemlock），顛茄（belladonna）、番木鱉鹼（strychnine）、氰化物（cyanide）和鴉片（opium），其他幾種在此就先略過。攝取任何一種都能致效。

85 我能不能安排讓人攝取毒物作為謀殺手段，這是不是很難被檢驗出來？

問 我筆下的兇手收集毒物用來殺死性犯罪者。他是一位精神科醫師，能開藥給他的目標對象。其中一名正在服用一種戒酒藥物安塔布司（Antabuse）。倘若患者攝取足夠劑量的毒物死亡，安塔布司會不會改變屍檢鑑定結果？我希望實驗室檢驗不出確切定論，以至於延後發現真正死因。

KK

答 安塔布司（又名雙硫崙〔disulfiram〕）是一種嫌惡療法（aversion therapy）用藥，有效成分可治療酒精成癮。這種藥錠能阻斷酒精和其他幾種化合物的氧化（分解）作用。安塔布司錠的副作用是會生成乙醛（acetaldehyde），引發多種非常不舒服且具有潛在致命的症狀，包括頭痛、出汗、噁心、嘔吐、呼吸困難、胸痛、暈眩、昏厥（失去意識）、心律不整、癲癇發作乃至於死亡。這些症狀有可能以任意組合出現，程度輕重不等。相當好用的嫌惡療法。

經過屍體解剖並由毒物學家完成實驗室檢驗之後，法醫會發現死者的血液酸度相當高且富含乙醛。接著在血液和組織內找到安塔布司。一旦在驗屍時發現這些現象，他可能會判定死者飲用酒精致死。案情到此畫下句點，不會再深入檢驗。

體內含有安塔布司並不會影響藥毒物學檢測結果。那麼法醫爲什麼要尋找毒物？答案是除非有令人信服的理由，不然他就不會做。藥毒物學檢測的費用很高，而預算又往往不敷支應，法醫必須將就這種情況。

所以，除非探員發現更多相關罪證來引導法醫朝著正確方向，否則毒物根本不會納入他的考量或尋找範圍之內。這樣一來，你就能隨心所欲視情節需要來延後發現眞正死因。接著還可以安排以驗屍時取得的血液和組織來進行更詳細的檢驗，此時或許會發現毒素。也說不定不會，不過多半都能找到。

至於選用哪種毒物的問題，蛇毒恐怕不行，因爲蛋白質遇上胃酸會即刻分解。代表蛇毒必須採注射施打的方式。另外有些生物毒素倒是很好用，好比河豚所含的河豚毒素（tetrodotoxin）或者某些貝類的蛤蚌毒素（saxitoxin，STX）。既然你描述的殺手是個毒物專家，照理說所有奇特的毒素他應該都拿得到。

86 使用防凍劑殺人需要多少劑量才夠？

問 一個人要喝下多少防凍劑才有可能中毒斃命？法醫能不能分辨出是哪個牌子的防凍劑，好比從死者胃中的微量殘跡判別，然後據此追查兇手？

凱特・沃爾德倫（Cat Waldron）
佛羅里達薩拉索塔市（Sarasota）

答 防凍劑泛指許多不同類型的引擎冷卻劑。這類產品的常見成分是一種叫做乙二醇（ethylene glycol）的毒性物質。

毒物學以LD50（lethal dose 50%）代表致死劑量爲百分之五十，或是服食後達半數致死量。乙二醇相關研究多半都以動物爲對象，因此人類眞正的LD50仍不清楚。估計劑量爲一百一十克，大約四盎司。每個人的情況差別很大，像是酗酒人士素有耐受防凍劑惡名，他們喝下許多也死不了。酒鬼很難殺死。隨便找個急診室醫師來問就知道了。以你的故事來說，大概四盎司左右就能奪命。

倘若法醫檢驗死者胃中物質找到殘留的防凍劑，他有可能轉交專門實驗室進行化驗，也許是聯邦調查局實驗室或某家先進的州立實驗室，檢驗乙二醇裡還添加了哪些成分才製成那種防凍劑。多數防凍劑產品至少都含有九成乙二醇，因此焦點會放在另外一成。由於每家公司在產品中會添加各種不同的溶劑、酒精、染色劑以及其他化學物質，可想而知，由此就能判定製造廠商爲何。說不定有助於追查出殺手身分。

87 乙二醇能不能作為有效的毒物，以及酒精會不會抵銷它的作用？

問 我正在進行一本小說，故事寫到有群人在宴會上遭人下毒。我需要一種毒藥，它必須有解毒劑，而且酒精會掩蔽毒物蹤跡。我的調查顯示乙二醇具有我想要的特性，不過我不清楚酒精所扮演的角色為何。就我所知，酒精會減弱乙二醇的作用，因此能掩蔽毒物的殘跡。是這樣嗎？有沒有可能在某人的飲料裡添加少許，結果仍能發揮作用，或是飲料所含酒精會不會讓毒藥無法真正毒害那個人？

答 乙二醇是一種無色無臭、稍帶甜味的液體，酒鬼都很愛喝。這還是種凶險莫測的毒藥，喝下這種東西害死自己的人不在少數。

乙二醇見於防凍劑、液壓煞車油和汽車冷卻系統。這種物質攝取後能很快由胃腸道吸收進入血流。血中含量在一到四小時內會達到最高峰。成人攝取約一百c.c.，或不到半杯就能致死。

乙二醇本身不具毒性，不過一進入人體便從酒精脫氫酵素（alcohol dehydrogenase），即負責分解乙醇（ethanol，飲用酒精）的酵素轉化成乙醇醛（glycolaldehyde），接著再轉化爲乙醇酸（glycolate）、乙醛酸（glyoxylate）和草酸酯（oxylate）。這些分解產物（也稱爲代謝物）才是有毒的化合物，會引發酸中毒（acidosis，酸性物質在體內堆積），同時草酸鹽（oxalates）也會與血流所含鈣質鍵結，生成會損壞腎臟、肝臟、大腦和血管的各種化合物。

被害人在起初的十二個小時期間會顯現中毒跡象，並逐漸出現噁心、嘔吐、難以保持平衡、步履不穩、不自主肌肉抽動（稱爲肌陣攣）等狀況，接著癲癇發作昏迷。接下來十二到二十四小時，主要是血壓和心率升高、心臟衰竭、肺水腫（肺中積水）和腎衰竭。然後就會死亡。

乙二醇中毒的治療方式是催吐或洗胃（插管伸入胃中並灌水清洗），抑制毒藥吸收。

偶爾會看到以靜脈滴注施打乙醇。在這種情況下施打酒精的理由是，負責代謝乙醇和乙二醇的酵素同爲酒精脫氫酵素。既然乙二醇必須代謝爲分解產物才能發揮毒性效用，那麼凡是能延緩這種轉換作用的物質都有幫助。乙醇會與乙二醇爭奪酵素。也就是說，只要酵素「忙著」分解乙醇，能用來分解乙二醇轉換成有毒代謝物的酵素便相對減少。

癲癇發作、心臟衰竭和肺水腫都以慣用醫療技術來治療，而腎衰竭通常必須採透析洗腎。

88 一九五〇年代的英國有沒有辦法驗出砷殘留？

問 我正在寫一篇故事，背景設在一九五〇年代的英國，我以砷中毒作為謀殺手法。那個時候有沒有辦法驗出砷殘留？有什麼毒物是當時檢驗不出來的？

BS

答 砷檢測方法可追溯至一七八七年，約翰・梅茨格（Johann Daniel Metzger）在這一年開發出砷鏡（arsenic mirror）。他發現氧化砷以木炭加熱會在冷板上沉積出一層鏡狀物質。接著在一八〇六年，瓦倫泰恩・羅斯（Valentine Rose）進一步以硝酸、碳酸鉀和石灰來檢測人體組織的砷。到了一九一一年，威廉・威爾科克斯（William Willcox）醫師發展出一種量化手法來測定屍體中的砷含量。當時他是應蘇格蘭場（Scotland Yard，即倫敦警察廳）的請託投入開發這種方法，並偵破伊麗莎・巴羅（Eliza Mary Barrow）遭謀殺一案。腓特烈・塞登（Frederick Henry Seddon）爲了巴羅的錢，而下毒將她殺害。威爾科克斯的程序後來又經改良，達到連百萬分之幾的砷含量都驗得出來的程度，成為一種非常靈敏的檢測方法。所以，沒錯，在一九五〇年代有辦法驗出砷殘留。

十九世紀，曾開發出各種用來化驗鴉片、番木鼈鹼、嗎啡、奎寧、阿托品（atropine）、咖啡因和多種生物鹼的方法。

砷很少被聯想到是致死因素。為什麼？因為砷中毒症狀很容易與胃腸道疾病混為一談。這在今天是如此，更別說是一九五〇年代。被害人會出現噁心、嘔吐、衰弱、腹痛、腹瀉（有可能帶血），說不定還包括癲癇發作、昏迷乃至死亡。初期症狀有可能是潰瘍性疾病或結腸疾病，好比多種不同類型的結腸炎（colitis）。即便是屍檢時見到死者胃腸道的變化，都可能會與「真正的」疾病混為一談，除非相關案情啓人疑竇，否則不太會考慮砷中毒的可能性。這就是為什麼在許多世紀有許多毒害得手的原因。再者，藥毒物學檢驗在一九五〇年代仍非常昂貴，無法廣泛採用。

即便有辦法驗出，或許也沒有人想到要找砷，所以你可以利用這一點。被害者很容易被判定是患染某種胃腸疾病而死。

89 能不能利用砷來慢慢毒害一個人？

問 故事背景設在一八一五年的英格蘭。一名五十八歲女士習慣每晚喝一杯牛奶，卻不知道裡頭被下了毒。我想利用砷這種毒物，但不確定牛奶能否掩蓋它的味道和顏色，以及牛奶會不會中和掉它的毒性？砷能不能調成液體？這樣才能瞞過為那位女士準備牛奶的女僕，把它當成補劑摻入牛奶裡。被害人的姪女是個草藥專家，所以如果她的店裡有某種效果更好的東西也可能會被偷來使用。每天使用多少劑量可以讓她活超過三個月，或者我應該安排較短的時限？三個月後那名躲在暗處的兇手被人發現，不過被害人能不能活下來，最後還完全康復？

黛安．唐納
北卡羅萊納州沙洛特

答 妳的情節採用砷可以說得通。我還要指出，即便最早在一八〇六年在死者體內已經找的到砷，一八二一年還能從胃內容物及尿液中採得，然而從活人身上驗出砷的檢驗方法，直到一八三六年才出現。所以在一八一五年沒有人能夠證明那名女士遭人下毒，至少從科學上不行。

若施予極大劑量，砷中毒有可能急性發作並迅速致死；要是在數週或數月間分次下毒，發作的情況便相對緩慢且拖延較久。如果被害人頻繁遭人少量下毒，她會出現食慾不振、體重減輕、噁心和腹瀉等症狀，還會感到四肢輕微麻痺以及針刺感。這可能會持續好幾個月，而且隨著劑量、下毒頻率改變，她的症狀也可能時有起伏。不過這些症狀會被忽略，只當成胃腸道出了某種毛病，因爲胃腸道疾病在一八一五年也相當常見。

如果劑量稍微多一點或者假使她對砷毒反應更爲敏感，隨著這樣天天下毒並在體內累積，她會出現上述所有症狀，不過情況往往更糟。有可能演變成嚴重噁心、嘔吐和腹瀉，肢體麻痺及針刺感會發展成四肢無力和協調失衡。她的心神會變得有些混亂。隨時都有可能死亡。無論如何，只要停止攝取砷毒，她的症狀就會開始紓解，也能逐漸好轉。她有可能三週過後才會恢復正常。

倘若劑量還更大一些，上述症狀全都可能大幅惡化，而且還會進展得更快。或許五到十天就會出現，不必等到三、四週。她的嘔吐和腹瀉狀況會更加嚴重，還可能帶血，並連帶出現劇烈腹絞痛。她有可能嚴重喪失定向力，四肢完全無力以至於無法站立、行走。在停止攝食砷毒之後，得花上兩、三個月才能康復。

就後面兩種情況，她的醫師有可能認定那是急性結腸炎或是某種胃腸道毛病。除非探員發現確鑿證據，否則他們不會聯想到是砷中毒。

所以妳有許多情節可以選擇。她有可能只出現輕度症狀，也可能染上致命重病，或介於兩者之間。她的症狀可輕可重，出現時間也許是在幾天或幾週之後。她有可能在幾天、幾週或幾個月內喪命，或者根本不會死。

不必擔心砷劑量得使用多少，因爲這點因人而異且天差地別，反正對她下毒的人也得猜測該給多少。

90 單看某人在食品雜貨店買的東西，能不能判定他有蓄意下毒的嫌疑？

問 我的下一本《神探蒙克》系列小說描寫蒙克在一家食品雜貨店當收銀員。他在幫一名顧客結帳的時候，發覺那個人打算對某人下毒。蒙克是從那名顧客看似無害的購買清單推理出這項結論。我想或許可以安排砷中毒的劇情。蒙克有可能看到什麼才起疑？事實上，後來被害人的醫學檢驗結果顯示她的體內有砷毒累積，並且出現慢性中毒症狀。說不定那名顧客除了購買製作蛋糕或甜餅的材料之外，還買了含砷的東西？或許是防凍劑？

李．戈德伯格
著有《走過震災路》和《神探蒙克的旅程》等作品
加州洛杉磯
www.leegoldberg.com

答 砷或乙二醇（防凍劑）這兩種物品都可以。他有可能採買了用來製作奶油糖霜杯子蛋糕的材料，好比預先調製配好的配方或個別成分如麵粉、糖、奶油、巧克力等等。他可能還買了一罐防凍劑或一盒毒鼠藥。乙二醇的美妙之處在於它嚐起來是甜的，若用來製作糖霜，被害人不會知道其中有詐。此外糖霜不必烹煮，所以乙二醇的效力可以完全保留下來。

倘若單憑購物清單不足以讓蒙克起疑，或許他還向那個傢伙問起他打算做的杯子蛋糕。那個傢伙也許會回說他很貞的愛杯子蛋糕，或者說他太太病了，蛋糕是要做給她的，希望她能吃到。然後蒙克可以問，她哪裡不舒服？於是蒙克就能從那個傢伙的回答得到他需要的線索。

一旦蒙克通知警方，而他們也動手偵辦，從被害人身上驗出乙二醇或砷含量便能揭發這起謀殺陰謀。

91 耳鳴的人大量服用阿斯匹靈會不會讓症狀惡化？

問　某人患有耳鳴症狀。這件事被想害他的人發現了，把他的營養補充劑換成大劑量的阿斯匹靈，讓他的耳鳴情況惡化到影響工作，連同事也注意到他的病痛。他開始認為自己就要喪失理智。他的醫師也想不通為什麼惡化的原因，只好將它歸咎於壓力，並開給他克沙拿（贊安諾）。被害人後來還遭到誤解，被認為他是一起疑似謀殺案的槍嫌（其實是那個壞蛋精心策畫的）。

這有可能嗎？需要多少阿斯匹靈，以及對他會不會造成其他不良影響？

戴安娜．伊米耶（Dianne Emley）
著有暢銷書蒳．文寧（Nan Vining）探案驚悚小說《最深刻的創傷》（*The Deepest Cut*）、《愛會殺人》（*Love Kills*）等作品
加州洛杉磯
www.DianneEmley.com

答 阿斯匹靈（乙醯柳酸〔acetylsalicylic acid，ASA〕）會引起耳鳴，還會讓某些患有耳鳴的人問題加劇。由於所需劑量高低懸殊，所以在這個部分妳有很大的轉圜餘地。倘若接連好幾週下藥，每天僅需區區四到六顆。此外，他有可能注意到的影響還包括胃刺激以及消化不良，要是撞到手肘或刮臉割傷，還很容易出現瘀傷、出血。

他的症狀這樣惡化，醫師有可能不當一回事，只歸咎於壓力；不過事前醫師必然爲他做了腦部斷層掃描（CT brain scan）完成神經系統檢查，並且排除聽神經瘤（acoustic nerve tumor）問題，還說不定做了聽力學測驗，取得耳鼻喉科評估報告。電腦斷層結果應該是正常的，而聽力測試有可能顯示他的聽力有若干程度受損，不過阿斯匹靈也有這種作用。這種問題並不罕見，醫師有可能診斷他得了美尼爾氏綜合症（Ménière's disease）。它會導致聽力喪失、耳鳴，往往還有眩暈現象，也就是陣發性感覺失去平衡或房間打轉。

倘若被害人告訴醫師他沒有服用阿斯匹靈，醫師就不會懷疑禍首是它，接著會使用乘暈寧（Dramamine）或美克利靜片（meclizine）來治療他的美尼爾氏症。持續耳鳴有可能妨害睡眠，讓他變得煩躁，減損他的工作表現，也肯定會帶來壓力。他確實有可能感到疲憊不堪，以爲自己快發瘋了。

92 吃下顛茄漿果斃命會讓人誤以為是心臟病發嗎？

問 某人不知道餐後水果裡摻了顛茄漿果，於是他吃了兩片。那麼他多久之後會死？當他的屍體被人發現時，看起來是否就像死於心臟病發或其他不明原因？驗屍能不能查出來？

佩特・雷米克（Pat Remick）
得獎作家，作品包括推理短篇小說和非小說
新罕布夏州樸次茅斯市（Portsmouth）
www.PatRemick.com

答 顛茄生物鹼（alkaloid belladonna）見於多種不同植物，最常看到的是果實呈紫黑色的顛茄（deadly Nightshade）。這種植物全株都有毒。當被害人吃下漿果之後會出現什麼反應取決於幾項條件，好比漿果含有多少生物鹼（不同植物含量不等），以及被害人對該毒素的個別反應。較小劑量有可能使他生病，較大劑量有可能要他的命，劑量再多則會快速致命。

被害人可能會立刻生病，接著幾分鐘過後死亡；或者只有輕微症狀，食用之後也沒有狀況惡化的跡象。而其他輕重不等的情況也都有可能出現。有眾多選擇可供妳編寫情節。既然妳希望筆下人物死亡，可以讓他吃下漿果喪命，無須就技術細節多做說明。

顛茄中毒的症狀包括有：瞳孔擴大（大幅擴張）、視力模糊、口眼乾燥、皮膚泛紅紅腫、心跳加速引致心悸、呼吸困難、定向力障礙、幻覺、癲癇發作、昏迷，以及死亡。

誠如我們在醫學院所學，顛茄毒性的徵候爲：

乾燥像枯骨
泛紅像甜菜
瞎眼像蝙蝠
瘋狂像帽匠

這類症狀有可能以任意組合形式漸次展開，發病速度也幾乎可以任妳安排。劑量很大的話，從症狀初發到死亡整個過程大概是五到十五分鐘；若劑量較小，則是四十五到六十分鐘。倘若受害者是在死後才被發現，或者有人目睹他出現心悸、呼吸困難症狀後倒地死亡，這看起來就跟心臟病發沒兩樣。如果他的醫師認同並照樣陳述、簽署死亡證明，整件事大概也就這樣終結。法醫很可能會接受這個說詞，宣布死者是自然死亡。

不過，要是有人現場目睹並告知員警和法醫說，被害人還出現瞳孔擴大、皮膚泛紅紅腫，而且在倒地之前有定向力障礙的情況，那麼法醫會尋找毒素並考量被害人的症狀表現，顛茄將被列在清單接近頂端的位置。法醫總是借助警方的報告和目擊見證來指引他們追查死因以及死亡方式。這點具有關鍵性影響。此時，藥毒物學檢驗會顯示死者的血液、組織和胃內容物都含有顛茄生物鹼，於是法醫便能得知被害人是中毒身亡。

93 哪種心臟病藥物會造成暈眩和昏厥？

問 我正在寫一部犯罪小說，情節描述兇手希望被害人看起來像是自然死亡，或者至少是由於過量服用處方藥物而導致意外身亡。有沒有哪種心臟科藥物（針對血壓或其他狀況）若依正常劑量服用，副作用少之又少或很輕微，不過大量服用時會引發暈眩和（或）昏厥？一個人服用多大劑量會感到頭昏腦脹或暈眩，但還不到真的昏倒的程度，只是非常搖晃不穩或者迷惘失神？還有，驗屍時能不能查出這類藥物的含量過高？

答 你的故事情節相當眞實，而且實在發生得太過頻繁了，即便是不涉及犯案的情況也是如此。患者經常搞不清楚自己的服藥狀況，尤其是老年人，不是服用太多、忘了吃藥，就是空腹同時服用多種藥物使得身體吸收速度加快，藥效增強。每一種狀況都可能造成嚴重的副作用。

高血壓藥物完全符合你的需求。這類藥物是爲了降低血壓而設計。每個人所需要的類別和劑量有很大的差別。

心血管系統（包含心臟和血管）構成一套封閉系統。高血壓是這套系統的內壓提高現象。就像汽車輪胎一樣，增減車胎壓力的最簡單作法是打氣，或者「洩氣」來釋出多餘空氣。對人體來說，這種「洩氣作業」得藉由利尿劑（diuretics）來完成，利尿劑能迫使鹽分、水分通過腎臟排出。鹽分和水分減量，壓力便隨之下降。

另外一種作法也能讓胎內壓力下降，那就是讓輪胎變大。當然這是辦不到的，不過假使輪胎擴大使得內部容積增加，並且不添加空氣，那麼胎內壓力自然會下降。而高血壓的狀況，得藉由擴張動脈血管的藥物來完成。實際上，這類藥物能增大密閉血管系統的內部容積，同時血量保持不變，於是壓力下降。

高血壓藥物區分為好幾類（或好幾族）。根據你的情節，效果最好的是鈣離子通道阻斷劑（calcium channel blockers）和β-阻斷劑兩類。前者主要用來擴張動脈，後者則是紓緩心跳速率，減弱心臟收縮力量。它們的淨效果是，用量正確的話可以把高血壓調節到比較健康的水平，過多就會讓血壓降低到危險的地步。這有可能導致暈眩或昏厥（喪失意識），劑量再大還可能致命。

常用的鈣離子通道阻斷劑包括硝苯地平（nifedipine，品名冠達悅〔Adalat〕；典型劑量為每日三十、六十或九十毫克）和鹽酸維拉帕米（verapamil hydrochloride，別名異搏定；每日一百八十或兩百四十毫克）。而β-阻斷劑包括普萘洛爾（propranolol，別名心得安；每日兩次，十到八十毫克）、阿替洛爾（atenolol，別名阿廷諾；每日兩次，五十到一百毫克）和美托洛爾（metoprolol，品名倍他樂克，每日五十到兩百毫克）。

兇手可以給被害人四到五倍的正常劑量，這有可能大幅降低被害人的血壓，讓他暈眩或喪失意識，進而釀成車禍意外。血壓從何時開始下降因人而異，也視藥物種類而定。倘若情節安排上，從服藥到發生車禍需要間隔一、兩個小時，可以在餐後給他所有藥片。如果只需要十到三十分鐘，就把藥片碾碎或打開膠囊倒出藥粉，安排他隨少量餐飲服用。這樣藥物吸收速率就會快得多，藥效較快發揮，影響也較為劇烈。

至於法醫驗屍時，會不會發現藥物濃度升高的現象？會，不過必須刻意尋找才能發現。有些藥物必須以血中含量來測度治療成效，高血壓藥物卻不在此列。它的治療效果是採測量血壓來判定。由於被害人已經死亡，無法評估（死人的血壓值是○／○），所以沒有人知道他在意外前一刻的血壓非常的低。法醫有可能一筆帶過，認定他是死於車禍意外。

然而，若死因有任何可疑之處，法醫追查時有可能比較勤奮，說不定會確認被害人服用不同藥物的血中含量。他為什麼起疑？也許有人目擊到那場意外，指證在車禍發生時，被害人神智不清，甚至不省人事。這樣一來，法醫就會權衡是否肇因於心臟病發、中風、心律不整或血壓過低。倘若驗屍結果並沒有心臟病發或中風跡象，卻查出死者高血壓藥物血中含量異常高，他的第一個念頭也不會是他殺。他會認為被害人大概沒有正確服藥，或是服用過量，才導致血壓下降並釀成意外。

94 患有嚴重心臟衰竭的五十多歲女性有可能被人利用她的處方藥物給謀殺嗎？

問 我在故事中安排一名快六十歲的女性罹患嚴重心臟衰竭，生命垂危。她有沒有辦法起身走路？她需不需要坐輪椅？她會不會有心絞痛毛病？她會服用哪種藥物？倘若藥物的成分如毛地黃等過多或過少，她有沒有可能因此突然死亡？我希望她被判定為自然死亡。如果有種藥物能夠做到，那種成分能不能摻入她睡前飲用的熱巧克力裡？

卡羅琳．哈特（Carolyn Hart）

答 患有嚴重鬱血性心臟衰竭（congestive heart failure，CHF）的人，活動力往往會受到影響。由於影響程度相差甚遠，不管妳想怎樣安排幾乎都說得通。有些人每天走好幾哩路，有些人走到浴室就覺得呼吸困難。有些人晚上睡得很安穩，有些人一躺下就嚴重呼吸困難，必須倚靠躺椅或墊好幾個枕頭撐起身體才能睡覺。那位女士說不定有心絞痛的毛病，不過實際得看引發她心臟衰竭的原因爲何。假如肇因爲冠狀動脈疾病（artery disease，CAD），那麼她很可能有心絞痛；若是長期高血壓或所謂的心肌病變（cardiomyopathy），那麼她應該不會有心絞痛。

治療心臟衰竭的藥物品項眾多，像是毛地黃、泳塞米（furosemide，品名來適泄〔Lasix〕，一種利尿劑）、氯化鉀（potassium chloride）、賴諾普利（lisinopril，一種血管緊張素轉換酶抑制劑）和卡維地洛（carvedilol，一種 α 和 β-阻斷劑）等。其中以毛地黃特別危險，要是稍微提高每日劑量並持續好幾週，或者單次服用很大劑量，都有可能引發毒性反應乃至死亡。這種藥物過量可能會造成心律改變並危及性命。若服用過量冰塞米持續好幾天，則會將系統的鉀成分清除，引發心律不整。發生任何一種情況，被害人都會直接倒地死亡。尤其當患者本該服用的鉀成分被拿走時，更是如此。若是施以賴諾普利和卡維地洛極大劑量，血壓會立刻大幅下降，引發休克而喪命。

將上述任何一種藥物摻入飲食中都不容易被察覺，包括熱巧克力、湯、固態食物，或其他能入口的東西。

由於羅患嚴重鬱血性心臟衰竭的病人都有猝死傾向，所以有可能被當成自然死亡或是一起意外事件，畢竟有些人總是沒有好好服藥。

95 有沒有哪種藥物能快速誘導分娩?

問 有沒有哪種藥物可以讓我筆下的人物拿來暗中摻入橘子汁裡，給再過一、兩天就要分娩的孕婦喝下?我需要描寫能在幾個小時之內催生的情節。

海麗·埃弗斋
著有《千萬別撒謊》和《過來找我》等得獎作品

答 有幾種選擇。你筆下那個人物可以拿一些RU-486，也就是所謂的事後避孕藥。這可以暗中摻入那名婦女的橘子汁裡，她在一、兩天內就會流產。

另外還有幾種草藥可供選擇。我建議採用菊蒿（tansy，別名艾菊，學名：Tanacetum vulgare）。又稱矢車菊（bachelor's buttons），模樣像蕨類，開黃花，分布歐洲全境和美國東部與太平洋岸西北各區。菊蒿的葉、花、莖和種子都含有一種有毒油脂活性成分，稱爲菊蒿素（tanacetin）。

幾世紀以來，菊蒿都被用來作爲草藥藥材，而且顯然還曾經在中世紀時代某些「巫術儀式」中派上用場。醫師和藥草商推薦以菊蒿來治療腸道寄生蟲、痛風、皮疹、關節炎、扭傷和外傷；用作苦味刺激劑和補品；緩解腸道痙攣和脹氣；可當成通經藥（促使月經來潮）。由於具有最後這種效果，因此菊蒿是種墮胎藥，還能用來誘導分娩。

傳統上，菊蒿用法是取葉片研磨成粉，作爲油脂則是取葉片壓榨成汁液提煉，也可以取葉片泡成茶湯。它的根部可治療痛風，一般是用糖或蜂蜜調合飲用。

攝取菊蒿的中毒症狀會在食用後一小時或更久之後出現，包括流涎、噁心、嘔吐、瞳孔擴大、脈搏急促、腹部絞痛、陰道出血、癲癇發作和死亡。這些症狀有可能以任意組合的形式出現，程度輕重不等，實際得視劑量和每個人對藥物的反應而定。

那名婦女可以喝下菊蒿茶，或者被添入部分菊蒿的橘子汁，接著她會在一、兩個小時後出現噁心和腹部絞痛，嘔吐症狀則可有可無。至於開始鎮痛並且感到腹痛如絞的情況有可能相隔兩、三個小時才會出現，不過時間範圍很廣，所以妳可以視情節需要任意安排二至八小時。

另有幾種草藥茶也具有相仿作用，包括北美胡薄荷（pennyroyal，學名：Hedeoma pulegioides）、月見草（evening primrose，學名：Oenothera hookeri）、陸地棉根皮（cotton root bark，學名：Gossypium hirsutum）和暗紫莖當歸（angelica，學名：Angelica atropurpurea）。

96 樟腦會不會釀成流產？

問 我正在寫一本書，故事發生在一九七九年革命時期的伊朗。我聽說當年他們在監獄裡會拿樟腦（camphor）加進給婦女喝的茶水中，這樣她們就不會月事來潮，便能省下衛生棉的費用。我的問題是：假如有個懷孕的婦女喝了那種茶水，一、兩個月後她會不會因為樟腦而流產？

莉碧．海爾曼（Libby Fischer Hellmann）
著有《惡夜烈燄》（*Set the Night on Fire*）和《殊途同歸》（*Doubleback*）等書

答 是的，這有可能。好幾個世紀以來，大家都知道攝食樟腦會導致流產，而且妳描述的情節也很容易發生。

我看不出爲什麼要用樟腦來防止婦女月事來潮，因爲就多數情況而言，樟腦反而會引發出血。我知道樟腦在那裡被用來治療當地流行的淋巴腺鼠疫（bubonic plague），卻從沒聽說有人拿它來做這種用途。然而這並不代表他們就不那麼做。許多草藥療法被拿來進行各式各樣的事情，不過通常沒有科學根據。用樟腦治療的例子不勝枚舉，常見的有頭痛、流感、咳嗽和胃腸不適等等。

97 用氯仿（Chloroform，又名哥羅芳）能不能把人迷昏，並讓他不省人事一段時間？

問 在綁架案中，用氯仿或乙醚（ether）來迷昏一個人會造成什麼樣的直接影響以及後遺症？倘若以沾有兩種液體的高密度布料或毛巾下手，各需要多久時間才能迷倒肉票？那個人會昏迷多久？必要時能不能讓他一直不省人事，方便運送到別處？要多久才能喚醒肉票？

T. 麥卡尼（T. Mccortney）
俄亥俄州

答 氯仿和乙醚都是經由肺臟吸收的吸入型麻醉劑。這兩類藥劑能夠很快發揮作用，不過消散的速度也非常快。不論使用哪一種，被害人在一分鐘左右就會萌生睡意並失去知覺，然後在停止吸入的幾分鐘後逐漸甦醒過來。因爲人體會將血流中的物質破壞摧毀。這可能需要十到三十分鐘，實際得視藥劑的初始濃度和持續時間而定。

想讓某人保持昏迷不醒的話，在每次被害人快要醒來時都必須更換布料。這麼做可以讓他再一次「躺下」。

按照你的故事，拿布料倒上少許乙醚摀住被害人的臉部，約莫一分鐘就能讓他不省人事。接著還可以多添些乙醚，也可以視需要更換新的布，好讓被害人保持無意識狀態；最後當布料被拿開，十到二十分鐘過後，被害人會開始從昏迷中醒來，大概三十分鐘就能完全清醒。他也許有點昏昏沉沉的，感到些微頭疼，口中還有討厭的醫藥味，不過除此之外並無大礙。

有兩則但書。倘若麻醉劑的濃度過高並且（或者）施用過久，被害人有可能停止呼吸乃至死亡。還有，拿布料動手摀臉的人也會呼吸到那種揮發氣體，同樣會感到心神迷亂、睏倦，甚至失去意識。

98 一氧化碳能不能作為謀殺手段？

問 我正在寫短篇推理小說，裡面提到一名記者相信某個被發現陳屍在車內的學生不是自殺，而是遭人謀害而吸入一氧化碳身亡。這要怎樣安排才合理？法醫如何辨別那是自殺或他殺？

茱莉．斯帕庫爾（Julie Sparkuhl）
加州聖瓌卡匹斯川諾市（San Juan Capistrano）

答 一氧化碳十分危險。其險惡性在於它和紅血球所含攜氧分子——血紅素的高度親和性。一氧化碳吸入後會與血紅素結合，生成一氧化碳血紅素（carboxyhemoglobin）。這種作用的結合率是氧氣的三百倍，於是氧氣會被替換掉。換句話說，若是拿氧氣和一氧化碳同時與血紅素擺在一起，一氧化碳遠比氧更容易與血紅素結合，而且機率達三百倍。結果，離開肺部朝身體流動的血中富含一氧化碳，而血中含氧（氧合血紅素）卻很貧乏，於是很快造成窒息死亡。

由於一氧化碳對血紅素具有十分強大的親和力，呼吸空氣只需含有少量一氧化碳，血中的一氧化碳血紅素含量就能達到非常高的水準。舉例來說，呼吸僅含區區百分之〇．二一氧化碳的空氣三十到四十五分鐘，就可能導致一氧化碳血紅素飽和度超過百分之六十。所以當暖氣機故障或餘燄悶燒釋出少量的一氧化碳，每過一分鐘都會變得更加危險。

這種對血紅素的強大吸引力可以解釋，爲什麼有些人在空曠地帶仍受到一氧化碳中毒危害。多數人認爲一氧化碳只在密閉空間才有毒性，然而這完全不是事實。有些人是在車道上維修車輛時死亡，他們被發現時通常是躺在汽車排氣管附近。游泳或滑水等活動也可能發生這種狀況，當動力船引擎怠速運轉，在船艉潛水平台上休憩的人有可能死於一氧化碳中毒。

一氧化碳的暴露程度，一般都以一氧化碳血紅素佔血紅素的百分比測定值來衡量。一氧化碳中毒徵候和症狀都和這個水準有關。正常水準是百分之一到三，吸菸者有可能高達百分之七到十。若達百分之三十到四十，頭痛會變得嚴重並有抽痛現象，也可能出現噁心、嘔吐、昏厥和精神萎靡，脈搏和呼吸速率大幅提高。若比例介於百分之四十到六十，除了出現定向力障礙，變得衰弱，協調能力也會非常的差。約達百分之六十時，可能會昏迷死亡。這些都是大致範圍，因爲一氧化碳水準提高的實際影響因人而異。

一氧化碳中毒的死亡案例通常是自殺或意外所致。用這種手法殺人相當罕見，不過確實有過這類報導。

在密閉車庫裡讓汽車引擎運轉是種常見的自殺手法，不過也可以用來殺人。若兇手先動手制伏或灌醉被害人，他就能將被害人移到車內，剩下的部分則交由一氧化碳來完成。法醫在確認死亡方式時，會尋找死者的創傷證據，同時進行藥毒物學檢驗。只要找到頭部受擊等外傷作爲證據，在判定上有可能會從自殺變成他殺，然而發現藥物時就不見得如此。有些人使用多種自殺方法來確保求死得償，而且服藥過量加上吸入一氧化碳也不是那麼稀罕。

一氧化碳血紅素呈鮮紅色，而且會讓血液染上這種色調。當法醫進行屍體解剖，看到血液呈現鮮明櫻桃紅時，他會懷疑死因是一氧化碳中毒，不過氰化物也會讓血液染上相仿顏色。一氧化碳中毒死者的內臟爲鮮紅色。有趣的是，即便經過防腐處理，或者法醫採得樣本、製備載玻片時以甲醛固定，這種顏色依然不會褪去。有時在死亡長達六個月後，還是能在血中找到一氧化碳。

倘若法醫發現一氧化碳血紅素比例升高，他會知道被害人在接觸一氧化碳時還活著，仍有氣息；如果他發現比例非常的低，那麼結論會是被害人在暴露之前已經死亡。要是兇手在殺人之後把屍體擺進車裡，意圖讓他看來像是自殺身亡，法醫很容易就能證明事實並非如此。不過要是兇手先迷昏被害人，再使用一氧化碳，法醫要想確認死者的眞正死因就困難得多。

99 古羅馬時代的殺手要如何確保某人死於一氧化碳？

問 我的小說背景設在古羅馬，我有幾個和一氧化碳窒息相關的問題。我相信木炭火盆會生成一氧化碳，在密閉空間裡有可能釀成意外窒息。相傳皇帝朱利安曾在睡夢中險些因火盆意外窒息危險而死。儘管木炭火盆是當時冬天常用配備，想來多數人並沒有這樣死去，所以兇手該如何確保他的謀害對象死於一氧化碳窒息？有沒有方法可以增加一氧化碳釋出量？一氧化碳中毒有哪些主觀症狀或身體徵候？

布魯斯．馬克貝恩（Bruce Macbain）
著有《羅馬遊戲》（*Roman Games*）等作品
www.brucemacbain.com

答 住家一氧化碳死亡的常見因素是壁爐悶燃和暖爐故障所致，因爲此時木材或瓦斯並不會完全轉變成二氧化碳，而是有相當程度轉變成一氧化碳。

你的情節已布下重重危機，因爲木炭火盆會不斷釋出一氧化碳。殺手的最高要務是減少通風，這樣一氧化碳才比較容易累積。只需要把門窗關上或遮蔽起來就行了。

至於要花多久時間無法確定，因爲取決於許多因素，包括一氧化碳生成量、房間大小和殘留通風程度，還有被害人的體型、體重以及整體健康狀況。

粗估從幾個小時到一整晚都有可能，當然了，這個範圍相當地廣，可以讓你有足夠的轉圜餘地來建構故事情節。

一氧化碳中毒症狀是睏倦，還可能感到頭痛。接著被害人會睡著並陷入昏迷，最後窒息而死。

100 若有個園丁蓄意殺人，使用秋水仙（autumn crocus）能不能取人性命？

問 我讀過秋水仙鱗莖具有致命毒性的資料。這是真的嗎？我希望筆下幾名被害人都被一名飽受虐待的園丁給殺害，但其中一人能活下來。倘若這不是真的，那麼有沒有哪種植物的毒性能夠很快奪命，而且所需劑量不大，接受醫治還有的救。他需要使用多少劑量？

JL

答 秋水仙（學名：Colchicum autumnale）可以達到你的目的。這種植物所含毒素是種生物鹼，名爲秋水仙鹼（colchicine）。秋水仙全株都有毒，通常攝取後隔三到六小時會出現症狀，包括噁心、嘔吐、腹瀉帶血、腹痛、呼吸困難、體溫下降、休克，以及死亡。

下毒劑量無法判別，因爲每棵植株所含的秋水仙鹼濃度互異，而且每個人的反應也不同。此外，兇手也不會知道該使用多少量，所以他大概只能在食物或飲料中添加一些，然後看看情況如何。

至於爲什麼有人生還，另一個就不行？部分是因爲運氣。還有，說不定有人攝取的毒素劑量較小，或者對毒素反應沒那麼劇烈，也說不定是飯後（相對於空腹）攝取，於是吸收速率較低，毒性也就沒那麼強。

倘若生還者的神智清醒並有反應，接受的治療包括以催吐劑誘發嘔吐；要是較無反應，則以大型胃管灌洗胃部。他還會接受靜脈注射施予大量流質，促使血中所含物質經腎臟排出。同時還會讓他保持溫暖，若血壓降到低於水平，還會給藥（血管收縮劑〔vasopressors〕）來撐住血壓。常用的血管收縮劑有腎上腺素（epinephrine）、多巴胺（dopamine）和多巴酚丁胺（dobutamine）。

101 箭毒能不能自製並用來殺人？

問 我的故事中有個惡徒利用箭毒毒劑殺了好幾個人，並拍下被害人死去的照片。我聽說這大約需要二十分鐘。是這樣嗎？外行人在哪裡能找到這種毒藥，或者能不能自製？

辛西亞・希基（Cynthia Hickey）
著有《裹著糖衣的祕密》（*Candy-Coated Secrets*）和《裹著巧克力糖衣的罪行》（*Chocolate-Covered Crime*）等作品
www.cynthiahickey.com

答 箭毒是種神經肌肉癱瘓劑，意思是它能麻痺身體所有肌肉，包括用來呼吸的肌群。被害人會動彈不得、失明、無法言語，也無法呼吸，最後死於窒息。癱瘓程度和作用速度取決於劑量、中毒人體型大小，以及患有哪些疾病，加上其他幾項因素。一般而言，癱瘓是全面性的，而且速度非常的快。

箭毒通常是採靜脈注射施打，三十秒左右就會生效。採肌肉注射的話，有可能會稍久一些——也許是三到五分鐘。倘若兇手以肌肉注射施打，被害人可以活動個幾分鐘，接著便逐漸陷入完全癱瘓，呼吸停止，二至四分鐘後就會死亡。時間表大致上是如此，妳可以拉長或縮短一些。被害人會維持清醒並保有意識，最後才陷入昏迷，迅速死亡。

箭毒必須有處方才能取得，或者可以侵入醫院的手術室、急診室、藥劑部偷取，到藥品供應機構也偷得到。

製作箭毒的植物可以向順勢療法（homeopathic medicine）供應商訂購。然後將它浸入沸水或高溫熱水中製成箭毒茶湯，或者蒸發成較高濃度流質，於是只要非常少量就能發揮所需效果。雖然成分不純，也非藥用等級，卻很有效。

102 古埃及時代若有人蓄意殺人，拿氰化物添入化妝品中能不能取人性命？

問 我正在寫一本謀殺推理小說，背景設在古埃及第十八王朝圖特摩斯三世（Thutmose 三）統治時代。被害人是遭人下毒。我讀過埃及人能從桃核和月桂葉萃取出氰化物。拿這個加進化妝墨裡會不會造成死亡？我還發現他們的化妝墨有時會使用銻成分。是這樣嗎？他們知不知道哪些症狀是中毒跡象，以及能否檢驗出這兩種物質？

答 埃及化妝墨是當時許多人都會使用的化妝品。我找不到添加銻的相關文獻，不過非常可能有這種情況。為了調製不同色彩，他們還添加了其他幾種有潛在毒性的物質，像是鉛、鐵、鋅、銅和鎂。如果化妝品中有一定含量以及使用頻繁的話，那麼這類物質就有可能造成慢性中毒。不過這很費時，結果也很難預料。這種手法不見得能讓兇手得逞。

沒錯，他們有辦法萃取出氰化物，施用在皮膚上肯定有效。

氰化物是種代謝性毒素，能截斷身體細胞使用氧氣的能力。這種過程會立即產生深遠影響，如果使用分量足夠，幾分鐘內就能奪命。若劑量較少，被害人可能會生病，不過仍能倖存。

氰化物毒性會引發多種症狀，包括呼吸困難、暈眩、臉部潮紅、噁心、嘔吐、失去意識，說不定還會誘發癲癇，最終導致死亡。這有可能發生得很快，所以被害人也許會突發嚴重呼吸困難，臉部泛紅，或者緊抓胸膛，癱軟倒地死亡，過程也許會出現癲癇發作的情況，也可能不會。

銻中毒和砷或鉛中毒很像。主要症狀有噁心、嘔吐、腹瀉（有可能帶血）、腹痛、意識混淆、肌肉衰弱和協調失衡，以及手臂和雙腿有麻痺和針刺感、癲癇發作、昏迷、休克，並且死亡。

既然氰化物和銻在古埃及的效用和今日相同，其症狀和以上所述也就不會有差別。那名殺手，還有當地的醫師和祭司，也許都知道這類症狀是中毒所引起的。也可能不清楚。他們說不定會認爲被害人是因爲懷怨報復的神祇找上門來，或者遭人施術下咒，這兩種解釋在當時常被用來解釋病因。

他們無法從活人身上或屍體檢驗出這兩種毒素。這項能力在將近三千五百年內都還不會問世。

103 在咖啡中添加鎮定劑可以讓一名壯碩的男子失去意識嗎？

問 我設定我筆下的某個人物服用處方藥物來預防恐慌發作。我在斟酌要用安定文（Ativan）或是克沙拿（贊安諾）。倘若她把藥錠和咖啡豆一道研磨，煮成咖啡讓一名身材壯碩的男子喝下，會不會讓他恍惚失神，然後失去意識達六個小時或者更久？她必須使用多少藥片？我不希望有致死風險或者需要治療。

海麗．埃弗裔
著有《千萬別撒謊》和《過來找我》等得獎作品

答 這肯定行得通。任何鎮定劑都可以使用，不過安定文（勞拉西泮〔lorazepam〕）小劑量效果就很強了。這種藥劑兼具注射液和藥錠型式。藥錠有○．五、一．○和二．○毫克幾種。由於妳只希望那名男子睡得很沉並持續六個小時，所以不需要太大劑量。我建議四到八毫克。實際所需劑量無法估計，因爲每人的反應各有不同，不過這個粗略範圍就很好用了。

她可以把藥錠碾碎溶入咖啡裡，或者加進研磨咖啡豆裡煮。那名男子喝下咖啡之後，大約十五到三十分鐘會開始覺得很睏，然後睡著。而且睡得很沉。叫他的話會醒，不過他會呈現有點恍惚的狀態，很容易又回頭繼續睡。這個劑量可以讓他昏睡達妳情節所需的六個小時。

104 二戰醫師有哪種注射藥劑可以很快讓人喪命？

問 我正在寫一本小說，故事背景設在二戰時期的法國。一名納粹軍官去找一位法國醫師治療梅毒，之前他也曾為了這個隱疾前往診治。結果那位醫師並沒有幫他注射盤尼西林。我想安排施打某種致死藥劑，而且要有時間離開現場，免得旁人，包括那名納粹軍官起疑。預留時間從幾分鐘到幾個小時都行，只要拖延到另一位醫師抵達，設法治療那名納粹軍官，並在他死前談上話即可。

第一位醫師可以注射哪種藥物，以及會引發什麼樣的症狀？第二位醫師並不會懷疑前一位醫師施打了致命藥物，所以按理他會試著進行哪些診斷及治療？最後，從施打到症狀出現乃至於死亡會相隔多久？

伊蓮．哈格羅夫（Elaine Hargrove）
明尼蘇達州明尼亞波利斯市（Minneapolis）

答 首先要指出的是，毒物並沒有定時裝置，也不能隨心所欲地啟動、關閉。不過妳設定的時間基本上讓這個問題變得無關緊要。二戰期間有三種化學物質可以供妳選擇：鴉片、嗎啡以及古柯鹼。前兩種是麻醉鎮痛劑，而且會產生相仿作用。若採肌肉注射而非靜脈注射，兩者都會延宕幾分鐘才出現症狀。

就施打鴉片或嗎啡的情況，被害人一開始不會察覺異狀，兩、三分鐘過後才會頭昏眼花、毒性發作並失去定向力，接著他會覺得呼吸困難，陷入昏迷而死。所需時間取決於劑量和每個人對藥物的反應狀況而定。這方面差異相當懸殊，我建議妳安排症狀約在兩分鐘後出現，然後在接下來四到六分鐘逐步進展，最後讓那個人停止呼吸死亡。

若採用古柯鹼，症狀同樣也會在兩分鐘後出現。古柯鹼會產生類安非他命的作用，好比感覺臉部溫暖泛紅、欣快、心悸、頭痛、胸痛、呼吸困難，也許還伴隨癲癇發作，接著昏迷死亡。這些症狀的出現時間會與前述的時程類似。

這三種藥劑要是使用過量，在醫師看來就像是心臟病發或者心臟出了其他方面的問題。在那個時代，心臟病發或過量的古柯鹼、麻醉鎮痛劑全都無藥可醫。總之，他只能在一旁觀望，完全束手無策。被害人能講幾分鐘的話，便陷入昏迷或心跳驟然停止。

所以妳可以安排採肌內注射的方式施打這幾種藥物，讓症狀在兩、三分鐘過後開始出現，然後在往後約五分鐘期間逐步進展，最後讓那個人死去。

105 使用哪些藥物可以讓阿茲海默症（Alzheimer's disease）患者的病情加劇？

問 倘若我筆下的壞蛋想讓一名阿茲海默症早期患者封口，有沒有哪種藥物可以用來讓病情惡化或模擬疾病症狀？

哈利·亨席克（Harry Hunsicker）
美國推理作家協會前任執行副總裁
德州達拉斯

答 許多藥物都有這種效用。任何一種痲醉鎮痛劑（可待因、嗎啡、海洛因）、鎮定劑或鎮靜劑（地西泮或阿普唑侖）、巴比妥鹽（苯巴比妥或司可巴比妥〔secobarbital〕）以及安眠藥（唑吩坦或水化氯醛〔chloral hydrate〕），都有可能改變他的心理狀態，讓情況看起來就像是失智症惡化所致。若採較大劑量，被害人會表現出有如醉酒、睏倦或協調失衡，而且這類症狀相當明顯，還可能引人側目。不過每日若施予少數劑量，他只會變得比較健忘而且意識混淆，看起來很像是病情加重所致。

同樣道理，用來治療精神的多種選擇性血清素再吸收抑制劑，好比帕羅西汀或氟西汀也是如此。這類藥物可以改變一個人的心智功能，他會變得遲緩、精神萎靡，並出現定向力障礙。特別是原本就有失智症的患者更是如此。

最後，任何一種所謂的約會強暴丸，好比快樂丸（ecstasy）、γ-羥基丁酸（GHB）、羅眠樂（Rohypnol）和氯胺酮等，小劑量也能迷亂他的心智。

每一類具有精神療效的藥物給予少數劑量都能模擬漸進式的心智衰退。

106 什麼樣的藥物能夠暗中讓處於沮喪消沉的人服下，並慢慢走向自殺一途？

問 我的小說裡，有個懷俄明州狩獵監督官用他的勤務武器自盡。儘管這無疑是一起自殺死亡案件，警探卻懷疑有人偷偷讓死者服下某種藥物，才釀成這齣悲劇。有哪種藥物能夠偷偷施用來強化被害人的無助或憂鬱感受，而且不讓對方察覺自己遭人下藥，最後還被逼得走上絕路？即便藥物不太容易取得也無妨，因為其中一名涉案人本身就是醫界人士。此外那種藥物必須能夠長期施用，逐漸累積藥效，而且沒有明顯副作用，才不會讓被害人察覺這起陰謀。如果真的有這種藥物，法醫能否輕易辨別那是種自殺觸媒，或者能夠合理解釋並且一筆帶過？

C.J. 巴克斯（C.J. Box）
愛倫坡獎得獎作家，著有《寒風》（*Cold Wind*）和《末路偏荒》（*Back of Beyond*）等作品
懷俄明州夏安市（Cheyenne）

答 好劇情。這有多種可能性。首先，讓我們來看看自殺和憂鬱。每天都有許多憂鬱人士自殺，所以這是常見的事。患有嚴重憂鬱症的人往往沒有氣力來順利完成自殺舉動。畢竟有許多事情都必須預先規畫。何時、何地，怎麼做？誰會發現屍體？身後事是否安排妥當？這全都得耗費時間、心思和氣力，他們通常不會花時間這麼做。不過，要是把一種能夠帶來活力的藥物讓嚴重憂鬱症患者服下，他們會在突然之間變得有辦法執行。很可悲，卻也是事實。

故事裡的兇手可以採用能夠提振或鎮定心神的藥物來達成他的目的。鎮定劑和鎮靜劑素有引發憂鬱並促使病情加劇的惡名，苯二氮平類藥物（benzodiazepine，地西泮或阿普唑侖）和巴比妥鹽（苯巴比妥和司可巴比妥）都屬此類。任何一種藥劑只要在被害人的食物或飲料中添加少許，每日一到三次，被害人就會感到睏倦、疲憊——兩者都是憂鬱症狀。劑量可以根據他的反應加以調整。如此一來，被害人會變得愈加憂鬱。所以這類藥物不單能模擬、加劇病情，實際上還會造成憂鬱症狀。

或者兇手也可以使用安非他命或減肥藥等能夠提振精神的藥物。這些東西有可能讓憂鬱的被害人湧現恐慌、心神不寧或焦慮等感受。同樣地，這類感受也是憂鬱症常見的現象，而焦慮往往是憂鬱症候群的一環。經過數週反覆使用之後，被害人會變得疲憊不堪、精神萎靡並陷入憂鬱。就像我前面說的，這類藥物能讓他提振精神，有活力去規畫並落實行動。

法醫驗屍時會發現能提振或鎮定心神的藥物，因爲所有常規藥檢幾乎都把它們納入檢測範圍中。法醫有可能進行藥檢，也可能不會，由於這起案件是舉槍自殺，而且已知被害人患有憂鬱症狀。不過他應該這麼做，完備的屍體解剖會把藥毒物學檢測納入其中。你可以應情節所需安排那位法醫面面俱到，或者表現出懶散、墮落舉止。

然而即便眞的找到藥物殘留，憂鬱症患者也經常背著親友和醫師私下使用。在被害人的血液、尿液和胃部找到這類物質根本不會引人注意，反而是意料中的事。診斷憂鬱症會遇上一個問題，那就是如何確認是否肇因於合法或非法藥物，或者是由此併發的狀況。這些肯定都必須納入考量。

所以，法醫有可能找得到藥物，也可能找不到。他有可能判定是旁人施加在被害人身上的，也可能不會。警探必須進一步釐清眞相。

107 酒精戒斷有可能致命嗎？

問 我聽說酒癮人士有可能死於酒精戒斷。如果這是真的，會出現哪些徵候，以及一個人會如何死於酒精戒斷？把酒精輸入他的體內，能不能挽回戒斷瀕死個案的性命？

羅賓．康奈利（Robin Connelly）
愛達荷州波夕市（Boise）
www.robinconnelly.com

答 酒精戒斷症候群（alcohol withdrawal syndrome）有可能致死。這種情況一般稱爲震顫性譫妄（delirium tremens，DTs）。死亡率高達三成左右。當某人由於持續性震顫性譫妄來到醫院，通常治療藥物包括氯丙滙（chlorpromazine，又稱冬眠靈〔wintermin〕）和氟呱啶醇（haloperidol）之類的鎮定劑，或其他某種主要鎮靜劑。氯丙滙通常採注射施打，氟呱啶醇有可能是種口服藥錠或藥液。兩種藥物都能讓患者鎮定下來，這樣就能控制震顫性譫妄的跡象和症狀。鎮定劑通常會持續使用數日，然後逐漸減量，於是患者清醒過來，他的神情舉止也慢慢變得更有條理。

以靜脈滴注酒精來預防震顫性譫妄是種常見手法。外科醫師素有這種惡名。當有人需要進行緊急手術醫療，好比切除闌尾、膽囊或處理其他相關創傷，並且已知患者有酗酒問題，外科醫師會在他入院後的二十四到四十八小時檢視震顫性譫妄徵候，通常這是酒精戒斷徵候群發生作用的時候。倘若出現這些徵候，外科醫師往往會利用靜脈酒精滴注來預防戒斷症狀，直到外科問題癒合爲止。接著約在術後一週，患者會轉入內科病房，由內科醫師協助戒除酒精滴注，並視需要使用上述鎮靜劑，直到戒斷過程完成爲止。

酒精戒斷徵候包括有精神激動、具攻擊性、神智迷亂或見到不存在的事物等一類幻覺。震顫性譫妄的主要併發症狀包括肺炎、泌尿道感染和癲癇發作，出現其中任何一種都有生命危險。癲癇發作還可能導致嘔吐物隨呼吸進入肺中，結果可能會引發吸入性肺炎（aspiration pneumonia），這是另一種有可能致死的併發症。戒斷期間要是出現體溫和血壓升高，還有心律改變，也都可能帶來問題。

108 哪種速效型致命氣體可以用來殺人而且很難被偵測出來？

問 我的故事內容需要一種很難被偵測出來的速效型致命氣體。我發現俄羅斯人曾經使用這類氣體來對付恐怖分子，不過我查不到是哪一種。我想利用這種氣體殺死一位列車長，好讓他在啓動煞車把手時喪命。

芭芭拉・瑟拉內拉（Barbara Seranella）
蒙克・曼奇尼（Munch Mancini）系列小說作者
唉，我親愛的朋友在二〇〇七年一月二十一日過世。我想念妳，芭芭拉。——D.P 萊爾

答 以往曾有人使用芬太尼（fentanyl），在釀成大錯後才終於坦承疏失。當時科學界還不清楚芬太尼具有氣體或霧化形式，只知道有藥粉、注射用劑以及鎮痛貼片。霧化劑是一種混入空氣的流質，或混入其他氣體噴霧中使用。芬太尼能透過口腔內襯和肺臟迅速吸收，立即發揮作用。

妳筆下的壞蛋可以拿一個用來推動像是氣動開酒器或空氣步槍等物品的二氧化碳氣瓶，清空後填入少許液態芬太尼，再用二氧化碳加壓，然後把氣瓶擺在煞車把手旁的一處定點，於是當把手強力前推時，一處尖銳突起就會刺穿瓶端薄壁。此時芬太尼會被釋出於列車長室。駕駛員會當場喪失意識，二至四分鐘內便窒息身亡。至於行駛中的列車會發生什麼事就看妳了。

109 十三世紀的兇手有可能使用哪種迷幻藥物來導致被害人出現笨拙舉止或鹵莽行為，最後死亡？

問 十三世紀末，有個英國謀殺犯想讓被害人使用致幻劑（最好是隨十字軍征戰時帶回），這不會直接殺死他們，而是讓被害人失去平衡以及（或者）產生幻覺，以為自己能飛，最後因此喪命。這種藥物最好能隨紅酒喝下，必要時可以用其他香料來遮掩味道。攝取過後一個小時或再久一點才會察覺藥物作用，所以殺手有時間前往別處。鴉片和印度大麻（hashish）在當年都能取得，不過我查不到這類藥物的保質狀況（能不能歷經數月，熬過從以色列亞克〔Acre〕到英格蘭的這段漫長旅程），或者能不能採前述手法來下藥。我還想知道，若有偵探發現這類物質，它們會是什麼模樣？要是這些都行不通，有沒有其他性質類似的藥物能夠發揮效果？

普莉西拉．洛雅（Priscilla Royal）
中世紀推理小說作家
www.priscillaroyal.com

答 妳說得對，印度大麻和鴉片都行得通，而且兩種藥材的保質期也都很非常長。只要儲存在乾燥場所，保存期間可以用年來計算。當然它的效用多少會隨著時間遞減，不過就妳所描述的幾個月時間，是可以忽略的。幾個世紀以來，印度大麻和鴉片運往世界各地，似乎從來沒有人抱怨。所以這些藥材肯定有用。缺點是兩種都帶有特殊苦味，不過只要隨香料酒或食物一道攝取，至少能掩蓋掉一些味道。印度大麻和鴉片都是麻醉鎮痛劑，並不是眞正的致幻劑，因此會造成定向力障礙以及失去失衡，肯定會跌倒。

另外，十三世紀還有其他材料可供妳斟酌選用，像是天仙子、顛茄、風茄、裸蓋菇類（psilocybin mushroom）、曼陀羅，甚至還有受到眞菌感染生成的一種麥角生物鹼（ergot alkaloids）的黑麥麵包或麵粉。最後一種很可能是著名的塞勒姆巫師（Salem witch）審訊案的背後起因。這點從來沒有被證實，不過是種推想。黑麥眞菌會長在穀子上，生成具有非常強烈致幻效能的麥角生物鹼。顛茄或蕈類或許是妳的最佳選擇，它們都能誘發強烈幻覺。受到這類藥物影響的人，行爲簡直百無禁忌，包括試圖從城堡樓頂縱身起飛。

110 被迫喝下毒參（hemlock）的蘇格拉底是安詳還是痛苦的死去？

問 依對話錄〈斐多篇〉（*Phaedo*）所述，蘇格拉底死得十分安詳。喝下毒參汁對人體會產生哪些實際作用，還有這些影響隔多久才會出現？

NC

答 毒參（學名：Conium maculatum）有多種名稱，好比要命毒參、毒芹和蛇草，至於水毒參

（學名：Cicuta maculata）一般稱爲瘋草、牛毒草或河狸毒草。

這兩種植物全株都有毒，而且較幼嫩的植株可能比成熟植株毒性更強。中毒症狀會在二十到六十分鐘內出現，包括胃痛、噁心、嘔吐、腹瀉、瞳孔擴大、口吐白沫、脈搏虛弱、呼吸困難、肌肉無力，以及痙攣抽搐。往往還會出現肌肉癱瘓，必須進行人工呼吸的狀況；被害人經常由於呼吸系統衰竭窒息而死。

中毒之後，得經過好幾個小時才會死去，所以這種死法既不安詳也不舒服。

111 吸入塗抹水銀的香菸會不會死？

問 一八五〇年代的人曾把金汞齊（gold amalgam，金和水銀混成的合金）藏進香菸偷盜出來。他們吸完香菸後，把內含金汞齊的菸蒂彈進垃圾桶裡，然後再翻找收集。後來竊金賊死於汞中毒，這種詐術才不再為人使用。

我的問題是：一個人吸入水銀最快多久會死？瀕死之際會出現哪些症狀？屍體有沒有可見線索能顯示死者是汞中毒身亡？

李・戈德伯格
著有《走過震災路》和《神探蒙克的旅程》等作品
加州洛杉磯
www.leegoldberg.com

答 水銀是重金屬（不是指搖滾樂團類型），作用和鉛、砷和銻等其他重金屬相仿。水銀中毒途徑像是攝食和接觸，也包括你所描述的吸入方式，過程有可能是急性的或者慢性。倘若被害人從香菸攝取到的劑量很大，有可能會在幾個小時內生病，最慢只要一、兩天。症狀有噁心、腹痛、嘔吐和腹瀉（有可能帶血）、麻痺和針刺感以及四肢無力，皮膚泛紅長皮疹、精神障礙。此外還可能出現過度流涎、心悸、臉頰和趾指泛現粉紅色澤。這些症狀有可能出現任意組合，程度輕重不等。

吸入水銀蒸汽比攝食水銀更容易被人體吸收進入血流，因此症狀出現速度也快得多。也許不到幾個小時。

還可能引發所謂的金屬燻煙熱（metal fume fever）。這是一種肺臟發炎症，和肺炎非常相似，肇因是吸入的煙塵含有金屬所致。症狀包括胸痛、呼吸困難和咳嗽，有時會咳出帶血絲的痰液。附帶一提，這類症狀也常見於一八五〇年相當盛行的肺結核（tuberculosis）。

假使被害人一再吸入或者處理低濃度水銀持續數週或數月，那麼中毒就會是慢性的，並不會急性發作。此時症狀出現的速度會緩慢得多。最初他有可能感到噁心，還會上吐下瀉，幾天之後長出皮疹，再過數日或數週出現神經症狀，好比感到麻痺以及四肢無力、畏光、頭痛、神智迷亂，最後是帶有妄想的精神疾病。

至於醫師——或起碼一位飽學之士——會不會知道被害人汞中毒？也許會，也許不會。從症狀可以推想是中毒，也可能將汞納入考量。當然了，他們不會知道該如何驗證，因爲最早的相關科學研究直到一九二〇年代才開始進行。一八五〇年並沒有治療方法。

另一項有趣的事是，《愛麗絲夢遊仙境》（*Alice in Wonderland*）裡的瘋帽人就是個汞中毒病例。十八、十九世紀時期，製氈帽過程中得用上含汞溶劑，因此汞中毒是製帽匠常見現象。這種製帽所致水銀中毒如今依然稱爲「瘋帽匠的疾病」。

112 哪種藥物用在老婦人身上有可能隔幾小時就讓她喪命？

問 我的小說情節裡，有六名婦人在養老院裡建立起友誼。其中有一人死於自然原因，一人走上自殺老路，一人藥物過量死亡。我還得再讓兩個人斷氣，接著才由僅存的女士發現其他人的死因。替沒有糖尿病的人施打大劑量胰島素，會不會讓她像是真有糖尿病般迅速喪命？什麼樣的藥物可以趁患者出院時在醫院裡為她施打，幾個小時後死於心臟病發？

派翠西亞．派特森（Patricia Patterson）
喬治亞州亞特蘭大市
www.patricia-patterson.com

答 採靜脈注射方式施打高劑量胰島素可以殺死任何人，有沒有糖尿病都一樣。而且會迅速生效。倘若被害人接受一百單位的胰島素，她會在五到二十秒內喪失意識，並且可能在二到五分鐘內死亡，即便活了下來，腦部也會有損傷。

以妳的第二種情節來說，主要問題在於藥物沒有定時裝置。有些生效很快，有些比較遲緩。許多藥物都能誘發心律不整乃至死亡，然而效用往往很難預料。殺手通常偏愛可預測性。只要施藥充分，幾乎什麼都能用來殺人，不過劑量極高的藥物通常可以很快生效，尤其採靜脈注射或肌肉注射施打更是如此。若安排口服施藥，那麼有幾種藥物有可能奏效。

妳可以安排被害人臨出院前，服用六到十二顆奎尼定、毛地黃或普魯卡因胺（procainamide）藥錠。這類心臟病藥物必須經過好幾個小時，吸收進入血流的數量才會達到致命水準，特別是餐後立即服用的情況。被害人有可能不會死，不過喪命的機率很高。前面我也說過，這很難預測。

攝食藥錠後一到四個小時，被害人有可能出現呼吸困難、心悸和暈眩等情況，然後突然癱軟倒地死亡。這看起來就像是心臟病發，其實是藥物引發的心律不整所致。倘若法醫刻意探究有可能查的出眞相，或者他不會特別追究。他也許只把它當成一起心臟病發案例簡單帶過，因爲這是老人常見的現象，最後就這樣了事。不過出院後迅速死亡，乍看像是醫療過失的狀況，所以法醫有可能進行藥毒物學檢驗，那麼他就會在被害人的血液或從胃內容物發現這類藥物。

113 氯胺酮（K他命）中毒時，吸收進入血中的成分隔多久還驗得出來？

問 我的下一本書提到一段情節，有個人遇襲並遭施打某種不明物質，或許是氯胺酮。當她醒過來時，發現身旁有具屍體。我從你的書籍得知，鹽酸氯胺酮（ketamine hydrochloride）具有鎮定作用，除了會引發失憶，也可能有導致幻覺的副作用，所以她以為自己記得的事發經過有可能是真的，但或許不是事實。氯胺酮進入人體後，隔多久還檢驗得出來？她具有醫療知識，於是清醒後便盡速抽血採得樣本。這裡面是否仍含有藥物殘跡？倘若她把血樣裝進玻璃瓶密封擺進家用冰箱，保存多久仍得以進行檢驗？我希望她能在事後證明自己是遭人下藥迷昏，無法犯下殺人案件，而且是被陷害的。我讀了《鑑識取証天才班》（*Forensics for Dummies*），我假定人體內的氯胺酮可以採用氣相層析法，結合質譜分析法進行檢驗。

佐伊．夏普
著有夏洛特「夏莉」福克斯犯罪驚悚系列小說
英國某座「前後都不著村」離島
www.ZoeSharp.com

答 妳的情節相當合理。氯胺酮在體內起碼可以留存一天，說不定還更久。成分很可能在血中、尿液和肝臟等其他組織中找到。當然了，肝臟和其他組織必須在驗屍時才能化驗，意指她沒有活過那次事件，而妳並不希望這樣。不過氯胺酮應該可以從她的血液和尿液中找到，期限起碼二十四小時，說不定還更久。別忘了，這種血中含量並不會瞬間從有到無。含量會逐步遞減，作用會慢慢消失，所以等她恢復理性，抽取血樣，藥物仍會存留在她的身體裡。

就儲藏方面，她只需要把血液、尿液樣本擺進冰箱，檢體在保藏數日（甚至於數週或數月）之後依然有用。妳說得對；最可能使用的檢驗模態正是結合氣相層析法和質譜分析法。

再者，事隔多週甚至數月才從她身上採集毛髮樣本，同樣有可能驗出氯胺酮。不過以她在藥物作用影響之下逐漸醒轉過來時所取得的血樣最佳。

114

問　一八〇三年在船上動手術可能會用上哪種止痛藥？

一八〇三年，助產士可能會使用哪種止痛藥或麻醉劑？船上就這麼一位護理人員，她必須用止痛藥才能幫船長縫合手臂上一道非常嚴重的切割傷。事情發生在暴風雨來襲之際，船長使用止血帶來抑制出血情況，而船上只有她有能力縫合傷口。她不希望讓他疼痛受苦（她愛上船長），也不想讓他死於麻醉劑。她在修道院學習護理工作時，老師曾給她一些鴉片酊，只供最急迫情況使用。她能不能拿來使用，不然該用哪種？

傑姬．格裏菲（Jackie Griffey）
阿肯色州卡博特市（Cabot）
www.jackiegriffey.com

答 那個時代的手術凶險莫測，不只是由於外科技術尚且極端簡陋，也因爲在前抗生素時期，傷口感染往往會危及生命。當時外科醫師能控制的是速度。快手外科醫師講求快速，因爲沒有全身麻醉劑可以使用，能用的只有酒精、鴉片、鴉片酊（laudanum，鴉片的酒精浸泡液）和壓制束縛。

那位護士可以使用酒精或鴉片酊，也可以結合兩者用以麻醉，這麼做肯定有幫助。分用這兩種藥劑或合併使用的唯一眞正的危險是過度施用，這有可能導致患者喪失意識並窒息死亡。爲了避免發生這種狀況，可以採小劑量施藥再逐步加量，最後就能達到所需的鎭定水準。接著她必須以非常快的速度完成手術。此外，治療時期間或許仍需按住患者，免得他移動身體。還可以給他一根棍子或一片皮革讓他咬著。

她很可能會使用冷開水或起碼盡量找來最新鮮的清水來清潔傷口，接著盡可能修補傷口並包紮妥當。有趣的是，有些外科醫師會在傷口灑鹽或抹上蜂蜜，因爲當時認爲這兩種東西能幫助癒合，結果確實如此，兩者至少都具有若干抗菌特性。

115 哪種致命藥物足以顯示兇手可能是個醫學系學生？

問 我安排故事中的被害人染上海洛因（heroin）毒癮，正逐步康復中。她和一名已婚的醫學院預科生交往，結果對方得知她懷孕時殺了她，還意圖將現場布置成看來像是被害人吸毒過量意外身亡的樣子。他有可能用上哪種藥物，結果讓法醫判定這不僅不是一起意外死亡案件，而且兇手還與醫學專業有密切關聯？

RW

答 多種藥物都有可能，其中最適合的是全身麻醉劑和肌肉癱瘓劑。他可以選一種混入一劑海洛因中勸誘施打，接著她就會在幾分鐘內死亡。初步的藥物篩檢會驗出海洛因成分，在進行更完整的藥物檢驗之後，可以發現還有別種藥物。由於這些藥品是醫院手術用麻醉劑，並不是街頭毒品，嫌疑就會落在那名預科生男友身上。法醫還可以藉由ＤＮＡ技術來判定他就是胎兒的父親，於是動機也有了。

至於他有可能使用哪種藥物？

得普利麻（Diprivan，有效成分爲異丙酚〔propofol〕）是種全身麻醉劑，而且跟同類所有藥劑一樣，若施予充分劑量，特別是與另一種鎮定劑如海洛因合併使用時，會讓人喪失意識、昏迷、呼吸停止窒息而死。與海洛因混合的話，大約十到二十毫克便足夠。施藥之後會立刻讓人失去意識，並在幾分鐘後死亡。這種藥物和麥可·傑克森的亡有連帶關係。

諾科隆（Norcuron，又稱萬可松，有效成分爲維庫溴銨〔vecuronium bromide〕）是種肌肉麻痺劑，使用後幾乎會立即麻痺人體所有肌肉，包括呼吸所需肌群，然後導致窒息死亡。他可以用注射器吸入十到二十毫克並添加海洛因，施打之後她會停止呼吸喪命。此外名爲

Anectine的琥珀醯膽鹼（succinyl choline）也能產生完全相同的作用，二十到四十毫克劑量便綽綽有餘。

116 問 一五七九年有哪種毒物能夠讓人慢性中毒？

我設定部分的故事情節發生在一五七九年的英格蘭。我需要一種緩效型毒藥來謀害我筆下一個人物。兇手（一個吸血鬼）生於十一世紀，所以我希望找到大約在那個時候會使用的毒物。被害人年齡十九歲，體重有點過輕。兇手每天在他的食物中摻入少許毒藥，也許每隔幾天就提高劑量。我想讓被害人臥病在床直到末期，可能有時會陷入不省人事的狀態，一、兩個星期後便死亡。兇手的哥哥（在完全不知情少年中毒的情況下），召來醫師為被害人看診。我想讓那位醫師判定病因時，沒想到是中毒造成的。我原本打算使用砷，不過那有點老套了，所以我想試試不太常見的非慣用毒物。

ED

答 作用遲緩的慢性中毒全都行得通。每天拿一點給被害人吃下，他就會生病，當體內累積充分劑量時便足以致死。初期的症狀都很輕微，隨著持續下毒而逐步加劇。至於被害人會出現哪些症狀，自然得看使用的毒物爲何。有好幾種在當時都相當普遍。

幾個世紀以來，砷的使用頻率遠超過其他毒物。作用遲緩的慢性中毒會導致噁心、嘔吐、嚴重腹痛、出血性下痢，以及四肢、臉頰麻痺和針刺感。砷中毒和其他幾種疾病相仿，主要爲胃腸道和神經系統臨床症狀。胃腸道問題如潰瘍、結腸炎、胃炎和任意腹瀉疾病，都可能與攝食砷的徵狀混淆。神經系統問題像是中風、失智症和種種神經病變（會造成四肢無力、麻痺和針刺感的神經疾病）也可能跟砷中毒弄混。兇手從下毒到最後變成謀殺所使用的劑量也大幅提高，這會導致急性中毒反應，前述所有症狀也會變得十分嚴重，以至於癲癇發作、昏迷死亡。從攝食最終致死劑量到死亡爲止，這段時間有可能從四到二十四小時不等。

而俗稱「要命的茄子」的顛茄（belladonna，學名：Atropa belladonna），也能發揮同等效用。顛茄全株都有毒，不過葉片、漿果和根部的毒性特別強。兇手可以拿漿果加葉片一道拌成一盤毒沙拉。

症狀在攝食過後的幾小時開始出現，包括瞳孔擴大、視力模糊、口眼乾燥、皮膚紅腫泛紅、心跳加速引發心悸、呼吸困難，以及出現定向力障礙、幻覺、癲癇發作、昏迷乃至死亡。兇手可以每天隨食物施予小劑量，這會造成被害人呼吸困難、疲倦和心悸。這類症狀與心臟病臨床症狀相仿。到最後施予較大劑量時，前述症狀全部都會出現，隨後造成死亡。

另一個選項是鈴蘭（valley，學名：Convallaria majalis）。鈴蘭全株都有毒，葉片的毒性尤劇。把鈴蘭的花朵摘下放入水中，水也會帶毒；取葉片入水煮沸，茶水的含毒量肯定更多，毒害效果相對強烈。

鈴蘭所含毒素稱爲鈴蘭毒苷（convallatoxin），這是和毛地黃毒苷（digitalis）同屬一族的糖苷（glycoside，配糖體）。地黃毒苷見於毛地黃（foxglove，學名：Digitalis purpurea）或長葉毛地黃（Digitalis lanata）。症狀幾乎立刻出現，包括噁心、嘔吐、呼吸困難、心悸、腹痛、臉部潮紅、潮熱、瞳孔擴大、皮膚出現紅疹、過度流涎，最後陷入昏迷，死亡。糖苷能造成致命性心律改變，導致突然癱軟倒地死亡。兇手有可能每天給被害人一點茶湯，於是病情會逐漸嚴重。被害人出現呼吸困難和心悸等身體不適，有可能隱指心臟問題。當他最後因心律不整死去，也沒人能看穿箇中隱情。

斑蝥素（cantharidin，學名：Cantharis vesicatoria）俗稱西班牙蒼蠅（Spanish fly），是種無味的白色粉末，很容易拿來暗中添入食物或飲料中。攝食後症狀會立即出現。斑蝥素接觸到人體的任何組織都會引發刺激性反應，隨血流經由腎臟濾出時會刺激尿道粘膜，讓人覺得具有激發性慾的作用。較大劑量有可能造成胃腸道和尿道出現劇烈燒灼感、長水泡，還會引發腹痛、噁心、吐血、出血性下痢、排尿疼痛帶血、抽搐、快脈、血壓下降、休克致死。這種死亡案例有可能與某些胃腸道疾病致死狀況相混淆。

117 十九世紀晚期有哪種毒物能用來殺人？

問 我正在寫我的第一本推理小說。故事背景設在十九世紀晚期。除了砷之外，當時還有

哪些常見毒物能夠拿來使用？具有哪些作用，驗不驗得出來？

SC

明尼蘇達州明尼亞波利斯市

答 除了砷之外，當時還有好幾種可用毒物，如鴉片、毛地黃、古柯鹼、顛茄和氰化物等。其中有多種很容易取得，尤其是鴉片。

鴉片的應用範圍極廣，包括從頭痛到焦慮等病症，而且是各種專利藥物的常見成分。鴉片能夠讓被害人感到精神不振、意識混淆，接著昏昏欲睡。被害人睡著後會陷入昏迷、呼吸抑制，最後窒息而死。

毛地黃會造成心悸、呼吸困難、失去意識並死於心律不整。

古柯鹼會讓被害人變得極端激動、出汗，以及引發幻覺、定向力障礙、頭痛、呼吸困難、心悸，然後同樣會癱軟倒地，死於心律不整。

顛茄則會造成瞳孔擴大、視力模糊、頭痛、失去平衡、心悸、呼吸困難、神智迷亂、幻覺並促使癲癇發作，最後癱軟倒地，死於心律不整。

氰化物的作用十分快速。被害人會立刻感到呼吸困難和胸痛，癱軟倒地喪命。

一八九〇年代基本上還沒有鑑識毒物學。唯一常態進行的檢驗僅針對砷這種物質，不過你也表明不想用砷。所以，想要確定被害人的死很可能與某種毒物有關，只能仰賴目擊的見證供述，唯有如此才能披露被害人在死前所經歷的症狀。一個精明的醫師或許有辦法判定：倘若被害人表現出前述症狀，那麼使用的應該是哪類毒物。否則案情眞相依然成謎，而謀殺案也恐怕永遠破不了。

118 普萘洛爾（propranolol）能不能當成毒藥使用？

問 我筆下有兩名女子意圖謀害當中一人的丈夫。由於其中一名有服用普萘洛爾來治療她的舞台恐懼症，於是她們決定將一些藥錠磨碎，調入印度料理中以遮掩藥味。被害人實際的死亡方式為何？他的心跳會不會停止？會不會出現嘔吐或類似的狀況？驗屍和藥毒物學檢驗會得出什麼結果？是否就像心臟病發或其他自然因素，從而躲過藥毒物學檢驗法眼？

勞拉．考德威爾（Laura Caldwell）
著有《漫漫回家路》（*Long Way Home*）和《無罪告白》
（*Claim of Innocence*）
伊利諾州芝加哥市
www.lauracaldwell.com

答 普萘洛爾是種β-阻斷劑，意思是它能阻斷腎上腺素對心血管系統的作用。這種藥物能降低血壓並減緩心跳，也用來治療高血壓和某些心律不整狀況所期望的效用。它還能用來緩解舞台恐懼症和其他焦慮症候群。若劑量較大，有可能造成血壓和心跳速率大幅降低，使被害人陷入休克喪命。最初症狀為無力、疲倦、呼吸困難和暈眩，接著失去意識終至死亡。

症狀會在攝食後約莫二十分鐘到一個小時開始出現，實際得看情況而定，好比確切劑量、被害人體型和整體健康狀況，以及服藥時還吃了多少食物等等。接著在之後的三十分鐘到幾個小時，這些症狀會演變成昏迷和死亡。由於當中充滿了變數，所以妳可以視需要安排讓症狀出現和發展，只要在上述的粗略參數範圍內都沒問題。

這的確有可能以心臟病發或心律不整宣告案件。驗屍結果會顯示被害人沒有心臟病發現象，然而心律不整並不會留下證據。法醫會做出最佳判斷。普萘洛爾以常規的藥毒物學檢驗多半都驗不出來，所以法醫必須刻意尋找才找的到。不過唯有先出現證據，顯示死亡因素說不定與某些藥物有關才行。否則單是做個檢驗看能發現什麼也都太昂貴了。

119 蓖麻毒蛋白（ricin）中毒會出現哪些症狀？

問 蓖麻毒蛋白中毒會出現哪些症狀？跟心臟病發或中風的症狀雷同嗎？驗屍可以發現什麼？

蘇珊・拉剌（Susan S. Lara）
菲律賓

答　蓖麻毒蛋白（又稱蓖麻毒素）是種致命毒素，取自蓖麻子。這是一種細胞毒素，它會阻斷身體細胞製造某些蛋白質的功能，進而導致細胞死亡。

蓖麻毒蛋白可藉由攝食、吸入或注射進入體內。症狀在幾小時內開始出現，接著於二十四到七十二小時內死亡。以吸入和注射方式會促使症狀較快出現，最快二至四小時；若採攝食，速度就慢了。較小劑量有可能只會讓被害人生病數週或數月，不過要是劑量夠大，幾乎能使人喪命。

實際症狀得看進入人體的途徑。攝食的話，毒素會導致噁心、嘔吐、腹痛、出血性下痢、休克、昏迷乃至死亡。吸入則為呼吸抑制、咳嗽、發熱、胸痛、休克、昏迷，最後死亡。被害人的肺部受損積水的臨床狀況稱為肺水腫（pulmonary edema）。注射的話，有可能出現噁心、嘔吐、發熱、發冷、癲癇發作、休克、昏迷致死。

由於心臟病發的表現症狀往往是胸痛、呼吸困難和肺水腫，所以蓖麻毒蛋白吸入有可能跟它混淆。當然了，在進行病情評估或解剖驗屍就能揭露肇因不在心臟，死者的種種症狀和肺水腫都另有起因。法醫接著會著手追查毒素，不過蓖麻毒蛋白不見得都會現形。目前沒有能夠檢驗蓖麻毒蛋白的簡易方式，以藥毒物學檢驗恐怕也很難檢測出來。

處理蓖麻毒蛋白暴露只能採行一般支持性照護，好比靜脈注射液和給氧，倘若病患肺臟問題加劇，還可以使用人工呼吸器，此外別無他法。

120 有沒有哪種藥物能模擬精神分裂症？

問 我筆下有名男子依情節得謀殺一名參議員。他據稱患有精神分裂症且並未服藥，所以犯下殺人罪行恐怕是身不由己的情況。但深入調查，就能證實是由藥物所造成的精神分裂症，原來背後有個壞蛋在策畫這件事。

我的研究發現，甲狀腺機能低下症（hypothyroidism）和甲狀腺機能亢進症（hyperthyroidism）都會表現出與精神分裂症相仿的症狀。那個人有沒有可能遭人下藥干擾他的甲狀腺功能，進而引發精神障礙症狀？或者有沒有更好的方法如雞尾酒藥物，說不定能瞞過初步藥檢，認為以他現有的精神分裂傾向，服食是無害的？

蘿賓．博塞爾（Robin Burcell）
得獎作家，著有《埋骨墓穴》（*The Bone Chamber*）等作品
www.robinburcell.com

答 甲狀腺機能低下症（功能減退）和甲狀腺機能亢進症（功能高漲）都可能帶來精神問題，不過這類狀況都屬罕見，也很難預料。這表示就算壞蛋讓被害人服用促甲狀腺或抗甲狀腺藥劑，他也沒辦法保證一定能發揮他想要的作用。事實上，結果很可能不會。不過，俗稱天使塵的苯環己哌啶（phencyclidine，PCP）有可能奏效。妳當過員警，我相信妳在執勤時一定見過這類吸毒人士。天使塵具有爆發性危險，事實上，有些非常久遠的研究還曾經以此來模擬急性

妄想型精神分裂症（paranoid schizophrenia）。所以這能產生期望的作用，而且讓妳筆下那名男子變得非常危險。

壞蛋可以在數天或數週內，逐次偷偷讓他服下小劑藥品。隨著藥量在體內累積，他就會開始表現古怪行爲，很容易被視爲精神分裂症患者。用單一較大劑量也可能帶來相同結果，依妳的情節需求而定。

他有可能聽說某人故意和他作對或打算要他的命，這會讓他的誘發型妄想雪上加霜。因此他是出於自衛才殺死參議員。至少對他來說是如此。

天使塵能以某些常規藥物篩檢驗出，不過有些藥檢則否。倘若沒有篩檢出來，還可以在血樣裡找到。當然妳書中的靈魂人物得先想通，外表所見並非事實，並動手檢驗當初逮捕兇手時所採集保藏的血樣。

121 一九七七年有哪種藥物可以用來迷昏十歲小孩？

問 那是在一九七七年。一位醫師想要用藥讓他的十歲女兒昏睡，這樣她才不會留下一段不怎麼愉快的回憶，往後也不會想起這件事。他會使用哪種藥物，還有警方會怎麼稱呼那種藥物？

P.J. 帕利什

曾贏得夏姆斯獎、驚悚小說獎以及安東尼獎，並曾入圍愛倫坡獎提名。

佛羅里達州羅德岱堡和密歇根州佩托斯基

答 一九五〇到七〇年代，有兩種常用藥物對兒童具有鎮定作用：水合氯醛（chloral hydrate）和安神鴉片酊（paregoric）。安神鴉片酊是一種鴉片浸膏，屬於麻醉、鎮痛型鎮定劑。水合氯醛曾被用來混入酒精性飲料，調製成最初的米奇芬（Mickey Finn，也就是所謂的「蒙汗藥」）迷魂酒。兩種都是強效鎮定劑，用在兒童身上非常有效。由於是液體，很容易施用，以往瓶子上還列出依不同年齡兒童的建議劑量。

兩種藥劑都只需要少量就能讓小女生昏昏欲睡、精神萎靡，並干擾她的記憶，或起碼讓她記憶模糊。

122 一九六二年，法醫有沒有辦法區辨死者是死於車禍或琥珀醯膽鹼？

問 倘若被害人遭人下藥，服用致死劑量的琥珀醯膽鹼，接著他連人帶車被推落懸崖或墜入河川，法醫能不能推斷出真正死因？我假設解剖驗屍能清楚辨識死者身上的所有傷害。由於當時還無法檢驗出琥珀醯膽鹼，法醫會做出哪種推斷？

李．戈德伯格

著有《走過震災路》和《神探蒙克的旅程》等作品
加州洛杉磯
www.leegoldberg.com

答 倘若被害人是在被推落懸崖之前喪命，那麼他身體所受到的傷害就完全不會流血或留下瘀痕。骨頭破損也很難在骨折線上留下出血痕跡，甚至無跡可尋。於是法醫由此得知被害人在所謂的車禍意外之前已經死亡。前面你也指出，當年沒有方法能檢驗出琥珀醯膽鹼，即便是今日的檢驗方式也有爭議性，所以法醫無從判定琥珀醯膽鹼和這起命案的連帶關係。

倘若被害人在受到撞擊之際還活著，他的傷口就會出血，包括所有骨折傷處。遺體也會留下瘀痕。要是傷害嚴重到足以致死，法醫可能會判定死因是車禍所造成的。

然而情況沒有這麼單純。別忘了，被害人服下琥珀醯膽鹼之後還能存活好幾分鐘。被害人只有在窒息無法呼吸、心跳也停止才算死亡。在你描述的情節中，兇手可以在施予琥珀醯膽鹼後，馬上把車推下懸崖。於是被害人仍有氣息卻陷入癱瘓，並受到撞擊傷害，也就是死前傷，因爲那時心臟還在跳動。法醫會假定死者身上的傷和死因都是撞擊所致，完全不會猜到被害人在這之前遭人下藥。

若被害人落水時還活著而且能活動的話，有可能溺斃死亡，於是法醫或許會判定此爲死因。死屍不會溺水，癱瘓的活人也不會。如果被害人已經死亡，或者由於呼吸肌群癱瘓而沒有呼吸，肺臟深處就不會積水，也不會出現任何溺水跡象。法醫很可能得以歸結被害人並不是淹死的，並且考量前述所有因素，循此來判定可能死因。

123 哪種家居用品可以讓人拿來施打自殺？

問 我筆下一名女性人物給自己注射某種致命物質並立即喪命。那是家裡找得到的東西。她有可能使用哪種物質？阿摩尼亞或是防凍劑？

馬特．威騰
作家暨製片
加州洛杉磯

答 若採用靜脈注射施打，阿摩尼亞有可能非常快速讓人死亡。藥劑會沿靜脈上行一路侵蝕造成嚴重灼傷。防凍劑或許也會奏效，不過對性命的危害不如阿摩尼亞。氯漂白劑也行得通，這也會引發疼痛。

另一種選項是過氧化氫（俗稱雙氧水），所造成的灼傷輕微得多。多數家庭都有。採靜脈注射施打會在血流中形成泡沫，跟你把它倒在傷口上的情況完全相同。這會產生氣體積聚在右心室內，於是心臟就會停擺。想想氣鎖（管道出現泡沫）的狀況便知。法醫驗屍時會發現心室裡有空氣，於是知道死者生前曾遭施打氣體或是能生成氣體的物質，好比雙氧水。照胸腔X光也看得出來，這有可能納入爲驗屍作業的一環。檢視心臟部位可以見到大團氣泡。

此外，空氣也能奏效。小氣泡沒有用——這是個迷思。小氣泡通過肺臟時會被濾除，不致於造成危害，不過約莫兩百c.c.（一杯的份量）的氣泡就不同了。若施打那個份量，氣團會在右心室積聚，讓心臟停擺。

當然了，嗎啡、海洛因或胰島素也都能立刻致死，不過她得先拿到才行。

124 迷幻藥對視覺障礙者會有什麼樣的影響？

問 我有個故事構想是關於一個喝下致幻蘑菇（hallucinogenic mushrooms）汁液的失明男子。有沒有任何研究能闡述視覺障礙者對致幻物質會產生什麼反應？

布賴恩．羅默（Brian Roemer）
北卡羅來納州

答 致幻蘑菇、麥角二乙醯胺（LSD）和天使塵等致幻劑，對於視覺障礙者以及其他所有人的影響都相同。意思是心理和生理作用都是一樣的。若有差別也是表現在每個人的感受上，尤其是視覺扭曲和視幻覺。既然視覺障礙者看不見東西，在這方面他們有可能產生不同反應。我猜想結果會像是做夢，因爲通常夢境本質上就是一種視覺現象。

大致上可以從兩個類群來考量。先天性失明是指一出生就看不到東西，偶發性失明則是後來才失去視覺。五歲左右之前失明的兒童往往和先天性失明比較相像。由於他們在那麼小的年紀開始看不見東西，對影像和色彩只留下鮮少記憶，因此比較不像七歲之後才發生視覺障礙的人那樣「看見」東西。而此種影像貧乏處境會滲入他們的夢境之中。

這個領域有許多研究人員認爲，做夢是種建構性認知歷程。也就是說，我們的夢中世界是以我們的感官經驗作爲基礎。所見、所聞、所感、所嗅和所嚐，全都用來創造夢境。

先天性失明者多半能在夢中見到空間關係，有些人甚至還能創造出視覺造形，然而他們卻看不到眞實物件。他們在夢中見到東西，往往和他們在清醒時所見的事物雷同。有些人本領比旁人強，起碼能夠建構出無定形影像。稍微後期失明的人，通常能在夢中想像出種種影像，而且和他們在失明之前的清醒視覺經驗雷同。

先天性失明和五歲前偶發性失明的人都可能有鮮明詳盡的夢境，只是他們看不見人物身影、結構或物件。他們往往感受的到做惡夢般的情緒和類似反應，不過他們的夢中事物比較沒有固定形狀。

五到七歲之間失明的人有可能見到影像，也可能看不到。其中有個別差異。

有趣的是，七歲之後才失明的人，有些人做夢時始終都見得到事物細節，有些人可能只持續二十到三十年。彷彿他們的影像記憶消褪般，於是影像也從他們的夢境消失不見。

你描述的人物不會見到影像，然而夢中事物仍可激發情緒，以及做嚇人的惡夢。他會從感覺、聲音和嗅覺角度來敘述夢中經驗，而且有可能比視覺幻影還更嚇人，不過他能見到的影像都很朦朧，輪廓很不清楚。就像我們所有人，他的夢中體驗也反映出他在清醒時分接觸的事物。他的問題、恐懼、期望、愛好、衝突、關注的事物、態度和夢想，也都會在他的夢中世界展現出來。

所以，根據你筆下人物的失明類型和持續時期，他有可能出現具體的視幻覺，或偏向無定形的形式。他還可能出現聽覺（或嗅覺或身體感覺）方面較為豐富的幻覺，或純聽覺（或純嗅覺或純身體感覺）的幻覺。他有可能聽到聲響、音樂或人聲；聞到香味、臭味或以往聞過的氣味；體驗歡欣、痛苦或惱人的感覺——搔癢、毛骨悚然、溫暖和寒冷等。

125

問 一九二〇年代，醫師會不會用馬錢子治療吃了馬鈴薯綠皮中毒的患者？

有人讓被害人吃下馬鈴薯綠皮，份量剛好足以釀成胃腸道疾病（讓他無法從事活動），後來醫師開給他馬錢子治療。有用處嗎？這種組合會不會產生副作用？那是在一九二〇年代，醫師有沒有可能找不出明確病因，便懷疑那是砷中毒；或者比較有可能就此忽略，認定是他的消化系統不夠強健？

卡蘿拉・鄧恩（Carola Dunn）
著有《繽紛畫室命案》（*A Colourful Death*）
http://CarolaDunn.weebly.com

答 馬鈴薯若是儲存不當，外皮會累積一種稱爲茄鹼（solanine）的化學物質，從而轉成綠色。茄鹼就像見於顛茄的生物鹼，即便劑量很小都深具毒性。吃了之後，主要會引發胃腸道和神經系統症狀，如噁心、嘔吐、腹瀉、腹絞痛、口腔和喉嚨灼熱、頭痛、暈眩、心律不整引發的心悸、虛軟無力、痲痺、癱瘓、體溫過低、瞳孔擴大。這類症狀有可能在攝食後的三十分鐘到二十四小時之間開始出現，而且被誤診爲胃腸疾病的機率很高，尤其是在一九二〇年代。當時的治療方式是避免吃下更多那樣的食品，好將毒素排出體外。

再者，這類症狀與砷中毒的情況相符。醫師大有可能假定被害人的胃腸出了毛病，好比結腸炎或胃腸炎，並據此治療，也許會採用鴉片酊來紓解腹絞痛並控制腹瀉。若患者的病情沒有好轉，他就會考慮其他可能因素，其中一種正是慢性砷中毒。

醫師也可能使用馬錢子（Nux vomica）來治療。但這不僅沒用處，還可能讓病情加劇。馬錢子含有另外兩種生物鹼：馬錢子鹼（brucine）和馬錢鹼（strychnine）。馬錢鹼只需微量就會致死，所以在吃了馬鈴薯綠皮的情況下施予這種物質，只會讓那個可憐的被害人問題加劇。儘管如此，當時卻依然採用，而且醫師有可能把它納入治療的一部分。倘若他把這種有毒生物鹼作爲合併治療使用，恐怕病人也不會有起色了。

第三篇

警察、犯罪現場和犯罪鑑識實驗室

The Police, the Crime Scene, and the Crime Lab

126 十九世紀晚期有哪些法醫鑑識技術？

問 我想寫一本背景設在十九世紀晚期的西部小說，為此我一直設法尋找法醫鑑識歷史的相關資料，仍一無所獲。我能找到的鑑識和犯罪相關著作最早只到一九三〇年代前後，更早的就找不到了。十九世紀晚期可能會有哪些鑑識工具？

P. 威廉斯（P. Williams）

答 你之所以很難找到二十世紀以前的法醫鑑識工具，理由是當時還非常少見。法醫鑑識是一門現代科學。不過倒是有幾項例外。

毒物學：砷是沿用了好幾世紀的常見毒藥，不過在它邪惡歷史的大半時期，卻始終無法證實它是可疑命案的罪魁禍首。一七七五年，瑞典化學家卡爾·席勒（Carl Wilhelm Scheele）證明用氯水能把砷轉化成亞砷酸（arsenous acid）。假如他接著將鋅加入，並將這種酸性混合物加熱，就會釋出砷化氫氣體。當這種氣體接觸到低溫容器時，砷便凝集在它的表面。一八二一年，塞維拉斯（Sevillas）利用這項技術檢驗出中毒者的胃部和及尿液含有砷毒，法醫毒物學領域也就此誕生。不過，從那之後卻進展得相當緩慢。

指紋：馬克·吐溫（Mark Twain）知道指紋的識別力量，並在《密西西比河上的生活》（*Life on the Mississippi*）、《傻瓜威爾遜的悲劇》（*The Tragedy of Pudd'nhead Wilson*）兩本著作中讓這項技術派上用場。他在前者運用一枚拇指指紋讓謀殺犯現形，後者則是在庭審期間冒出一枚指紋。這兩段情節都早於法蘭西斯・高爾頓爵士（Sir Francis Galton）的指紋研究發表。高爾頓爵士由於「發現」指紋的價值而受勳封爵。

阿根廷拉普拉塔市（La Plata）的警官胡安・布塞蒂奇（Juan Vucetich）深信指紋能夠用來辨識罪犯，並投入分類系統設計。一九〇四年，他以此爲主題發表一本專書。迄今南美大半地區仍沿用這套系統。

阿根廷是最早利用指紋來偵破刑事案件的國家。一八九二年六月十八日，法蘭西絲卡・羅哈（Francisca Rojas）的一雙子女遭人殺害，她指稱兇手是一名叫做維拉斯奎茲（Velasquez）的男子。然而受過布塞蒂奇培訓的警調人員阿爾瓦雷茨（Alvarez）發現，羅哈有個戀人曾經表示，如果她沒有孩子就願意娶她。最後，他以現場找到的一枚與羅哈右手大拇指相符的指紋讓她俯首認罪。

彈道學（其實是槍枝檢驗學）：哈洛德・彼得森（Harold Peterson）在他的一本著作中提到，日耳曼皇帝馬克西米利安（Emperor Maximilian）於一四九三到一五〇八年爲火器拉槍膛線，而這本書也成爲論及該主題的最早文獻之一。然而往後許久，都未能確認這種膛線可以用來比對彈體及火器，一直要到十九世紀晚期才獲得認可。二十世紀早期，卡爾文・戈達德（Calvin Goddard）設計出一套完備系統，能在一台顯微鏡下比對不同彈頭，鑑定雙方是否以相同武器擊發。而這項技術沿用迄今。

所以，眞正的法醫鑑識科學要到二十世紀晚期才會問世，而且多數技術是在二十世紀出現。既然上述每項技術在你的故事時間範圍裡已有存在的可能，那麼探員隨意採用任何一種或所有項目皆可。

127 一九二四年，英國有哪些血液檢驗和毒物學檢驗法？

問 一九二四年，英國實驗室有哪些血液分析技術？調查人員能不能驗出血樣含有佛羅拿（veronal，一種常見的巴比妥鹽，用來鎮定和催眠）？如果可以，他們能不能鑑定用來製造佛羅拿的不同配方？

勞麗・金（Laurie R. King）
愛倫坡獎入圍作家，著有《蜂巢之神》（*God of the Hive*）和《海盜王》（*Pirate King*）等書
加州弗里頓村（Freedom）
www.LaurieRKing.com

答 一九〇一年，卡爾・蘭德施泰訥（Karl Landsteiner）發現ABO血型系統；同年，保羅・烏倫胡特（Paul Uhlenhuth）開發出一種區辨人血和動物血的檢驗方法。一九一五年，萊翁尼・拉提斯（Leone Lattes）則是發展出鑑識乾燥血跡血型的方法，成就一項對犯罪現場化驗分析相當重要的發現。所以，一九二四年已經有好幾種血液檢驗程序可供選用。

毒物學檢驗就稍微困難一點。一九二四年以前，只有少數幾種藥物或毒素能在實驗室環境

下分析檢驗出來。最早一種是砷。一七七五年，席勒發展出第一種檢驗砷的方法；一八〇六年，羅斯從人體找出砷。塞維拉斯則循此得知如何從人類胃部及尿液分離出砷，法醫毒物學領域便發軔於此。一八三六年，阿爾弗雷德·泰勒（Alfred Taylor）發展出第一種從人類組織驗出砷的檢驗技術；同年，詹姆斯·馬什（James Marsh）開發出一種非常靈敏的砷檢驗法，後來以他的姓氏命名爲馬什試砷法（Marsh test）。

巴比妥鹽類藥物於一八六四年由阿道夫·馮·拜爾（Adolf von Baeyer）發現，到了二十世紀早期便在醫藥界派上用場。一九〇三年費歇爾（Fischer）和馮·梅林（von Mering）發明了第一種醫療用巴比妥鹽：二乙基巴比妥酸，另稱佛羅拿。後來在發現地義大利成爲廣受歡迎的鎮定劑和安眠藥。苯巴比妥（一種常見的巴比妥鹽）於在一九一二年合成。至於一九二四年，還沒有任何檢驗法能夠驗出活人或屍體內含有這類藥物。這得再等三十年才會出現。

所以，在妳設定的故事年代已經有試砷法，但還沒有檢驗巴比妥鹽的技術。

128 什麼樣的證據可以指出殺人棄屍鄉間的兇手？

問 我正在進行最新一本蒙克系列小說。眼前還在構思該如何讓兇手和他的棄屍地點（一條林間步道）扯上關係。兇手在夜間犯下謀殺案後，把屍體藏在步道附近，隔天早上再回到案發現場，把屍體移放到步道上好讓人發現。

李．戈德伯格
著有《走過震災路》和《神探蒙克的旅程》等作品
加州洛杉磯
www.leegoldberg.com

答 何不加入一位法醫植物學家來建立關聯性？假如棄屍地點是在某類植物或樹木生長的範圍內，犯罪實驗室就能從被害人以及兇手的衣物上找到植物碎片、種子、花粉之類的東西。舉例來說，他的衣物有可能沾有松樹花粉，比對之後有可能和從被害人身上、衣物，以及在棄屍地點發現的花粉相符。花粉相當細小，很容易看漏，而且會落入纖維中並留在那裡一段時間。

那位植物學家不只能從化驗判定是否出自同一類植物，還能從疑犯、被害人和屍體尋獲地點附近的樹木採得花粉，繪製ＤＮＡ圖譜。假如比對顯示三者完全吻合，便能將兇手列為案件關係人，而且不只樹種，甚至哪一棵樹都能指出來。這就能讓他和屍體以及棄屍地點扯上關係。植物和人類都同樣具有本身特有的ＤＮＡ。

129 海灘的沙子能不能用來連結兇手和他的罪行？

問 我正在考慮將一處犯罪現場安排在沙灘。屍體被棄置在別的地方，所以命案第一現場得過一段時間才會曝光。我也在思考讓刺殺一幕發生在水畔。血液會不會被沙子吸收，然後被潮水沖走？沙子是否具有和血液以及其他微量跡證有關的特性？

TC

答 沙子是一種矽酸鹽（silicate），意思是沙子基本上是玻璃。每顆沙粒都是堅硬的晶體，不會「吸收」血液。而是血液滲入沙粒間隙並留在那裡。倘若刺殺命案發生在水畔，由於海浪把血液沖走，調查人員很可能找不到任何跡象。若是發生在海灘較上方的位置，也許可以找到。法醫只需少量血液便能進行ＤＮＡ檢驗。問題在於，連少量都很難找到。即使法醫知道謀殺發生在某處海灘，想找到精確地點卻極爲困難。由於血液會滲入沙子深處，從外表看不出來。

但也不致於前功盡棄。

沙粒的大小、形狀、顏色、折射和反射性質（光線照射所產生的彎折或反彈方式）互異，以及化學組成（矽酸鹽有多種類別）也各不相同。這些差異往往能用來判定某特定樣本是否來自某特定地點。假如法醫在被害人身上找到沙子，他也許能和鄰近幾處海灘採得的沙子相互比對，從而判定謀殺現場位於何處。

還有細小、只能從顯微鏡裡看到的動植物生命也因地而異，法醫植物學家通常能歸結某特定樣本來自何方。某個地方附近也許有喬木，而另一處長了野花。這些植物的葉片、針葉、種子和花粉會混入鄰近的沙中。某些鳥兒可能在某個地方築巢，不會在另一個地方；牠們的羽毛、築巢材料或糞便也可能在某個地方的沙子找到，十哩外的另一個地方就找不到。

這些技術可以協助確認屍體曾被擺放的位置。

假如你安排讓謀殺案發生在某種樹木、灌叢或海濱燕麥草附近，而這類植物只在一處地方生長，那麼法醫或許就能進一步確認屍體曾被擺放的精準地點。甚至可以做得更好。他有可能設法拿植物葉片、種子碎片或花粉粒的DNA，確認它們來自哪一棵植物。這項證據非常明確，可以藉此把屍體和謀殺地點串在一起。

130 血液要多久才會乾涸？

問 我在進行我的第三本約翰．喬丹（John Jordan）小說時，遇到兩個問題。倘若有人被利器刺入身體造成大量失血，血液要多久才會乾？哪些因素會影響乾燥時間？劇情裡，有個在佛羅里達監獄服刑的囚犯，十月在牢房裡遭人謀殺。水泥地和被害人的衣物都沾滿了血液。

邁克爾．李斯特（Michael Lister）
佛羅里達書獎獲獎作家，著有《雙重曝光》（*Double Exposure*）、《身體和血》（*The Body and the Blood*）和《訣別時刻》（*The Big Goodbye*）等書
佛羅里達州巴拿馬市（Panama City）

答 人體受傷出血時，血液約過五到十五分鐘開始凝結，並呈現如凝膠般的深褐色，碰觸時會

有黏膩感。幾個小時過後，血液成分會逐漸分離出周圍淡黃色的血清的暗黑褐色血塊。這是因爲血液凝結時收縮把血清「擠壓出來」，而血清並不涉入的凝血過程。

我們在實驗室中經常進行這種操作，因爲許多血液檢驗採用血清，有些則以全血測試。採集血液樣本後，首先放入試管使其凝結，再擺進離心機以高速旋轉幾分鐘。主要作用是將凝結血液推至管底，讓血清浮在頂層，以進行各種檢驗。

流淌地面的血液乾涸凝結成褐色硬殼狀，可從數小時到三、四天不等，得視實際溫度、濕度水平和通風程度而定。倘若環境較爲溫暖乾燥，還有微風吹拂，血液會乾得比較快。而沾染衣物的血液乾燥速度會快於地板上的血液，因爲衣物會發揮燈芯作用，讓血液擴散到較大面積範圍。若衣物擺在容器裡或揉成一團，血液乾燥所需時間就會延長；若攤開放在地面或晾在椅子等物品上頭，則乾得較快。

依照你安排的情節，假如衣物攤覆在物品上頭，我建議至少安排六個小時。此外，既然被害人流了很多血，除非有人把地上血抹成薄薄一層，否則需要二十四小時或者更久才會乾。即便是這樣，仍要花上六小時左右。

131 存血能不能用來布局裝死？

問 倘若有人存血用來故布疑陣假裝失蹤，會不會被明顯看出血液不完全是同時採集的？

小鎮警長有可能因此起疑或投入調查嗎？

LM

答 保存血液有兩種作法，兩種都需要冷藏以防止腐壞。

第一種作法是先讓血液凝結再儲存。血液會生成蛋白質鏈，當這個過程不斷地進行，鏈數增多，血液也隨之凝固。這類蛋白質鏈能強化血塊，好比割到手指時會形成有效屏障，防止進一步出血。接著在往後幾小時，蛋白質鏈會收縮，逐漸將血塊變得緊實並構成強固捆包，同時「組織」起來。用顯微鏡觀察會發現纖維顯得較有條理，也可以藉此判斷血塊凝結的時間。雖然不甚精確，不過兩個小時或兩個月的差距倒也不難區辨出來。但是，使用凝結的血液很難做到讓它「遍布現場」。這就好比用奶油抹刀把果凍抹遍各處一樣，很難做到。

第二種作法是讓血液保持液態保存起來。問題是，必須有抗凝血劑才能防止血液凝固。抗凝血劑如乙二胺四乙酸（EDTA）或肝素（heparin）一類，這類物質很容易被化驗出來。從犯罪現場來看，關鍵在於保持液態的血液與受傷當場流血的情況並不相符。一旦經過抗凝血處理，血液就不會凝固。

再者，現場的血跡很難布置。鑑識專家使用血跡噴濺模式來判斷血液如何噴濺，被害人以及兇手當時所在的位置，還有以哪種武器、如何攻擊才導致特定模式。這種犯罪現場分析處理起來相當複雜，卻往往是破案關鍵，能佐證或駁斥嫌犯、目擊者對案件的說詞。在現場四處傾倒或潑灑血液，看起來就完全是那個樣子。

你這就能明白，使用保存血液布置成犯罪現場的問題層出不窮。雖然是個壞消息，不過也有好消息，這只有在理想世界才會出現。依照你的情節描述，小鎮警長有可能不太幹練、不關心案件或不誠實等諸如此類。他可能不清楚凝血和未凝血的差別，也可能完全沒有犯罪現場分析經驗，所以當他看到大量血跡時，也許會逕自假定肯定有人死了。

劇情若發生在大都市有可能不成立，如果你筆下的城鎮很小又很鄉下，而警長不夠幹練又很懶散、墮落，那麼也許就說得通了。

132 問 一九二四年有哪種物質可以用來防止血液凝固？

一九二四年有哪種物質可以用來讓血液保持液態，放好幾天也不會腐壞？有一點或許很重要，我指的是雞血。我從百科全書得知，雞血血樣若小心處理就不會凝固，不過肯定會腐壞，而且幾天之後還是有可能凝固。

勞麗．金
愛倫坡獎入圍作家，著有《蜂巢之神》和《海盜王》等書
加州弗里頓村
www.LaurieRKing.com

答 一九二四年跟現在一樣，血液必須冷藏以防止腐壞。血樣必須擺進冰盒或儲放在冰桶中。常用的抗凝血劑肝素（anticoagulant heparin）直到一九三五年才會發現。一九二四年能使用的抗凝血劑只有一種——檸檬酸鈉（sodium citrate）。這是一種白色粉末，添加在血液檢體裡能防止凝固。這應該能符合妳的需求，讓血樣保持液態數日。

雞與其他鳥禽的血液確實有點古怪，原因並不清楚。在某些情況下，鳥類血液似乎欠缺凝血酶原激酶（thrombokinase）。

若血液不能凝固，代表地球所有物種全都會遇上麻煩。液態血歷經連串優雅又複雜的化學反應凝結成塊的過程，我們稱作凝血連串反應（clotting cascade）。這個過程太過複雜，在此無法詳細說明，不過基本上是以內源途徑和外源途徑這兩條分離路徑共組而成。內源途徑在組織受傷時發生於體內，外源途徑則在受到外傷導致失血時啓動。到了程序接近末端，因子X（X）轉變爲活化因子X（Xa）時，兩者便合併形成共同途徑。

凝血酶原激酶隸屬內源系統的一環，負責使因子X活化成Xa。雞血的這種酶含量不足，因此內源凝血反應速度較慢；一旦血液脫離雞的身體，凝血就會加速進行。依你的情節，雞血仍需要檸檬酸鈉等抗凝血劑才能保持液態。

133 醫師檢視槍擊死者能看出哪些線索並用來推估謀殺時間？

問 故事的主人翁是位醫師。他聽到槍聲後，前往附近住宅查看，發現有人遇害身亡。他檢視死者的幾處傷口，發現被害人至少是在半小時前遭人槍擊，而不是短短幾分鐘之前。（後來，他還在被害人的音響裡，找到一段錄有幾發槍聲的錄音；那是一套高檔立體聲系統，還配有一組戶外揚聲器。）現場有哪些具體跡證會洩漏兇手的犯罪手法，讓他看出被害人其實是在槍聲作響前三十分鐘遇害？

李．戈德伯格
著有《走過震災路》和《神探蒙克的旅程》等作品
加州洛杉磯
www.leegoldberg.com

答 當一個人受到槍擊，他有可能在流血幾分鐘後喪命，而傷口流出的血液，過五到十五分鐘便會呈現凝固狀態。倘若醫師是在槍擊過後兩分鐘發現屍體，而且流淌地上的血液已經完全凝固，他就會猜測死者是在更早之前中槍。

若血液仍呈現液態，那麼表示死亡時間與被害時間相當接近，只隔幾分鐘而已。要是血液才剛凝固，那麼最合理的猜測是十分鐘。假如血液不僅凝固了，還開始分離成凝塊及其周圍的淡黃色血清，那麼比較可能的時間範圍就是三十分鐘或者更久。

134 在犯罪現場找到的血跡能不能拿來跟失蹤者做比對？

問 假設有個女孩失蹤了，在棄車附近發現有塊沾有血跡的岩石。辦案人員如何確定那是失蹤者的血？他們能不能與她父母的血樣做比對，來縮小偵辦範圍？

艾裴莉．亨利（April Henry）
《紐約時報》暢銷書作家
http://www.AprilHenryMysteries.com

答 有幾種作法。女孩的DNA可以從她的梳子、牙刷、她舔過的信封或郵票，或是她先前用來喝水而且還沒清洗的杯子上取得。如果可以拿到，並與岩石上的血跡做比對，就會是有力證據。

再者，採自失蹤者雙親的DNA也可以遞交親子鑑定實驗室進行比對。這可以證明那是否爲失蹤女孩的血。只從雙親之一採得DNA進行鑑定，也能隱指他們的親子關係，不過爲求保險起見，最好同時比對。

135 非常細微的血斑夠不夠用來做DNA分析？

問 有個惡棍把一名十一歲女孩從她家裡擄走。兇手犯案時身著全套冬季裝束，女孩用攏在床頭櫃上的一把剪刀奮力將他的手臂刺傷。假定兇手的外套沒有滲出血液，不過剪刀跌落床上時，在上面留下一處非常細小的血斑。後來兇手把剪刀一併帶走。檢驗那處微小血斑能得到什麼樣的訊息？ＤＮＡ，還是只有血型？

凱莉．勃蘭特（Kylie Brant）
獲獎作家，著有《奪命罪孽》（*Deadly Sins*）等書
www.kyliebrant.com

答 沒錯，兇手的夾克有可能吸收出血，不過床單上的血斑仍會出賣他。鑑識人員應該有辦法用那處血斑進行ＡＢＯ血型判別以及ＤＮＡ分析。使用聚合酶鏈鎖反應（PCR）和短縱列重複序列（STR）技術只需非常少量試樣即可；理論上單一細胞就夠了。接著與被害人的ＤＮＡ進行比對，便能得知血液有可能來自於兇手。他們可以把結果輸入ＤＮＡ聯合檢索系統（Combined DNA Index System，CODIS），查看資料是否納入系統中。如果他們找到一個吻合結果，那就是他們要找的人，否則他們會保存ＤＮＡ直到找出嫌犯進行比對。

至於他們要從哪裡取得失蹤女孩的ＤＮＡ？從她的牙刷、梳子、可能舔過的信封或郵票。ＤＮＡ來源包括唾液、毛囊以及刷牙時黏附刷毛的口腔黏膜細胞。

此外，血斑可能是沒有特定形狀的污斑，也可能出現剪刀形狀。假如剪刀是收合的，看起來或許會像把刀子；若剪刀跌落時刀身是打開的，鑑識人員會知道被害者用剪刀作爲武器。警方會把這項物品納入搜查範圍中。

136 法醫能不能區辨哪些傷痕是遇襲留下的，哪些是車禍受的傷？

問 我的茉莉・布魯姆（Molly Blume）系列小說新作截稿日期近了，然而有幾個問題還沒釐清。我的構想是，兇手在慌亂中用利器揮擊被害人頭部造成一處致命傷害，或者推倒被害人，讓他撞上桌角斃命。兇手試圖掩飾殺人經過，於是把屍體擺進駕駛座並讓車子失控翻越路堤，期望他對死者造成的傷害看起來就像是車禍受的傷。法醫能不能拆穿他的手法？

羅雪兒・克利契（Rochelle Krich）
著有〈占屋者權利〉（Squatters' Rights）一文，收入《家居裝修：亡靈版》（*Home Improvement: Undead Edition*）文選
www.rochellekrich.com

答 布置犯罪現場有可能相當棘手。法醫會檢查死者、汽車以及車禍現場拍攝照片，然後測量傷口大小（長、寬和深度），推估造成致命傷的物件尺寸和形狀。若傷口又小又深並呈圓形，凶器也許是冰錐一類的物品。若傷口很窄，長一吋，深六吋，奪命武器可能是把刃長至少六吋的刀子。若傷口呈角錐凹痕，則是櫃子、桌子邊角，或形狀相仿的物件。他會檢查車輛內部，尤其是沾染血跡的任一物件或構造，是否有和傷口吻合之處，否則他也許會認定那是其他東西造成的。

其次，法醫會研究死者身上以及車內的血跡噴濺模式。如果用模式解釋不通，他就會起疑。好比死者襯衫沾染血液，汽車座椅上卻沒有相當的血跡，便能由此判定是在其他地方遇害，後來才被移到汽車裡。理由是若死者出血足以沾濕襯衫，必然會有血液流淌汽車座椅、地板等處。

他會評估死者各處傷口的形成時間。如果確定若干傷口是在死後形成，便能歸結那起車禍是有人刻意安排的，被害人在汽車翻越路堤之前已經死亡。人死後形成的傷口並不會出血，所以若在死者頭部找到致命傷口，而且還在四肢發現幾道沒有出血的切割和刮擦傷痕，便能由此推斷被害人是頭部受擊身亡，其他傷勢都是在死後才出現。由於死人不會開車（吸血鬼和喪屍電影除外），案發現場肯定是布置出來的。

137 能不能快速分辨萬聖節服裝上的血跡是真血還是假血？

問 狀況如下：萬聖節到了，一名男子出現在蒙克家門口玩不給糖就搗蛋的遊戲。男子身上沾滿了血液，還帶著一把血刀。蒙克馬上知道那不是裝扮，那個人才剛殺害某人，這個時候上門玩不給糖就搗蛋的目的是不想惹人注意，藉此混入街上其他血腥殺手和怪物群中。蒙克一眼就看穿那個人身上所沾染的是真血，噴濺模式顯示，血跡是經過一場搏鬥濺上的，而且謀殺案發生在近一個小時內。他從袋子裡的糖果就能回推案發地點在哪間房子，從男子身上散發出的香水味，他還得知被害人是一名女子。從哪裡可以得知血液是真的？刀子上的血跡有哪些特徵能夠暗示死亡時間？

李．戈德伯格
著有《走過震災路》和《神探蒙克的旅程》等作品
加州洛杉磯
www.leegoldberg.com

答 做萬聖節裝扮時，人們總是使用某種紅色顏料作爲眞的血跡。當然這是因爲血液是紅色的。不過，血液乾掉之後會改變顏色。部分是由於失去水分，主要則是血液本身的化學反應出現變化所致。這點和氧氣、血紅素以及血中所含的其他蛋白質有關，然而沒有眞正了解的必要。只要知道血液會轉爲赤褐色、褐紫紅色、銹褐色或紫褐色。所以，當蒙克看見某人身上作爲血跡的顏色不是紅的，而是呈現這類色澤時，就會起疑。

血液要花點時間才會變乾，所以男子染血的衣物仍顯得潮濕，碰觸時還會黏手。倘若附近有光源照在身上，藉由反射，蒙克也許看的出來衣料還沒有完全乾燥。由此得知，該液態原料（血液或顏料）是在過去一個小時沾染，進而判定時間進程。

血液還有種特有氣味，像是金屬味或銅味。若蒙克靠近那個人，既然他嗅得出香水氣味，或許他同樣聞得到那種特殊氣味。這非常符合蒙克的行事作風。

再者，血跡噴濺模式也會爲他帶來其他幾項線索。要在服裝上抹上假血，往往會採傾倒姿勢，用沾染顏料的刷子四處塗抹。色斑模式反映出這點。若爲戳刺情況，血跡會呈現所謂的撞擊型噴濺血點，這是在拳頭槌擊出血源頭的時候形成。狀況和你揮拳槌擊浴缸裡的水非常像。血液會向四面噴濺，形成一片扇狀血點。如果被害人一再遭受刺擊，噴濺數量就會相對增多。

而刀子提起下落的動作，會讓血液跟著甩脫刀身，這種現象稱爲拋甩式（cast-off）血跡噴濺模式。這類血跡呈線紋狀，跟把手浸入顏料中接著往表面甩去所留下的痕跡相同。液體會拋甩成長條線紋。這類血痕可見於殺手所著襯衫之胸部、腹部、肩膀以及褲管部位。此外，當兇手握著兇刀離去時，也可能有血液從刀身滴落。這時他握刀面的褲管外側有可能染上線紋血點，鞋子上則沾染圓形血滴。製作服裝的人不大可能做出這樣的血跡。

138 覆被植物出現變化會不會洩漏埋屍地點？

問 不知道你能不能幫忙解答拖延我寫作進度的幾個問題。我知道埋屍會影響周遭植物相和動物相。我還知道植物會在短時間逐漸消失，受到氮素（nitrogen）影響又會突發生長。我的問題是：氮素重振植物相的時間歷程為何？

泰莉・布澤利（Terri Buzzelli）
俄亥俄州愛丁堡（Edinburg）

答 妳的問題不會有明確答案，因為其中牽涉到太多變數。不過屍體的確會改變鄰近植物生命週期。屍體在分解過程中所生成的若干化學物質，會造成植物損傷、延緩生長，甚至殺死某些植物。然後隨著腐敗歷程持續進展，氮素在土壤中沉積、化為肥料並刺激生長。

至於時間進程得視屍體腐敗速度而定，這取決於埋屍地點的狀況，而周遭溫度和土壤濕氣尤其重要。若周圍環境溫暖、潮濕，好比佛羅里達州的夏日，屍體有可能在幾天之內出現嚴重腐敗；若所在之處較為寒冷、乾燥，好比科羅拉多山區，則有可能得花上數週，甚至數月的時間。無論如何，腐敗開始之後仍需數週或者更可能在數月之後，當地植物相才會出現顯著影響。就像在花園施肥一樣。

調查人員搜尋可疑的藏屍地點時，會著眼於植物相出現變化的地區，往往是比周圍地區更蒼翠的地帶。這點從空中比較容易看出，所以空照攝影經常派上用場。甚至還有衛星攝影。新近證據顯示這些改變在埋屍幾十年後依然可見。

139 犯罪現場通常會封鎖多久？

問 有名死者從表面看來是開瓦斯加上服藥自殺身亡。現場通常會封鎖多久，家屬才能搬回去住？倘若有進一步證據顯示案情疑為他殺，現場封鎖期限會不會延長或者在解除之後重行封鎖？合理的時間範圍是多久？

克雷格・巴克（Craig Faustus Buck）
加州薛曼橡樹區（Sherman Oaks）
www.CraigFaustusBuck.com

答 調查人員和法醫可以視其需要無限期封鎖現場。有可能是數小時、數日或數週。期限並不一定，通常是持續數小時或一天。倘若現場已解除封鎖，他們就得重新申請搜索令，所以要有非常明確的理由才能這麼做。

以你的情節來說，若第一次調查即發現重要證據，執法單位會逕自封鎖現場直到所有必要證據皆已採集完畢，以及犯罪現場分析全部完成爲止。如果他們在解除現場封鎖後，才察覺手中握有的某些證據顯示這起案件可能涉及如殺人之類的罪行，就必須取得法官簽署的搜索令重起調查。然後他們可以重新封鎖那個地方，並視需要持續封鎖下去。

140 粒線體DNA能不能協助一名女子辨別某人是她的媽媽還是親阿姨？

問 為了劇情所需，我筆下的人物得設法知道某人是她的媽媽還是親阿姨。我的資料顯示粒線體DNA沒辦法做到這點。真的是這樣嗎？她要如何才能識別？

SZ
紐約州紐約市

答 粒線體DNA順沿母系遺傳下來，歷經許多世代都不會改變。這表示任何人（不論男女）都與自己的母親、親阿姨、外祖母、外曾祖母等人擁有同樣的粒線體DNA。不同之處在於，女性會把這種粒線體DNA傳給她的後代，而男性不能。不過，每個人都擁有不同的核DNA，也就是用來進行標準DNA指紋分析的DNA。

你筆下的人物和她的母親或親阿姨的粒線體DNA完全相同，核DNA則否。所以，粒線體DNA不能用來辨別某人是她的母親或親阿姨。但是若能同時取得她眞正的母親、阿姨和她的父親的核DNA，那麼使用DNA親子鑑定就能披露誰是她的親生母親。

141 單憑父親的DNA能不能證明一雙同父異母的手足具有血緣關係？

問 有一男一女，兩人為同父異母手足。他們的父親還活著，但母親皆已過世，也沒有留下DNA樣本。有沒有辦法藉由DNA分析得到具有高信心水準的結果，證實或隱指兩人的血緣關係？

JT

答 兩個孩子和他們的父親擁有眾多相同的DNA，然而這點並不能成爲有力證據。倘若他們的母親留下了DNA，就能證明兩人是各自雙親的後代。DNA可以從許多地方取得，像是舊梳子上的頭髮或舊牙刷，也包括以往寄給家人被保存下來的郵票或信封。

不過即便沒有母親的ＤＮＡ也不盡然前功盡棄。兒子這邊和父親擁有共通的Ｙ染色體ＤＮＡ，能證明他們確實是一對父子；但女兒那邊就不靈了，因爲她沒有Ｙ染色體。

粒線體ＤＮＡ或許會有幫助。這種ＤＮＡ經由母系傳遞下來，而且歷經世代保持不變，說不定可以延續達六千五百年之久。母系所有成員都擁有相同的粒線體ＤＮＡ。這表示兩人分別與自己的母親、外祖母以及親阿姨擁有共同的粒線體ＤＮＡ。所以，如果知道其中一個孩子的外祖母或阿姨是誰，也聯繫得上，而且由任一方採得的粒線體也比對吻合，就能證明出身同一母系。由此即可有力佐證母親是誰，卻仍非決定性證據。

142 從胎兒身上能不能取得生父DNA？

問 我安排故事裡有名孕婦遭人謀害。胎兒是不是必須發育到某個階段之後，才能判定生父的ＤＮＡ？倘若她喪命時還在懷孕早期，好比五週左右，能不能檢驗出生父的ＤＮＡ？

琳達・卡斯提約（Linda Castillo）
《紐約時報》暢銷書作家，著有《打破沉默》（*Breaking Silence*）等書
www.lindacastillo.com

答 胎兒的DNA在受精時便已確立，終生不會改變，而且自受精起不管什麼時候都能進行親子鑑定。不過，這不會告訴妳胎兒父親的DNA爲何。也就是說，無法單憑胎兒DNA判定哪部分來自母親，哪部分來自父親。只有從父親、母親和胎兒身上都取得DNA才能證明。只有兩組是行不通的，必須三組都有。

爲什麼？因爲孩子的DNA分別來自於父母，而父母製造的精子或卵子的DNA也各不相同。否則所有人的長相都會和亞當、夏娃一樣。每對父母製造的精子或卵子，分別貢獻出不同的DNA組合。我們有四十六個染色體，各具彼此獨立的不同傳承，創造出幾百萬種可能組合。所以除非是同卵孿生姊妹，否則每個人和他的手足看起來都是不一樣的。

就妳的情節來說，從胎兒的DNA看不出父親是誰。不過，從胎兒、母親和一位有可能是父親的男子取得DNA並做比較，便能確認他是不是孩子的父親。

143 移植器官所屬DNA會不會沿納受贈者的DNA模式？

問 腎臟等器官經移植後，所屬DNA在新的宿主體內是否依然保有獨特印記，或者受贈者的身體系統會改變器官的DNA？

BDM
華盛頓州連頓市（Renton）

答 人體器官由細胞所組成，每個細胞都具有ＤＮＡ，紅血球是唯一例外。所有器官都能以新細胞來取代老舊、受損細胞進行自我修復，而且新細胞的ＤＮＡ和器官內的其他細胞完全一模一樣。這表示腎臟等器官經移植之後，仍保留原有的ＤＮＡ。人體不可能修改ＤＮＡ，或以本身製造的細胞來替換受損的腎細胞。檢驗移植器官的ＤＮＡ就會發現那是捐贈人的ＤＮＡ，而非來自受贈者。

骨髓移植則有種罕見情況。某些形式的白血病或其他幾種血液疾病在治療過程中，必須施予強效藥物來徹底摧毀骨髓，而且不單是白血病細胞，還包括骨髓裡的所有細胞。然後，採靜脈注射的方式輸入捐贈者的骨髓，於是這種材料便轉移到骨髓部位，在那裡製造血液所含的每種細胞—白血球、紅血球和血小板。由於骨髓會保留它從一開始就有的ＤＮＡ（捐贈人的ＤＮＡ），所以製造出來的血液也會擁有捐贈人的ＤＮＡ，而非受贈者模式。倘若受贈者接受ＤＮＡ檢驗，從他的血液找到的就會是捐贈人的ＤＮＡ，而非出現在他其他所有細胞的真實自我ＤＮＡ。那麼，如果他犯下性侵惡行並留下精液，或者被害人指甲內有他的皮膚碎屑呢？以血液樣本進行檢驗，結果不會吻合，於是兇手得以脫身。改以拭子抹擦口腔內側取得口腔細胞，就能解決這個問題。這類細胞所含ＤＮＡ，就是兇手的原有形式，而不是骨髓捐贈人的ＤＮＡ。用這種ＤＮＡ和精液與被害人指甲內殘留的碎屑皮膚比對，便能吻合。

144 從沒入水中的槍枝能不能採得DNA？

問 我是洛杉磯一家圖書館館員。有位小說家想要知道槍枝一類的武器沒入鹹水中，還能不能取得可用的DNA。沒入水中的時間不定，不過他想知道，槍上是否能留有足夠的血液或油脂可供檢驗。

SH，洛杉磯

答 答案是肯定、否定以及也許。科學界有句格言：該來的總會來。倘若槍枝染血，不論是在表面、槍管或旋轉槍膛內部、縫隙或槍柄花紋中或其他各部位，泡進鹹水中，血跡都有可能被沖掉。不過也可能不會。就算血跡被沖掉大半，仍有可能在槍枝縫隙或槍管找到些許，因爲近距離槍擊，噴濺的血跡被風吹回侵入槍枝內部的情況相當常見。水流愈平靜，被沖掉的程度愈輕。如果把槍丟到海中或湍急河川水中，被沖掉的血跡就會比較多；把槍置放裝水桶中，或拋進平靜的池、灣水域，流失的就比較少。無論如何，裡面可能存有DNA，也可能沒有；有可能找到，也可能找不到。你可以告訴那位作家，兩者都有可能，根據他的故事情節需求安排即可。

145 從吃了一半的培果採不採得到ＤＮＡ？

問 倘若在犯罪現場找到一個吃剩的培果，食用者的唾液ＤＮＡ會不會留存下來？這算不算是例行檢驗？

伊利莎白・澤爾文（Elizabeth Zelvin）
兩度入圍阿嘉莎獎決選作家
著有《死亡能幫妳離開他》（*Death Will Help You Leave Him*）和《死了妳就清醒了》（*Death Will Get You Sober*）
www.elizabethzelvin.com

答 從留在杯子、香菸、郵票甚至食品上的唾液裡，經常找得到ＤＮＡ。有一起著名的多重謀殺案，就是從丟進速食餐廳垃圾箱的雞骨頭上找到ＤＮＡ。有時從指紋也能採到ＤＮＡ。構成指紋的油脂內含一些皮膚細胞，這些細胞偶爾能提供ＤＮＡ進行檢驗。

儘管唾液和眼淚並不真的含有ＤＮＡ，這類液體卻總是能從管道（淚管和唾液管）內襯取得穿行其中含有ＤＮＡ的細胞，好比口腔內襯。現代ＤＮＡ技術使用聚合酶鏈鎖反應和短縱列重複序列分析，理論上能用在採自單一細胞的ＤＮＡ。

這種檢驗並不是例行作業，不過精明的調查人員有可能看出從培果或許能得到什麼結果，而請求測試。

146 問 從動物DNA能不能判別攻擊命案與哪種動物有關？

我的小說人物是名十八歲奧吉布瓦族女性，十月初她在北安大略被人發現死在一片灌木叢裡，顯然是遭到動物的攻擊而喪命。她的屍體已經有部分被吃掉，被發現時距離遇害時間一到兩個小時左右。當晚沒有降雨，溫度約攝氏七度。現場有可能找到哪種DNA證據，可以用來協助判定她是被哪種動物攻擊？動物毛髮嗎？若是十天後屍體才被發現，而且是被掩埋起來，結果會有什麼不同？假定調查人員能夠立即使用合宜的實驗室，在這種情況下，最快多久能完成這項檢驗並得到結果？

道格拉斯．史密斯（Douglas Smith）
極光科幻獎（Aurora Award）得獎作家，著有《嵌合體之域》（*Chimerascope*）和《不可能的故事》（*Impossibilia*）
加拿大安大略省多倫多市
www.smithwriter.com

答 只需檢視毛髮的具體特徵，就有可能知道是哪種動物涉嫌，因為狼和熊的毛髮差異很大。專業動物學家單憑毛髮即可分辨物種，或者起碼能夠縮小選擇範圍。

咬噬傷痕周圍留有唾液，從這裡可以採得DNA，還有從毛髮上找到的毛囊也行。被扯下的毛髮通常都有毛囊附著，不過偶爾在自然脫落的毛髮上也找得到。如果被害人和動物曾有過一番搏鬥，被害人有可能扯下若干動物毛髮，而毛囊有可能附著其上。以這兩種進行ＤＮＡ檢驗，便能協助鑑定涉案動物的種類。

唾液樣本則是愈快取得愈好。一旦屍體腐爛，唾液也會跟著腐壞。只有幾個小時還不成問題，拖延十天就不行了；不過也可能沒問題。若屍體腐敗的情形不太嚴重，那麼即使過了一、兩週，唾液ＤＮＡ說不定仍能使用。

要是屍體經過清洗、防腐並且依照慣例做下葬準備，毛髮或唾液跡證大概微乎其微；只是挖坑草草掩埋的話，毛髮和唾液很可能都被保存下來。

如果案件廣受矚目，以至於必須講求時效，只要能夠確保樣本的完整性，實驗室便能以最快速度完成ＤＮＡ檢測。大約二十四小時，或者更快。然而這種情況實屬罕見，因爲法醫很可能會把樣本送往另一間實驗室確認結果。這會花上好幾天，甚至好幾個星期。

147 根據犯罪現場找到的纖維能不能循線追出某一雙鞋套？

問 我筆下的偵探在一處犯罪現場找到一些纖維，送往「毛髮和纖維」實驗室進行鑑定。實驗室能不能鑑定出，纖維是來自犯罪現場調查人員經常使用的防護鞋套？他們能不能從纖維追查出實際穿用的鞋套？

EE喬吉（EE Giorgi）博士

著有「嵌合體」（Chimeras）系列驚悚小說
新墨西哥州洛斯阿拉莫斯（Los Alamos）

答 實驗室會進行實體、光學和化學分析，根據結果應該能夠判定纖維類別，以及它應用在哪種產品上。他們或許有辦法縮小範圍，查出是哪家廠商的製品，因爲每間公司都有自己特有製品和生產過程。假如他們在嫌犯家中發現同樣的防護鞋套，便能說明該纖維和鞋套與某家製造廠商相符。不過，恐怕也只能做到這個程度。

爲了讓實驗室判定兇手犯案時正是穿著這雙鞋套，他們必須找到其他物證，好比在上面找到血跡。接著再和被害人的血液進行比對，倘若兩者相符，就能證明有人在犯罪現場穿了它。

此外，說不定還能找到犯罪現場地毯的纖維、被害人的毛髮，或是第一犯罪現場的塵土，每一種情況都能讓那雙特定的鞋子和那起案件連結在一起。這類物證不如ＤＮＡ血液證據那般有力，卻能增加另一層關聯性。

148 犯案時戴的手套會不會留下指紋？

問 穿戴乳膠手套會不會在碰觸的物品上留下印痕？我找到好幾篇文章談到能在乳膠手套內部發現潛指紋的案例，卻找不到碰觸物品會留下印痕的相關說法。我想知道，鑑識

印痕能不能確認那是穿戴乳膠手套留下的，就算沒辦法判定是誰穿戴的也沒關係。

約耳．戈德曼（Joel Goldman）
愛倫坡獎和夏姆斯獎入圍作家
www.joelgoldman.com

答 你說得對，從乳膠手套內部取得指紋雖然少見，卻仍有例可循。手指脊線細紋從外科手術用的乳膠手套透出的機率非常的低，不太可能發生，所以兇手戴上手套犯案不會留下指紋。不過，倘若碰觸到的東西表面柔軟，好比新塗刷的厚層漆料、油灰或黏土，甚至是一條硬實的奶油，那麼帶有脊線細紋的塑膠（立體）印紋便有可能在現場留下痕跡。

手套本身有可能在現場留下印痕。由於皮革和織品手套各有特殊的織造、皺痕和瑕疵樣式，因此可以看出某人當時所使用的是哪一種材質。這些樣式也能拿來跟疑似的手套比對，證實留下印痕的特定手套爲何，其他的都不可能。

乳膠手套就稍微棘手些。這種手套往往比前述種類都來得平滑。若是找到手指形狀的清晰印痕，卻沒有留下脊線細紋，聰明的調查人員或許能推測出，案情肯定與乳膠手套有關。

再者，手套可能會有一處或多處製造瑕疵——某個部分比較厚，或帶有皺痕、細小脊線，幾乎什麼都有可能。這類瑕疵如同指紋，也是該手套的獨有特徵。若能找到可疑手套，就能拿來和犯罪現場的手套印痕比對是否吻合。若結果相符，便成爲有力證據，顯示印痕是該特定手套留下的。或許不如織造或皮革樣式那般明確或牢靠，但仍然有用。

149 每種武器或彈藥的射擊殘跡是否都獨一無二，還有事隔一週還能不能在夾克上找到？

問 假設警方正在調查一起槍擊命案，事隔一週左右才前往一名嫌犯家中搜索。這名嫌犯其實是無辜的，不過近期曾到靶場學習火器防護和手槍射擊。警方從衣櫃中掛的淺色夾克看不看得出上面留有射擊殘跡，並且交由實驗室檢驗？有沒有可能害那個無辜的人背黑鍋，或者射擊殘跡十分獨特，執法單位能夠釐清那並不是凶器所留下的？

茱莉·克拉默（Julie Kramer）
著有《襲殺蘇珊》（*Stalking Susan*）、《馬克失蹤記》（*Missing Mark*）和《讓山姆封口》（*Silencing Sam*）等作品
曾獲明尼蘇達書獎（Minnesota Book Award）和浪漫時潮書評精選最佳首部推理小說獎（RT Reviewers' Choice Award）
曾入圍各大獎項決選名單，包括安東尼獎、巴里獎（Barry Award）、夏姆斯獎、瑪莉·克拉克獎（Mary Higgins Clark Award）和茱莉葉獎（Daphne du Maurier Award）
明尼蘇達州白熊湖市（White Bear Lake）
http://www.juliekramerbooks.com

答 每當有槍械擊發，不僅槍口會有射擊殘跡，也會在如退殼槽等開孔留下。左輪手槍擊發時，所噴出的殘跡顆粒往往比比其他種類的手槍來得多。無論如何，槍手的衣物和手上經常沾染射擊殘跡，夾克的袖子也是尋找殘跡顆粒的好地方。如果夾克還沒經過清洗，很可能檢驗的

出來。於是便能得知嫌犯曾經持武器射擊，或者至少那件夾克碰觸過一把最近擊發的武器。因爲射擊殘跡有可能從一個人或物件，轉移到另一個人或物件上。若某人持槍械射擊，然後跟另一個人握手或者抓住他的手臂，就有可能在另一個人的手上或手臂找到射擊殘跡。這種轉移形式經常帶來問題。

射擊殘跡一般是看不見的。他們可以用棉花棒擦拭幾件衣物，接著把採樣帶回實驗室化驗，或者把嫌犯的夾克和長袖襯衫全都帶走。說不定案發當天有人見過嫌犯身著某件衣物，他們就能專注處理那項物品。

實驗室通常只用掃描式電子顯微鏡（electron microscopy）來檢驗射擊殘跡，或者與能量色散X射線光譜儀（dispersive X-ray spectroscopy）結合使用。這種組合稱作ＳＥＭ／ＥＤＸ。有些實驗室則使用中子活化分析（neutron activation analysis，NNA），或原子吸收光譜分析法（atomic absorption spectroscopy，AAS）。

倘若他們在嫌犯的夾克上發現射擊殘跡，有可能接著進行一種化學分析來判定組成成分。每家製造廠生產的火藥略有不同，這點反映在銻、鋇、鉛等物質的相對含量上。若結果發現該射擊殘跡的化學成分與凶器相符，他們就會強烈懷疑那一槍確實是他擊發的。然而這只是一種推測，不是絕對證據。那不過表示，嫌犯曾經擊發或者觸摸過一把曾經擊發且彈藥化學成分相仿的武器。反之，嫌犯的解釋就能成立，理由是他曾經到靶場練習射擊。

假如警方在嫌犯的夾克上找到射擊殘跡，而其他證據也都對他不利，很有可能會把他列爲首要嫌犯，甚至逮捕。隨著實驗室檢驗完成，若結果和凶器並不相符，那麼他可能涉案的程度也許就會下降。這種較爲精密的檢驗需要耗時大約一到兩週，所以至少在這段時間裡，他都會被列爲首要嫌疑人。

150 犯罪手法和犯行特徵（signature）有什麼不同？

問 我正在進行一篇連環殺手的故事。犯罪手法和犯行特徵有什麼不同？

答 犯行特徵（又稱簽名特徵）這個詞經常被用來描繪連環殺手的特徵。許多連環殺手犯下性侵、凌虐、殘害和殺人罪行，全都是自己某種幻想的一環。這類幻想有可能非常細膩，往往需要多年時間來發展。兇手的犯行特徵也反映出他的心理需求。

犯罪手法涉及兇手必須用來執行規畫、犯案和掩飾罪行的事項。

犯罪手法包含以下所述：

兇手如何俘虜他的謀害對象？他有沒有採用什麼策略，好比泰德·邦迪（Ted Bundy）假裝手臂骨折，約翰·偉恩·蓋西（John Wayne Gacy）僞稱要招聘僱員，或者他用了某種突襲，讓被害人很快喪失行動能力？

他有沒有使用藥物、武力或暴力威嚇來控制被害人？

他使用哪些工具？開窗用的鐵撬、開鎖用的破壞剪、預防留下指紋的手套、預防目擊證人指認的面罩、用來綁縛被害人的膠帶或繩索，還有任何可以讓他犯下罪行並脫身離去的一切工具。

他如何把被害人帶到犯罪現場，或將屍體運往棄屍地點？

連環殺手的犯罪手法有可能隨著時間改變。他們從過去錯誤中學習，或發現更好的掠殺手法來犯下罪行。他們經常從洩漏給媒體的資訊來避免犯錯。舉例來說，殺手有可能察覺警方知道他穿著特定類型的鞋子、使用搶來的手機，以及駕駛特定類型的汽車；於是換穿鞋子、拋棄手機或車輛。也說不定他遇上了奮力抵抗的謀殺對象，便採用不同手法來制伏、控制被害人。

犯行特徵則是兇手爲了滿足個人需求才做的事情，和遂行犯罪幾乎沒有關聯。連環殺手通常歷經高度發展又極爲具體的幻想。被害人在他們的眼中並不是人，而是招募進入他們幻想戲碼中的角色。這些「戲劇」通常有固定儀式。像是身體的擺放位置或姿勢、宗教遺物的使用、對被害人的特定殘害、在屍體體表或附近位置雕刻和書寫，任何事項都有可能成爲幻想的一環，而成爲犯行特徵。犯行特徵不會經常改變。因爲兇手的幻想在心中醞釀了許多年，往往長達數十年之久。這種幻想是僵固的，並不容易改變。正是這樣的事情讓他感到興奮。

他的幻想驅動他的行爲；他的犯罪手法讓他有辦法促使幻想成眞。儘管犯罪手法有可能改變，犯行特徵通常都會保持不變。

151 調查人員如何分析恐嚇信？

問 兇手在被害人家門前留下一封恐嚇信，上頭還有一枚血指紋。紙條上說，在往後幾天，他會先動手殺了一位年輕教師，然後下一個就輪到她了。兇手知道資料庫裡沒有他的指紋，所以留下指紋嘲笑警方。警方會怎麼處理這種情況？他們會不會把紙條送去鑑定，或者那樣做既花錢又費時？他們會不會把紙條放進證物室，即使案件尚未發生？

辛西亞．庫姆斯（Cynthia Combs）
加州聖地牙哥市

答 警方的作法取決於他們對這件恐嚇有多認眞看待，以及能力而定。如果警方認爲其中確實帶有犯意，並不是惡作劇，便會採取幾項行動：

把任何留在門上或紙條上的指紋全都輸入指紋自動識別系統過濾一遍，不過由於兇手的資料並未納入系統，也就查不到相符的指紋。指紋會被保存作爲物證，一旦有嫌犯經過指認，即可派上用場。

從血液判定兇手是男是女，將嫌犯名單縮短。這是指血液來自於兇手的情況下。

他們會找那位女士以及其他關係人談談，像是她的親友、同事、債主、債務人，以及其他可能協助鎖定潛在嫌犯的所有人士。殺手要有動機才會恐嚇她，而這類警調工作往往可以查出背後動機。若能查出是某位學生、同事或前任情人心懷不滿，警方就會深入調查那個人的過去和現況來尋找更多證據。

恐嚇信會被登記爲物證，並由文書鑑定人員負責審視。這些人一般都任職於大型實驗室或在聯邦調查局工作，因此樣本可能得送往這類實驗室處理。小都市的實驗室不大可能雇有相關人員。

文書鑑定是個引人入勝的複雜領域，無法在這則簡短的回答中說明。大致來說，鑑定人員會分析筆跡的具體特性以及書寫內容，設法勾勒出寫那張紙條的人是哪種人。從書寫風格和措詞，往往可以點出他的年齡、性別、教育程度、族裔背景、職業別，說不定還能提供線索來追查動機。聯邦調查局也有一套恐嚇信檔案，他們會拿那張紙條來和檔案上的其他資料做比對。

進行紙張與墨水分析有可能查出它的來源。好比是普通紙張還是較爲專業的紙品；從尺寸、顏色、質地、原料、水印和化學組成，還能知道是何時由哪家廠商生產。從這裡他們有可能查出是由哪家商店賣出，接著與這類商品的顧客清單進行交叉比對，調查有誰認識被害人。同樣道理，他們也會分析墨水的顏色，並化驗它的化學成分。那是出自鋼筆、原子筆、打字機或電腦噴墨？從中查出可能的生產廠商。

墨水和紙張愈少見，追查來源就愈容易。書寫風格愈特殊，調查人員就愈容易揭穿那張紙條是誰寫的。

152 DNA檢驗問世之前，精液物證如何運用在性侵調查上？

問 我的問題是，在DNA檢驗廣為使用之前怎麼進行身分鑑定？以性侵案來說，如何從精液追查兇手，或者那個時候還沒辦法做到？

SV

答 當時會使用ABO血型以及其他幾種標記。

好比稱作磷酸葡萄糖轉化酶（phosphoglucomutase，PGM）的激素群。磷酸葡萄糖轉化酶有好幾種，數量和類別因人而異。利用血型和這種激素群便能縮小嫌疑人範圍。舉例來說，若精液血液反應爲AB型，就能排除百分之九十五到九十七的男性，因爲AB型血僅見於百分之三到五的男性人口。倘若兇手帶有三、四種磷酸葡萄糖轉化酶標記，而這類標記只有一小部分人才有，那麼證據便更加確鑿。

讓我們假定某精液樣本經化驗顯示血液呈AB型，並帶有三種磷酸葡萄糖轉化酶標記，而每種分別見於百分之一的人口，同時有一名嫌犯的分析結果完全吻合。那麼，犯罪現場的精液是嫌犯之外的任意旁人機率有多高：

數學算式：

AB型的機率×PGM1的機率×PGM2的機率×PGM3的機率

.03×.01×.01×.01=0.00000003

或寫作：

3/100×1/100×1/100×1/100=3/100,000,000

這表示，男性每一億人中只有三人具有相同分析輪廓。這是非常有力的證據，代表嫌犯就是犯人，在多數陪審團眼中都足以據此判定有罪。DNA的作用基本上相同，不過機率還會更加懸殊。通常做DNA分析時，會得到類似一對五百億的比例。

倘若嫌犯的ABO分型或任一磷酸葡萄糖轉化酶標記比對不符，那麼精液證物就不是出自他身上，也得以排除嫌疑。要是比對相符，他就會繼續被列爲兇手之一。所以，ABO血型和磷酸葡萄糖轉化酶都可以用來免去疑犯的罪嫌，卻不能像DNA檢驗那樣將矛頭對準某人。

第四篇

法醫、屍體和屍體解剖

The Coroner, the Body, and the Autopsy

153 法醫能否判定死者是生前觸電身亡還是死後觸電？

問 有個惡棍試圖故布疑陣藉此掩飾自己的殺人罪行。某個星期五晚上，一名女性被害人遭人謀殺窒息而死，接著被擺進冷藏庫直到週日晚上。後來，兇手還以高壓電觸擊死者，電流進入點位於她的左乳上方，流出點在右小腿位置。遺體在週一上午被人發現。我讀過電擊灼傷很難判定是生前或死後造成的。我希望這項論述確能成立。感謝你就此提出觀點。

芭芭拉．瑟拉內拉
蒙克．曼奇尼系列小說作者

答 法醫也許可以判定眞正死因爲窒息，這通常會留下種種線索，好比結膜（眼球四周的粉紅色組織）點狀瘀血。此種狀況常見於絞扼，不過窒息也有可能出現。其機制是當被害人掙扎呼吸時，血管內壓會隨之提高，使得微血管破裂出血。於是所產生的皮下瘀斑看起來就像是細小的紅色斑點或條紋。瘀斑有可能出現，也可能不會出現。此外，要讓被害人窒息，必須拿東西用力覆蓋在她的臉上。這會造成臉部和口部出現瘀血，以及唇內側擦傷——牙齒受力抵住組織的緣故。倘若法醫看到這些現象，就能推斷出被害人是死於窒息。

電擊的問題在於時機。人體接觸到電流受傷時會誘發炎性反應，同時白血球與肥大細胞也因而湧入受傷部位。假如被害人觸電後心跳立即停止，反應有可能非常輕微；不過，如果被害人存活好幾分鐘，那麼反應就會更加明顯。以顯微鏡檢視電流進入點和流出點的組織，都能看到這種現象。所以，在被害人已經死亡的情況下，身體並不會出現炎性反應。

再者，電流進入點和流出點的膚色變化，也提供了另一條線索。「活體」觸電死亡，膚色會變深、出血；屍體觸電，外觀則是呈現淡黃色色調。

倘若法醫發現死者的膚色呈淡黃色，卻不見炎性反應，他也許會斷定被害人是死後觸電；若死者的膚色變深並有炎性反應，他就會知道被害人被電擊之時仍然活著。依照你的情節，電流是在被害人死後四十八小時才通過身體，法醫在看到前述情況時，就會判定電擊發生在死亡之後。

154 法醫如何鑑定死因，以及能不能看出被害人生前曾跌落樓梯？

問 我正在進行的故事中，有個女人跌落一段樓梯喪命。屍體後來被棄置在一處空地。我希望故事裡的主人翁能從屍體看出死者被移動過，接著推斷出可能死因。你在《謀殺和重傷害罪》一書中曾提到，跌落導致股骨碎裂有可能造成內出血死亡。倘若骨頭並未穿刺皮膚，有沒有什麼可見跡象能夠指出死因為內出血？或者，假如被害人死於顱內出血，並非股骨斷折所致，調查人員可以透過哪種跡象得知？

李・戈德伯格

著有《走過震災路》和《神探蒙克的旅程》等作品
加州洛杉磯
www.leegoldberg.com

答 從樓梯跌落所造成的傷害，看起來就像是從建築物跌落或者車禍意外，甚至像是被有力且具攻擊性的兇手持鈍器擊傷。法醫會檢視傷口，至少能推斷出是哪種武器或物品所形成的傷痕。好比在傷口發現從樓梯剝落的細刺、油漆或亮光漆，或者找到牆壁灰泥及粉刷碎屑。若這類材料的化驗結果爲家居材料，法醫也許會猜測傷口並不是鉛管或球棒所造成的。這必須使用化學檢驗和顯微鏡分析樣本才能得知。

倘若被害人跌落樓梯時撞到頭部，且撞擊力道足以引發出血並流入大腦或周邊部位，那麼除了瘀傷，還可能在頭皮形成血腫。甚至是血淋淋的撕裂傷。這不一定會出現，不過依照你描述的情況，機會很高。法醫驗屍時，如果發現死者腦部嚴重受創或者大量出血，他有可能判定死因爲頭部遭受鈍器擊傷。分析傷口特徵，他還可能從結果說明傷勢是跌落樓梯所致，而非物品鈍挫傷。

至於如何判定屍體是否遭人移動，或許可以從幾件事來看。她很可能在滾落樓梯時，受到某種頭皮傷害。而任何大面積頭皮傷口都會形成大量出血。她的血液會在頭髮中凝結成塊，若屍體周圍找不到血跡，就表示那不是在棄屍地點受的傷。

屍斑花紋也能協助判別。屍斑是屍體低位區（dependent area）的藍灰色瘀斑現象。屍體若呈仰臥姿勢，屍斑便沿著死者背部浮現。屍斑在最初的兩、三個小時左右出現變化，並於八個小時之後固定。這個過程相當費時。在二至八小時內，部分屍斑會在屍體最初姿勢的低位區固定下來；隨著姿勢的改變，新的低位區同樣會出現屍斑。

倘若法醫在死者背部發現屍斑，屍體卻俯臥朝下，這代表死者在斷氣後的六到八小時或者更久曾被搬動過。若沿背膚色改變，而屍體呈仰躺姿勢，則無法判定屍體是否曾被搬動過。由於姿勢與屍斑花紋相符，有可能是在被害人死後馬上棄屍，或者於被害人死後超過八個小時才棄屍。兩種情況的形式相符。

若死者面部朝下三、四個小時，接著才被移動呈仰躺姿勢，那麼屍體的正面和背部都會出現局部屍斑。死人不會自己移動，屍斑花紋暗示被害人在死後的最初八個小時，曾以兩種不同姿勢擺放，法醫有可能因此判定，有人在二至六小時內移動過屍體。

所以，透過屍斑花紋能夠判定死者是否遭人搬動，並推算出大致時間點。

股骨骨折並穿刺皮膚的情況，稱作複雜性骨折。若斷骨並未刺穿皮膚，雖然情況較爲單純，但仍有潛在的生命危險。由於大腿部位很可能積血好幾公升，雖然外表並未出血，卻足以讓被害人陷入休克乃至死亡。此外部跡象爲大腿嚴重腫大，直徑遠比另一腿來的粗。單憑肉眼觀察或以卷尺測量便知兩者差異。而大腿也可能因爲內部積血使肌膚呈藍黑色。若驗屍發現大腿內部有大量積血，法醫即可判定死因爲骨折及內出血。

155 法醫如何判定死者生前流過產？

問 我明天就要把一篇故事遞交給首席編劇，不過這裡還有個問題尚待解決。法醫能不能辨別某人曾經墮過胎？

馬特．威騰
作家暨製片
加州洛杉磯

答 或許吧。這得視時間點和技術而定。

主要因素在於被害人的墮胎時間和死亡時間相隔多久。假如只有幾天或幾週，法醫很容易就能判定出來。由於子宮內膜（子宮內襯組織）和子宮頸（子宮和陰道之間的通道）都受過炎性創傷的緣故。其中以子宮擴刮術（dilatation and curettage，D&C）進行墮胎的情況尤其明顯。執行此種醫療處置時，會使用一柄刮匙，一種呈環狀、邊緣銳利的金屬工具穿過子宮頸伸入子宮，刮除裡面的胎兒和胎盤，所以往往會造成創傷並留下疤痕。疤痕在數週、數月，有些甚至在幾年之後都還看得出來。

假如被害人採用鹽水注射法墮胎，因爲留下的傷痕較小，數週過後，法醫大概就無法看出墮胎跡象。鹽水注射法的過程，是穿過子宮頸把鹽水注入子宮內殺死胎兒；接著約過一天，胎兒便會流出。由於並不使用刮除工具，因此不會留下長期疤痕。

所以若採用子宮內膜刮除術，那麼事隔多週、多月，或許甚至數年之後，他都有辦法判定出來。要是採鹽水注射法，只有幾週或許還能判別，不過相隔幾個月也許就無能爲力了。

156 法醫如何判定謀殺案的十六歲死者有沒有懷孕？

問 我正在幫一部加拿大推理影集修改前期製作腳本，背景設在一八九〇年。謀殺案的被害人是一名十六歲女孩，驗屍時發現她已經懷孕十週。法醫是經由切開子宮壁發現細小胎兒來判定，或者有其他跡象顯示？

JM

答 是的。法醫會切開子宮，以肉眼檢視胎兒。至於他有沒有可能預先知道？說不定可以。倘若被害人很瘦，也許法醫會注意到她的下腹有些微腫脹，不過以懷孕十週的情況，這點不大可能。切開死者腹部之後，他馬上就能看出子宮比平常來的大，觸摸時也許還會發現子宮壁比一般略薄。實際情況得視懷孕進展而定（這點因人而異），同時取決於負責驗屍的醫師經驗。不論是否覺得可疑，他都會切開子宮並看到胎兒。

157 有沒有可能單憑一兩根手指判別出死者的年齡、性別和死因？

問 從一根手指頭能不能看出被害人的年齡和性別？單從一、兩根手指能不能判別死因？

泰倫．布萊克索恩（Taryn Blackthorne）
加拿大曼尼托巴省（Manitoba）
www.tarynblackthorne.com

答 性別可以從組織所含的ＤＮＡ判定。

年齡就比較棘手，需要法醫人類學家鑑定骨骼，分析解剖構造以及退化徵候。這是個複雜的課題，不過下列幾項原則對你或許會有幫助。在生命前期，我們的長骨分從兩端骨骺（或稱生長板）持續生長，手指也是如此。一旦青春期結束，這些部位也隨之癒合（變得像骨骼其餘部位一樣堅硬且閉合起來），通常發生在十八到二十歲的階段。此外，在生命最初十年左右，骨化作用（硬骨取代軟骨的歷程）會隨著年齡逐漸遞增。時間的長短差異很大，但往往能做出合理推測。

當一個人的年齡增長，手指關節有可能出現關節炎變化，骨骼也會流失鈣質。一般來說，人類學家有辦法判別自嬰兒期到十八歲左右的約略年齡，上下誤差一、兩年，還有約從四十五歲到更為年長也看得出來。中間年齡層則不易分辨。

所以骨骼大小、長度、骨化程度、骨骺開啓或閉合，以及是否出現關節炎，都能用來作為判別依據。要辨別骨骼屬於五歲幼童或八十歲老人肯定沒問題，五十歲或六十歲就困難得多，甚至完全不可能。

至於想單憑一、兩根手指來推斷死因，這簡直難若登天。倘若是砷、鉛等毒素，還有可能在手指殘肉（假使骨頭上還有殘留）或指甲內找到。這種發現暗指死亡與毒素有關，但不算是有力證據。

158 屍體腐敗時會不會產生酒精？

問 血中酒精含量有沒有可能隨著屍體分解提高或降低，變動機率大不大？若有可能，會發生在哪個分解階段？

SL

答 酒精通常會在腐敗過程中分解，不過造成腐敗的細菌確實有可能生成酒精。這表示酒精只在主動腐敗期間生成。

腐敗從何時開始及其速度，最重要的因素在於周遭溫度。這是由於腐敗細菌在溫暖潮濕的環境下繁衍活躍，氣候乾冷便生長遲緩。冷凍則讓它們完全停止活動。

至於屍體是否生成酒精，無從預測起。倘若能夠生成，取決於屍體曝露於哪種環境而定。

若是在八月休士頓市的一處密閉車庫裡，這種過程會十分快速，超過四十八個小時，屍體便嚴重腐壞。若置於二月明尼蘇達州的雪堆裡，腐敗歷程有可能得等到四、五月春融時節才會開始。而其他快慢不等的情況也都有可能出現。酒精生成時間和細菌活動期完全吻合。

159 開墳挖出胡迪尼（Harry Houdini）（註）的遺體能否證實他是中毒身亡？

問 我讀到胡迪尼的一名後代子孫希望挖出胡迪尼的遺體進行毒物檢驗，大概是砷毒檢測。胡迪尼死於八十年前。砷毒有沒有可能保留這麼久，以及他們會在哪裡找到？毛髮或是骨骸？

派特・布朗寧（Pat Browning）
著有《怨毒的苦艾酒》（*Absinthe of Malice*）等作品
奧克拉荷馬州育空市（Yukon）
http://pbrowning.blogspot.com/

答 能不能找到當然得看他是不是中了砷毒，以及屍體的狀況而定。倘若他的身體系統含砷量足以殺死他或者至少會帶來傷害，就有可能在組織（若殘存迄今）、毛髮，說不定還有骨頭（機率較低）裡面找到。其中以毛髮的可能性最高，因爲毛髮相當強健，即便屍體完全化爲骨架（事隔八十年恐怕也是如此），依然可以保存下來。

毛髮還可能披露他接觸毒素的時間長短。毛髮是由死亡的毛囊細胞向外堆疊而成。因此，唯有在體內含砷量提高時納入毛髮的毛囊細胞才含砷毒。我們的毛髮每個月約生長半吋到一吋左右。假設他死前六個月曾經接觸砷毒，最後一個月又再次接觸，那麼髮根附近段落以及距離髮根約三到六吋的段落都會含砷，而兩段之間的段落則否。可以將毛髮剪成不同段落分別化驗。倘若出現這類情況，就表示不管是誰下的毒，那個人在這些時間都有機會接觸他的飲食。

註：哈利・胡迪尼爲二十世紀初期最著名的魔術師、脱逃術師。一九二六年，死於盲腸破裂所引起的腹膜炎，享年五十二歲。胡迪尼的後人懷疑他是因拆穿通靈人的謊言而遭忌中毒身亡。

160 法醫驗屍報告會如何描述一宗頭部受擊致死的案件？

問 我想在故事裡引用一段驗屍報告的敘述，描述死者頭部正面遭鈍器擊打致塌陷。我該用什麼樣的措詞才好？

桑德拉・巴歇爾（Sandra Parshall）
阿嘉莎獎獲獎作家，著有瑞秋・戈達德（Rachel Goddard）神祕小說系列，包括《犬星之下》（*Under the Dog Star*）
www.sandraparshall.com

答 法醫至少會把三件事寫進他的報告書裡：死亡時間、死因和死亡方式。你的問題和死因描述有關。以本例來說，他大概會做以下說明：

死因：鈍器擊打頭部，造成頭顱破裂、腦挫傷和撕裂傷，硬膜下腔出血暨顱內出血。

意思是，被害人遭鈍器攻擊造成頭顱破裂，導致瘀血、腦組織撕裂，出血滲入腦中以及人腦周邊部位。他還會把傷口位置寫進去：顱骨正面（額骨）、側邊（顱側或顱頂）或背側（枕骨）部位。此外，也有可能添加一段傷口描述。他會測量傷口長寬，推估用來遂行攻擊的器械大小和類別。

死亡方式很可能判定爲他殺，因爲這並非自然死亡，也不是意外或自殺。

161 二十世紀早期的驗屍房是什麼模樣？

我找不到關於二十世紀早期英國驗屍房的描述。我知道在那之前，驗屍通常是在棚屋和酒館裡進行。根據我的研究，到了二十世紀早期，驗屍房都已設置在醫院裡。一九一〇年，停屍間有沒有冷藏設備？地板和牆壁有沒有鋪設木板或瓷磚？如何通風、排水？外科醫師會不會用抽菸來遮掩令人不快的臭味？

菲利西帝．楊（Felicity Young）

著有《來自過往的惡意》（*A Certain Malice*）、《安然就死》（*An Easeful Death*）和《不擇手段》（*Harum Scarum*）

澳洲

答 驗屍房有許多類型，依照今日的標準全都非常粗陋，當時的醫院也大致如此。實際構造得視內設驗屍房的建築而定，通常那會是一間醫院。建材種類有木造、磚頭、灰泥等。地面有可能鋪設木板、瓷磚或磚塊，甚至覆上金屬面板。解剖台一般採木質，構造簡單、結實。照明方面，會利用自然光、點蠟燭或使用電燈泡，實際得視醫院的先進程度和地點而定。通風則是借助開啓的窗戶、風扇，或者兩者兼用。排水有可能透過地板排水孔，也可能每天工作結束之後才用清水、掃把和抹布刷洗。臭味可以藉由吸菸、焚香或燃燒其他芳香製品遮掩。

對於某些主要教學醫院來說，驗屍房有時如同劇院般，驗屍台置於地面，被成圈的高凳所圍繞。成群的學生和醫師就坐在高凳上觀看屍體解剖，學習外科技術。

冷藏設備在一九一〇年仍處於發軔期，因此少有醫院設有屍體冷藏室，甚至一間也沒有。當時冷藏屍體多半是眞的擺在冰塊上頭。所以，屍體解剖都盡量在人死後盡速進行。

162 哪種死因很難在驗屍時判定？

問 哪種狀況——能夠讓明顯很健康的年輕成人喪命的情況——靠屍體解剖很難查得出來？

莎蓮．哈里斯
作品包括榮登《紐約時報》暢銷書榜的《精靈的聖物》
www.charlaineharris.com

答 多數疾病和傷害很容易在驗屍時鑑定出來。而毒物通常不會留下具體跡象，例行驗屍不容易查出。

舉例來說：

氰化物和一氧化碳：血液和組織帶鮮紅色。

砷：腐蝕胃黏膜並造成出血。

斑蝥素（西班牙蒼蠅）：尿道腫大、起水泡。

馬錢鹼：死後迅速僵直，此爲藥物引發的肌肉痙攣所致。

任何一種跡象都會提醒法醫找出毒物。

毒物多半必須仰賴藥毒物學檢驗進行鑑定，不過這種檢驗有可能耗時又所費不貲。法醫經常基於這些因素不繼續追查，或者原本就不予考慮。法醫簽署死亡證明可能會載明其他原因，也許是心律不整，因爲這不會留下具體證據。他省下時間和金錢，因爲經費有限，實在沒有錢進行化驗，也沒有人能看穿箇中隱情。

藥毒物學檢驗有兩大作用：篩檢和驗證。毒物篩檢是例行驗屍作業的一環，一般檢測酒精、麻醉鎮痛劑、鎮定劑、大麻、古柯鹼、安非他命和阿斯匹靈。有些還篩檢其他幾類物質。如果找不到毒素，調查也許到此爲止。於是省下時間和金錢。

倘若檢驗篩出某類毒素，接下來必須驗證種類及含量高低。這類檢驗較爲昂貴，也很費時。使用氣相層析法結合質譜測定法或紅外線光譜法，即可勾勒出任一種分子的化學指紋。由於每種分子都有特殊構造，也各具特殊指紋，可以和其他任一種化合物相互區辨。

如果法醫懶散、墮落無能，或受限於微薄預算而從來不做藥毒物學檢驗，中毒死亡案件有可能會疏失看漏。或者即便進行檢驗，他也許只做了採篩檢；若結果全都是陰性反應，調查也就此畫下句點。

有可能逃過毒物篩檢法眼的有夾竹桃、毛地黃、顛茄、硒、鉈、疊氮化鈉（sodium azide）、紫杉醇、河豚毒素等一類的東西。

163 屍體被埋進礦中十五年會變成什麼樣子，還有該如何驗明身分？

問 我的小說寫的是當代推理情節，背景設在俄亥俄州中南部一處礦業小鎮。被害人是一名成年男子，遺體最近才被人在一處廢棄煤礦的橫井中發現，距離他死於鶴嘴鋤下已過了十五年之久。橫井較為接近地表，而直井的深度較深。死者遇害時身著工作服與長靴，頭戴安全帽。兇手引發小型爆炸來掩飾謀殺罪行，讓現場看來像是自然崩塌，也藉此把屍體長埋。多年以後，由於地盤下陷形成一條進入礦坑的小通道，屍體才被人發現。

此時屍體的情況會是如何？若不根據死者身上掛的金屬名牌、餐盒，以及繡有名字的連身工作服辨識，有沒有辦法查明身分？要是在屍體附近找到鶴嘴鋤，能不能指出那就是凶器？假設仍有局部遺骸留存下來，骨架會留存哪些傷痕？法醫會宣布死者是遭人謀殺，還是死於意外？

安娜．斯萊德（Anna Slade）
德州奧斯汀

答 事隔十五年，他們很可能只找到死者的骨架遺骸。屍體的所有組織應該早已分解，骨架也不會完整無缺，因爲負責束縛骨骼的韌帶和肌腱腐敗，只剩一堆枯骨。

身分鑑定有幾種方式，如果找得到牙醫紀錄，便能派上用場；還包括皮夾和裡面的東西、午餐盒、衣物或身上佩戴的飾品、皮革製品。金屬製品或許還完整無損，皮革製品說不定也仍完好，不過衣物就不見得了。此外，法醫也能從骨頭或牙齒提取ＤＮＡ確認身分。

既然沒有組織留存下來，就看不出死者生前哪裡受傷。不過，法醫可以檢視骨頭。倘若僅顱骨部位有道刺入傷口，傷口也與鋤刃吻合，便能證明凶器爲鶴嘴鋤。當然了，由於受到爆炸坍方的影響，顱骨有可能並不完整。假如其他骨頭上也有削、刮和溝槽切痕，便能和鋤刃加以比對。雖然證據不如前者明確，仍具有暗示效果。

即便如此，法醫仍無法判定骨頭上的傷痕是鶴嘴鋤形成的，而非爆炸和落石。因爲落石同樣會造成切痕及骨折。如果可以找到和鋤刃規格完全相符的顱骨傷痕，才是確認謀殺最令人信服的證據。

法醫若在鋤刃上發現乾枯血跡，或許可以採得有用的ＤＮＡ與死者進行比對。吻合的話，便能強烈暗示那是一起殺人命案。

164 鋸開死者胸膛，屍體會不會流血？

問 有名女子遇襲窒息身亡。屍僵現象出現之後又完全消退，軀體恢復柔軟。被害人死後，俯臥至屍僵消退。兇手把她擺到床上，用幾個枕頭局部墊高身體，讓她看起來彷彿在等待愛人。接著兇手剖開被害人胸膛，從胸骨直至恥骨，並有如進行心臟手術般破開她的肋骨架。這麼做會不會流出大量血液或體液？哪種工具可以用來做這種切割？鋸子或有哪種醫療器材可以派上用場？

開特・諾蘭（Kait Nolan）
著有《被暗影遺棄的人》（*Forsaken By Shadow*）和《惡魔之眼》（*Devil's Eye*）和《紅色魔咒》（*Red*）
密西西比州斯塔克維爾市（Starkvile）
http://kaitnolan.com

答 依照妳描述的情節，屍體被發現的時間至少得在死亡三十六小時以後，這樣屍僵才會出現，然後又完全消退。一般通則是12-12-12。意思是，屍僵在十二個小時過後出現，持續約十二個小時，在接續的十二個小時消退。這顯然是指在正常的情況下，不過每個案例也各有不同。

被害人在這段期間正面朝下，因此屍斑會在軀體正面浮現。至於額頭、胸部以及下方緊鄰膝部的大腿部位皮膚則會泛現白色，而不是藍灰色。理由是，軀體由這些區域支撐。體重會壓迫該區微血管，導致血液無法滲入組織。法醫看到此種模式，就知道被害人死後曾正面朝下起碼六到八個小時，其後才被移動成現有姿勢。而屍斑成形約需六至八小時。

人死亡時，心臟停止跳動，血液也不再流動。這表示施加於死者的傷口並不會流血。以情節來說，剖開胸膛並不會造成出血。法醫能夠判定傷口是在死後形成，因爲傷口沒有流血，不論是大出血或微量出血都沒有。

醫療用手術工具包括解剖刀、胸骨鋸以及牽開器——上面有個曲柄，可以轉動大幅撐開胸骨，打開胸膛。不管是哪種刀鋸都很好用。剪切器或許也有幫助，可以用來剪開肋骨連接胸骨那端的關節。採用這種作法不必用上鋸子，因爲這樣就不必破開胸骨了。

165 刀傷流出的血液會在死者皮膚上凝結還是乾涸？

問 若被害人慘遭割喉，接著很快失血而死，傷口上的血液會凝結還是變乾？血液凝結需要多久時間？有名女子遇害身亡，她的屍體在短短幾分鐘後就被人發現。屍體周圍的泥土都被血液給浸濕。她頸部的血液會不會凝結？泥土裡的血依然是黏的嗎？

凱瑟琳．曼布雷提（Catherine Mambretti）
www.ccmambretti.com

答 身體極爲重要的一項機能是自我防護。而我們最優雅的防護系統之一爲凝血作用；這種與血蛋白和其他物質有關，精心調合協作的連串生化反應稱爲凝血級聯反應。血液一離開身體便開始凝結，整個過程約莫五到十五分鐘。

血液一旦凝結，會呈現一抹有光澤的褐紫紅色或是血餅。接下來的幾個小時，血液開始分離成顏色更深的褐紫紅色凝塊，以及周圍的淡黃色液體，亦即凝塊收縮擠出的血清。在此之後，倘若所處環境溫暖，血液就會腐壞；若是在溫暖乾燥的地區，則會乾燥成一層褐色硬殼。通常兩種都會出現一些。腐壞或乾燥完全取決於周遭狀況（溫度和濕度），所需時間有可能從

一、兩天到一週不等。

依照妳的情節，屍體在幾分鐘後就被人發現（我假定妳指的是三到五分鐘，而不是四十到五十分鐘），所以血液仍爲液態，凝血歷程才剛要開始。滲入土壤的部分，會讓土壤顏色變深，感覺黏糊；被害人身上的血液有可能呈液態，或者質地變得比較黏稠。由於情況各不相同，現場的血液可以是完全液態、有些黏稠，或者完全凝固，這取決於屍體是在謀殺之後的五分鐘、十分鐘或十五分鐘被人尋獲而定。

166 從喉嚨割傷類型能不能看出兇手的慣用手？

問 我正在進行我的下一本蒙克小說。這次發生在一八五五年，主人翁是阿爾鐵米西．蒙克（Artemis Monk），阿德里安．蒙克的祖先。若某人遇襲，遭人從背後割斷喉嚨，他能不能從傷痕判斷兇手是慣用左手或右手？

李．戈德伯格
著有《走過震災路》和《神探蒙克的旅程》等作品
加州洛杉磯
www.leegoldberg.com

答 他也許沒辦法眞的確定，不過有幾種跡象能暗示兇手可能的慣用手。被害人的傷口有可能又直又平，不過通常會從一側的高處切入，劃過頸部，於另一側高處收手。傷口起點一般都略高於末端。慣用右手的兇手會從被害人頸部左側高處，或許緊貼耳朵下緣切入後劃過喉嚨，接著於頸部右側才又略微上揚。傷口左端也許會比右端稍微高一點。再者，傷痕往往開端較淺，當刀子劃過喉嚨就會切得比較深。若兇手爲左撇子，情況則正好相反。

傷痕之所以呈現這種模式在於手臂的力學原理。假裝你手中握著一把刀，並試圖對一名假想受害者做這個動作，你會發現要讓刀子完全水平移動，或讓末端高於起點十分困難。是有可能，但不太行得通，因爲動作並不自然。

167 有個男人慘遭割喉身亡，犯罪現場有哪種證據或許可以讓他的女兒洗清嫌疑？

問 我的故事如下：一位溫文儒雅的學者在自宅辦公室內遭人謀殺身亡。兇手溜進去劃開他的喉嚨，接著還用某種刀具把他的頭顱割下。他把頭顱裹好帶走，腳上的鞋子也都用塑膠袋包好，乾淨俐落脫身。被害人的年輕女兒睡在相隔幾間的房間，她被關門的聲音給驚醒才發現父親的無頭屍體，並打電話報警。

假設警方和法醫不到三十分鐘就抵達現場，他們能不能判定確切的死亡時間？我想安排讓警方一開始懷疑是那個女兒幹的，直到在她身上並未發現血跡，而且公寓水槽沒有血跡反應，也找不到染血衣物、凶器和頭顱（始終沒有找到）。所以兇手不是那個女孩，她沒辦法殺了父親之後，把自己清理乾淨，丟棄凶器，還及時返家打那通電話。

哪種刀具可以用來拿下某人的頭？法醫能不能藉由驗屍得知兇手是慣用左手還是右手？這樣一來，就算死亡時間無法證明清白，還是可以用這點來洗刷那個女孩的罪嫌。

哈兒蕾．科扎克
www.harleyjanekozak.com

答 這裡牽涉到好幾個問題，讓我們逐一討論。

假如兇手是從背後攻擊被害人並割斷他的喉嚨，兇手身上就不會沾染大量血跡。因爲血液會朝前噴濺，所以實際上只有他的雙手和前臂會染上鮮血。要是他戴了手套，還穿了一件夾克或長袖襯衫，那麼他只需要脫下衣物，連頭顱一起塞進袋子裡逃走。任何看到他的人不會在他身上看到血跡，更別提任何會引人警覺的跡象。

至於凶器方面，凡是刀身達六吋以上的鋒利刀具幾乎都能辦到。力氣一般的人，使用非常銳利的刀子很容易就能割斷氣管，並切穿頸部肌肉和血管。切斷脊髓則稍微棘手一點，需要幾分鐘的時間。兇手必須調整刀刃角度，從兩節頸椎（頸骨）間隙切入才能切過脊髓，把頭顱整個割下來。

法醫或許有辦法從傷痕類別判定殺手的慣用手。當某人從背後攻擊，揮刀割喉，往往會從一側高處下手，劃至另一側的略低位置收手。也就是說，慣用右手的人會從被害人的頸部左側、緊貼耳朵下方的位置切入，然後一刀劃過至頸部右側的中間或稍低位置停止。慣用左手的人，情況則正好相反。法醫可以檢視傷痕路徑合理推測出攻擊者的慣用手。倘若結果與被害人女兒的情況不符，兇手很可能另有其人。很少人會以非慣用手來發動這類攻擊。

接著，來談談死亡時間。這點可藉由體溫判定；在正常情況下，屍體溫度每小時約降低攝氏〇．八度左右。由於被害人在遇害後三十分鐘內被發現，因此屍溫應低於正常體溫不到一度。這能提醒調查人員，這起案件無論如何都發生在近一小時內。就本例而言，檢查屍斑和死後僵直現象無助於調查，兩者起碼要等好幾個小時才會開始出現。

法醫還可以檢測胃內容物。胃通常在進食過後的兩、三個小時就會排空，不過死亡時這個過程會停擺，所以不管消化進展到哪個階段，都會在那個時間點停止。讓我們假定被害人和他人共進晚餐直到八點，而警方在午夜接獲通報。若法醫驗屍時發現胃內食物只有些微消化，他也許會判定死亡時間是在晚間十點左右，也就是警方接獲通報的前兩個小時。另一方面，若胃內食物已消化完畢，並且從胃部進入腸道，那麼死者肯定是在用餐後三小時或者更晚才遭人殺害。這樣一來，案發時間也就和警方獲報前往的時間約略相符。

死亡時間是以體溫、屍斑、死後僵直和胃內容物來判別，不見得都很準確，只能算是粗略推估。而每種狀況的變化差異懸殊，各有不同的外觀和時間進程，所以並無不容變通的規則可尋。法醫只能把所有事項都納入考量，由此做出最佳猜測。

有個判別訣竅可以讓妳在故事裡好好發揮，那就是血液特色。被害人的女兒應該是在案發後的幾分鐘發現父親遇害。她可以告訴警方，她看見父親身上和地板的血液呈現液態，甚至還有鮮血從被切割的傷口冒出。當心臟停止跳動，不再有動力驅動血液，出血便會停止。然而受到重力影響，聚集在傷口裡和周遭的血液仍會不斷流淌，直到完全流盡或凝結成血塊才會停止。血液大約要過五到十五分鐘才會凝結，所以她會看到血液呈現液態。

倘若警方在案發後三十分鐘才抵達，他們會發現死者的血液已經凝結，但尚未分離。血液剛開始有如一團褐紫紅色的凝膠，一旦血凝塊成熟（組織成形），便收縮析出血清。此時，凝血像是一灘淡黃色液體，還漂有淡紅褐色的黏糊團塊。由於這個歷程必須耗費好幾個小時，所以警方馬上知道案發時間最多是在十五分鐘前，不致於到幾個小時。這應該有助於他們判定死亡時間。

被害人的女兒仍會被列入犯罪嫌疑人一段時間。警方不會因爲她身上沒有血跡、屋內也找不到血衣，就把她排除在外。這些雖然可以佐證她的說詞，不過仍需花些時間徹底搜查該處房產、街頭垃圾箱、鄰家垃圾桶、房屋閣樓和地下室，以及有可能埋藏這類物品的空地，還得拆開配管查看有沒有哪處水槽、浴缸曾用來沖洗血跡。警方得花好幾天的時間確認，屆時才能排除她的罪嫌。

168

屍體沉入密西根州的一處湖泊，隔多久還能保持完整？

問 一名潛水夫在密西根北部的一處湖泊或水庫發現一具屍體。那起謀殺案發生在幾個月之前，相隔時間可以任意調整，不過發現屍體時，氣候已經溫暖得可以潛水。有什麼方法可以讓沉入湖泊的屍體不會分解？從各個月份來看，屍體過了多久還是屍體，起碼不會只剩下骨頭？依照這個情節，屍體分解之前可不可能有哪種古怪因素介入，讓警方很難辦案？

P.J. 帕利什
曾贏得夏姆斯獎、驚悚小說獎以及安東尼獎，並曾入圍愛倫坡獎提名
佛羅里達州羅德岱堡和密歇根州佩托斯基

答 密西根北部的深水湖泊和水庫的水溫經年維持冰冷。即使變得溫暖，也只短暫發生在七、八月期間。深水水域的溫度一整年都保持相當穩定，升溫也相當有限。我想深水區域會在冬季凍結，直到三、四月才會融冰。

以密西根湖來說，三月的表層水溫約爲攝氏七度，六月爲十一度，八月則爲二十二度。而深處水溫有可能低了整整九度。這表示水下一百呎或更深處的水溫，分別約爲零下一度，三度與十三度。一年會有三季的水溫低於四度，高於這個溫度的時期大概只持續兩、三個月。在這樣的環境下，屍體要經過好幾年的時間才會化爲骨架。這些數值或許也適用於你筆下的小型湖

泊或蓄水池。

假如棄屍時間是在十月到三月之間，直到五月至八月才被人尋獲，那麼屍體多半仍保持完整。潛水夫可以在三月起的任一時間下水。總之，你有非常充裕的時間範圍來安排情節。

169 一九三五年，若有人頭部受創後被拋入冰冷的高山湖泊，法醫能不能判定死亡時間和死因？

問 一名二十歲男子後腦遭鈍器重擊身亡。一九三五年七月，被害人陳屍一處高山湖泊，他在死後的十到十二小時被人發現。當時，法醫有沒有辦法判定死亡時間，以及死者是遭到重擊喪命而非溺水死亡？他會根據屍體的哪種狀況判定，屍斑還是死後僵直？倘若被害人死於重擊力道，一個小時後才被拋入湖中，他的肺部會不會充滿積水？

S.W. 鄧恩（S.W. Dunn）
推理／驚悚小說作家
內華達州雷諾城（Reno）

答 假如棄屍環境偏離常態，死亡時間便難以判定。寒冷的高山湖泊正是如此。極度寒冷的環境會讓屍體溫度迅速下降，並推延腐敗、死後僵直和屍斑的起始時間。法醫可能有辦法推測出死亡時間，也或許不行。

以這種情況來說，屍體也許只呈現些微僵直和屍斑，甚至完全沒有。由於才經過了十到十二個小時，所以也不會有腐敗現象。屍體只會顯得蒼白，或許還帶點藍色或灰色，而且死透了。倘若法醫在死者頭部和頷肌發現僵直現象，這通常是在人死後的兩到三個小時開始出現；如果他知道寒冷環境會推遲屍僵，可能會由此推測死亡時間是在八到十二個小時之前。他大概也只能做到這個地步。

至於死因方面，法醫肯定會看到死者的頭皮傷痕，說不定會因此假定爲死因。死者肺部可能有積水，也可能沒有。一九三五年普遍認爲，肺中充滿積水代表溺水而死。所以，他有可能表示由於死者頭部受創不省人事，才溺水喪命。現在我們知道情況並非如此。當某人被活活拋入水中，他會吸進水分，這是溺水過程中的一環，於是肺部充滿積水。若是死後才被拋入水中，他的肺部仍會被動充滿水分，因爲空氣滲出，水分滲入的緣故。這得費時好幾個小時，十二個小時或許已經足夠。但也可能不夠。兩種都有可能。

法醫會忙得不可開交，設法釐清案情。這點對你來說是件好事，你幾乎可以隨意安排故事情節。他有可能發現些許屍僵，不過仍判定死亡時間還要大幅推前，因爲他知道寒冷環境會改變僵直現象。他也有可能發現死者肺部充滿積水並假定爲溺斃；或者發現肺部並無積水，而且是死於頭部遭擊。以上情況都有可能出現，所以他會歸結出其中任一結論。

170 屍體泡在滾燙的溫泉水中十二個小時會變成什麼樣子？

問 我手邊正在進行一本小說，裡面提到有個女人被人銬上手銬，推入滾燙的溫泉水中（攝氏九十二度）。屍體在十二個小時後被尋獲。在這樣的情況下，死者的指紋脊線仍完整嗎？牙齒是否鬆脫掉落？會不會出現屍僵或者延遲出現？該如何判定死亡時間？被害人有沒有可能在吸水溺斃前死亡？

派翠西亞・塞克斯頓（Patricia Sexton）
奧勒岡州波特蘭市

答 妳描述的溫泉水可能是釋出氣體的緣故才不斷冒泡，因爲水在九十二度不會沸騰。水的沸點是一百度。不過，那個溫度已經高得足以將被害人燙熟。熱水並不會瞬間致命，她很有可能溺水而死。法醫驗屍時會發現肺部積水，還會見到支氣管和喉嚨背側的創傷，所以可以判定死因。那種創傷是溺水時強力吸入、呼出水分所造成的，會導致出血和點狀瘀血。

屍體會腫脹到某個程度，手指也因爲泡水而起皺摺。不過組織並不會嚴重毀壞，還是可以找到指紋脊線——取下死者得指墊皮膚，以兩片載玻璃夾住，置於低倍率顯微鏡下檢視。至於牙齒的部分，在這個時間範圍還不大可能鬆脫掉落。

死亡時間很難判定。像本例這般高熱會大幅助長屍僵和腐敗現象。死後僵直一般都遵照12-12-12守則推演。亦即，死後十二個小時開始僵直，持續約十二個小時，接著再隔十二個小時消退。這個範圍非常籠統，而且會受到許多因素影響，包括周圍溫度。這表示利用屍僵來斷定死亡時間只有些微價值。屍體溫度可以派上用場，不過屍溫和周圍媒介溫度相等時，這個方式就沒有用了；以這個案例來說，有可能不到十二個小時即等溫。也或許不會。因爲屍體會增溫，並不會降溫。法醫會測量屍體溫度，應該也會測量水溫。他或許能夠藉由這些資料推算出死亡時間，可是結果不會非常精確，而且他會提出非常寬鬆的範圍。

總之，屍體基本上仍會完整無損，指紋應該可以採得，死亡時間判定則會非常困難。

171 單憑肉眼有辦法區辨骨骸並不「新鮮」，而且起碼有一百年歷史？

問 我正在修訂我的最新作品，但是說不定會碰上一個問題。我安排法醫檢視一批新近挖出的骨骸，他告訴警方它們起碼有一百年或一百五十年的歷史。那批骨骸是從一棟老舊穀倉的泥土地挖出來的。我必須讓那個說法有可能成立。必要的話，也可以讓那位法醫具備法醫人類學的背景。

P.J. 帕利什

曾贏得夏姆斯獎、驚悚小說獎以及安東尼獎，並曾入圍愛倫坡獎提名

佛羅里達州羅德代堡和密歇根州佩托斯基

答 這樣的安排行得通。隨著時間的推移，構成蛋白質基質（束縛鈣質的架構）的各種蛋白質也跟著流失。當骨骼老化且蛋白質流失，色澤會變得蒼白，質地乾枯像白堊，還會變得酥脆。若有人用指甲壓迫非常古老的骨頭，很容易就能切入並造成些微碎裂，留下一個凹痕或刮痕。拿一根枯骨折斷，並不會出現折斷嫩枝那種裂紋，「較新鮮」的骨頭斷裂時才會，枯骨則是沿著骨頭長軸平直斷裂，而且破裂線會片片碎裂並留下些微粉末。

假如法醫拾起一根指骨或臂骨，用指甲壓迫或猛力折斷，就會發生這種情況，於是他便能得知這批骨頭已經非常古老。至於多老？這完全沒辦法判定，不過除非那裡是非常乾燥的沙漠區，否則骨骸至少要有五十年之久，才會變得這麼酥脆。所以，你筆下的法醫可以說那批骨骸至少有這麼老，說不定還要更老。

172 能不能從一百年前的骨頭採得DNA，以及區辨出那是指骨或顱骨？

問 我的故事提到，聯邦調查局手中有一小塊超過百年的顱骨骨頭（A骨），以及一小塊碎骨（B碎片），兩者同時被送往實驗室進行DNA比對。B碎片同樣來自某人的顱骨，但是送檢的人刻意隱瞞，他希望透過檢驗獲得確認。為了達到這個目的，他在B碎片上標示為來自某人的手部。實驗室人員有可能馬上看出B碎片其實是採自顱骨，而非手部的骨頭；或者不作他想，直接從B碎片提取DNA與A骨比對？

喬爾·福克斯（Joel Fox）
著有《林肯的手》（*Lincoln's Hand*）
www.lincolnshand.com

答 實驗室人員能否判定B碎片的來源，取決於它的性質。倘若只是片零星碎骨恐怕無法辨到；若爲完整厚度的裂片，好比半根指骨或是從顱骨取下一部分，那麼他就能輕易辨識出那是顱骨或指骨。兩種骨頭的構造非常不同。指骨內部的髓腔呈圓形，顱骨則是（類似搭鷹架的材料）管柱狀。要是碎片夠大，就能看出其中的差異。

百年骨頭可能抽得到DNA，也或許沒辦法。情況各不相同，所以你可以依照故事需求安排。若能找到DNA，兩邊結果就會相符，因爲骨頭碎片都來自同一個人。

173 在埋屍地點添加什麼東西可以加速屍體分解？

問 兇手把屍體埋在一處曠野，他希望在上面放些東西來助長分解。我記得撒點石灰有助於毀壞屍體。這樣可行嗎？或者該用別的東西？

西蒙·伍德
著有《吹笛手的贖金》等作品
加州灣區
www.simonwood.net

答 屍體腐敗作用取決於細菌生長。任何能促進細菌生長的東西都能加速破壞，任何能抑制繁殖的東西都會延緩破壞。熱度是主要因素。溫暖環境利於生長，低溫則會延緩成長。道理和冷藏牛肉一樣。

酸和鹼液可以摧毀部分組織，但是它們也能殺死細菌，所以兇手使用這些東西恐怕還會帶來反效果。最好的選擇是把屍體擺在溫暖的地方並添加細菌。肥料（糞肥，不是化肥）能為屍體帶來大量飢餓的細菌，於是腐敗歷程就會開始狂飆。

174 怎樣做才能完全毀屍滅跡？

問 我筆下有個兇手燒毀了好幾具屍體。他會怎麼做，有沒有辦法把屍體完全燒毀？罪犯試過哪些不管用的手法？我希望安排他嘗試幾種不同的東西，最後才成功。

邁克爾．李斯特
佛羅里達書獎獲獎作家，著有《雙重曝光》、《身體和血》和《訣別時刻》等書
佛羅里達州巴拿馬市

答 想用火燒毀屍體不是不可能，只是非常困難。火葬場以大約攝氏八百一十六度至九百八十二度左右焚燒兩小時，結果仍經常殘留小塊骨頭和牙齒。所以焚燒溫度必須非常高，並且持續

好幾個小時。這表示單是添加木料或縱火燒屋恐怕不夠，還得加入某種助燃劑才行。汽油和煤油都很好取得，若把屍體擺進金屬容器中，然後不斷地添加燃料，就有可能摧毀屍體。不過也可能不行。以你的故事來說，可以安排屍體被火焰吞噬，或者有幾顆還是全部牙齒存留下來，於是調查人員可以由此辨認死者身分。你可以任意安排。

鹼液是這種情況的慣用材料，結果有好有壞。有可能會成功，但通常起不了作用。即便有效，也可能得費時多週甚至多月。有時鹼液只會讓屍體外表受到損傷，甚至消滅造成腐敗的細菌，反而利於屍體防腐。因此鹼液的作用緩慢，結果難料。

另一種選項是強酸，像是濃鹽酸、濃硫酸或濃氯磺酸。若用量和作用時間都很充裕，這類酸液能溶解骨頭和牙齒。這同樣需要幾個小時，甚至好幾天才能完成。

酸液有好幾個問題。酸會侵蝕配管和金屬浴缸，蒸氣還會導致塗料和壁紙剝落，而且附近所有人的皮膚、眼睛和肺部也都會受損。況且鄰居還會注意到難聞的霧氣。所以，兇手必須在偏遠地帶使用舊式浴缸。接下來他就可以不斷添加酸液，直到屍體化為一團黏糊物質。

175 屍體藏進冰櫃沉沒水中六十年會變成什麼樣子？

問 我正在撰寫我的小說處女作。故事背景設在一九五〇年代的北喬治亞州。兇手殺了人之後，把他們的屍體分別擺進冰櫃裡，然後把冰櫃上鎖，用螺絲固定在房子的地板上。那棟房子位於一處大型的蓄水預定地，整個地方後來被水給淹沒。事隔六十年，當湖水被排乾，房子才露出水面。這個時候屍體會剩下什麼？能不能找到ＤＮＡ？留在被害人身上的紙張、皮夾或照片呢？

CJ柏克（CJ Burk）
喬治亞州布福德市（Buford）

答 冰櫃沉沒水中，當然動力也就沒了，冰櫃溫度也很快就與水溫相等。經過六十年，屍體幾乎完全化為骨架。由於造成腐敗的細菌出自胃腸道，並不是從環境來的，而其中多半是厭氧菌，意思是它們並不需要氧氣。所以屍體只剩下一堆骨頭。皮夾或者有塑膠封套的執照，都有可能完整存留下來，至於紙張很可能完全分解。也或許不會。兩種結果都有可能。若是存留下來，油墨也會消褪，不過文件檢驗員會先讓紙張乾燥，接著說不定有辦法以雷射、紫外線、紅外線，或其他不同光源來讀出所有文字。皮帶、皮鞋、首飾以及其他堅固物品仍有可能完整無損，通常也能用來辨識身分。

ＤＮＡ可以從骨頭或是牙髓中取得。然而，ＤＮＡ也可能在腐敗歷程嚴重損傷，完全找不到。同樣是兩種都有可能。

176 有沒有可能拿別人屍體移花接木來假裝自己遭遇不測？

問 我的問題是，如果在夏末把一具屍體丟到近海（新英格蘭），能不能成功隱瞞死者身分。兇手試圖假裝自己遭遇不測，所以找了一個年齡、體格以及健康狀況都跟他相仿的人，朝他的臉部開槍射擊，還砍下他的手腳。他想藉此爭取一到兩週的時間。為死者進行身分鑑定需要多久？我假定找出他過去的醫療紀錄有點費時，還有犯罪實驗室也不會匆促完成驗屍。此外，由於被害人的手腳遭到切除，而且屍體泡在水中（加上海洋生物咬噬）一個星期腐敗得非常嚴重，以至於鑑識進度延後。請告訴我，這樣安排行不行得通。

黛娜．卡梅倫（Dana Cameron）
著有愛倫坡獎得獎短篇小說《巾幗掌櫃》（*Femme Sole*）
麻沙卻塞州比佛利市（Beverly）
www.danacameron.com

答 新英格蘭的水域即便是在夏天也很寒冷，因此經過一週的時間，屍體並不會有多大幅度的腐壞。不過，海洋生物的確有可能讓屍體毀損。妳筆下法醫處理的那具屍體應該相當完整。當然了，遺失的部分除外。

在這種情況下，會有一具無名屍以及一個疑似身分。這比對死者的身分毫無頭緒要好太多了，否則他會不知道該從何下手，必須透過失蹤人口檔案來縮小搜查範圍。這麼做相當的費時費力，而且不見得會有收穫。

法醫進行身分鑑定最快也最好的作法是借助指紋、牙齒比對和ＤＮＡ分析。死者也可能裝有心律調節器等醫療器材或做過髖關節植入，兩類裝置都有序列號碼可供追查。他還有可能有獨特的刺青、手術傷疤或畸形情況。

以妳的情節來說，不會有指紋。我也假定死者沒有醫療裝置或可辨識的記號。所以法醫會使用手邊現有的資源。假如警方找到被害人的頭部，還取得兇手（疑似被害人）的牙科紀錄，便能判定他們並非同一人。而且只要一、兩天就能比對完成。即便死者的牙齒因爲槍擊而部分損壞，還是能以僅存的牙齒鑑定。不過要是沒有紀錄，或者兇手把死者的頭一起砍下，這項檢驗也就無用武之地了。

若能取得兇手的ＤＮＡ，便能拿來和死者進行比對。即使完全拿不到兇手的ＤＮＡ，也不至於前功盡棄。若兇手有個近親，可以從死者和那位親屬身上同時採得ＤＮＡ或粒線體ＤＮＡ，比對之下或許能夠判定兩人毫無關係，也就不是兇手。檢驗可以在幾天到幾週之內完成。如果沒有已知近親，那麼要辨識被害人的身分，通常得經過一段漫長歷程。

倘若兇手把被害人的頭、手全都都砍下，而且被害人也沒有近親，那麼他就可以藏匿數月、數年，甚至永遠躲藏下去。

177 一九一二年，一名年輕女孩死在一處縱火案現場，當時的法醫能不能判定她遭火焚之前就已死亡？

問 有人在英格蘭北部的一處工廠火災現場，發現一名年輕女孩的屍體。我想安排法醫發現或者至少懷疑那名女孩在火災前便已死亡。一九一二年，法醫會如何進行判定？

C L-H

答 在火場，不管是活人還是屍體被火焚燒的方式全都相同。身體會被燒得焦黑，程度輕重不等，不過以住家或工廠火災而言，除非失火範圍存有大量高度可燃性物質，否則幾乎從來沒有完全燒光的例子。

要判別當某人被火紋身時是否仍具有生命跡象，關鍵在於找出被害人當時還在呼吸的證據。今日我們已經有辦法測得血液和組織中的一氧化碳含量。若含量很高，顯示被害人曾吸入一氧化碳（燃燒的副產品），便能得知被害人遭到火焚燒時還活著。至少活了一陣子。若死亡在先，那麼測得的一氧化碳含量就不會高於常態。而一九一二年還沒有這種測量法。

再者，法醫會在肺部、支氣管以及喉嚨尋找煤灰和燒傷痕跡。這些部位若有燒傷現象和煤灰，表示被害人遭火焚時仍有呼吸。若死亡在先，這些就全都找不到。

倘若被害人並未失去意識，而是深陷火場，說不定她會留下試圖逃脫的證據。好比門板上的抓痕或指掌中的碎片。也或許她在設法逃生的時候，曾抓脫了幾片指甲。

法醫可以經由發現肺部煤灰、燒傷痕跡以及指甲損傷，來判定被害人在火災時仍有生命跡象。要是這些全都找不到，或許會判定她在火災之前便已死亡。

178 問 法醫鑑識冷凍三十年的屍體能不能判定死因？

我筆下有個人物遭人謀害身亡，三十年後，屍體才在冷凍櫃裡被人發現。那台冷凍櫃在這段時間都保持運轉狀態。死因為海洛因過量。被害人在死亡前曾有過出於自願的性行為。那麼屍體會呈現什麼樣的狀況？能不能取得指紋進行身分辨識？法醫能不能判定死因為藥物過量，有沒有充分證據顯示被害人在遭謀害前不久有過性行為？

LC

答 凍屍是法醫的夢想。假如那台冷凍櫃是商用類型，屍體就能完整保存。這類冷凍櫃能讓溫度固定在大約攝氏零度到十度之間，倘若在這期間冷凍櫃一直保持通電運作，那麼屍體就能保存得很好。屍體有可能略顯乾燥。若冷凍櫃偶爾運作失靈，使得屍體局部或完全解凍，結果可能會有某個程度的腐壞。腐壞狀況得視時間長短、發生頻率，以及屍體解凍到什麼情況而定。

假如冷凍過程完全沒有間斷，屍體便能保存下來，能夠採得指紋，發現精液；甚至被害人在最後吃了什麼都能判定，並精確推算出死亡時間。舉例來說，若被害人失蹤前曾與某人一道用餐，而那個人也證實那餐吃了什麼，法醫便能透過檢驗胃內容物判定死亡時間。胃部排空通常得花二至三小時，在胃中找到食物表示，死者是在進食後約二到三小時內死亡。

人體機能在死亡時便全部停擺，因此可以驗出體內含有海洛因。事實上應該是單乙醯嗎啡（monoacetylmorphine）和嗎啡。海洛因一但進入人體，幾乎立刻分解成單乙醯嗎啡，隨後又分解成嗎啡。毒物學家會進行檢驗尋找這些物質。若同時找到單乙醯嗎啡和嗎啡，代表被害人曾使用海洛因。

被害人體內的精液也會經由冷凍保存下來，不過必須先確認嫌疑人，或者兇手已納入DNA聯合檢索系統，才派得上用場。然而事隔三十年，兇手有可能早就死了。也或許沒死。

179 若屍體接連三天被擺放在有空調的商業辦公大樓裡，法醫能不能判定死亡時間？

問 某人在週五晚上遭人謀殺，直到週一上午才被人發現，法醫能不能判定約略的死亡時間？案發地點位在三十五樓的辦公室內，時值八月，不過整個週末空調都保持高檔運轉的狀態。以蛆、蒼蠅和腐敗情況來看，屍體被發現時會是什麼模樣？

凱瑟琳・麥約利西（Catherine Maiorisi）
紐約州紐約市

答　按照妳的情節概述，從實際死亡時間到屍體被人發現已相隔約六十個小時，此時，體溫、屍僵和屍斑已無助於法醫判定。屍體溫度每小時約下降攝氏〇．八度左右，最後降至與周圍溫度相等。案發現場的溫度約爲二十二度，代表屍溫在十八個小時之後，便降至跟室溫一樣。

37–22=15/0.8=18小時

人死後十二到二十四個小時，屍體會完全僵直，接著再過十二到二十四個小時便完全消退，因此六十個小時之後，屍僵已先出現而後緩解。屍斑則是約在八個小時之後定形，所以也無助於判定。

法醫可藉由胃內容物和屍體腐敗程度推估死亡時間。人死後身體機能會全部停擺，包括消化作用。餐後胃部必須經過二至三小時才能排空，食物完全通過身體則約需二十四個小時。這個範圍很籠統，卻是個很好的估算。如果我們知道被害人在週五晚上七點吃了義大利麵，法醫驗屍時也在胃內容物找到他吃的東西，便能說明死亡時間是發生在週五晚間七點到十一點之間的某個時點。

一般來說，腐敗作用都依循一種可預測的模式進行，據此便能估出死亡時間。然而屍體的周邊環境很少是正常的，因此這個過程的進展速度幾乎從不依循常態。不過依照妳的情節來看，環境屬於已知且恆定，有助於法醫做出合情合理的推斷。若再加上胃內容物的資訊，便能將死亡時間的誤差範圍縮小到幾個小時之內。

至於在那種密閉環境，不大可能出現任何昆蟲活動。

180 屍體泡在化糞池中十年會變成什麼樣子？

問

在我的設定的劇情中，有個人被棍棒打死後，丟棄在加拿大亞伯達省（Alberta）中部一處半滿的五百加侖化糞池中。那是一間空屋，化糞池系統並無運作。十年過後，新任屋主在夏末雇人抽乾化糞池，死者的遺骸才被人發現。我猜想屍體的關節處皆已分離，化成一堆骨頭，而且部分小骨頭和牙齒也可能在清空池子時遺失。這個說法能不能成立？是否會有殘留衣物可供辨識？被害人身著滌棉圓領衫、藍色棉布牛仔褲，配有皮腰帶以及真皮鋼頭工作靴。我參考了亞伯達省化糞池山姆案（Septic Tank Sam case），並用上其中若干要素，不過該案死者的遺骸只在池中幾個月就被人發現。

耶納．斯耐德（Jena Snyder）
加拿大亞伯達省明湖（Clear Lake）

答 有好幾種可能結果，不過妳說的最有可能成立，屍體很可能淪爲一堆枯骨。事隔十年，韌帶和肌腱恐怕也全都腐爛，骨頭從關節處脫落分離。

造成屍體腐敗的細菌主要來自於胃腸道，並且由內而外腐敗。化糞池中有許多可怕的細菌四處漂浮，屍體在這種環境下，會從裡外同時開始腐敗。這裡有個但書，有些化糞池會添加抗菌化學藥品，就會使得緩腐敗歷程大幅延緩。至於會不會讓部分組織在十年後殘存下來？有可能，卻不大可能成眞。我想還是採用只剩骨架的情節，遠比其他結果更有可能成立。

衣物的部分相當棘手。在這種情況下，殘留與否都有可能。即使殘留下來，也都嚴重毀壞，很難處理。除了容易碎裂之外，在抽水肥的過程中恐怕也已經全毀。不過，說不定能夠找到一些碎片進行化驗。像是腰帶和皮鞋等皮革製品。如果鞋子使用的是比較耐得住破壞的橡膠鞋底，也許有機會判定尺寸、紋路樣式和製造廠商。

金屬配件如腰帶扣、首飾和鈕扣等，都有可能在這種環境下留存十年。雖然會有鏽蝕產生，不過應該足以辨識。或許有助於辨識被害人身分，好比腰帶扣或首飾十分特別。死者的鋼頭靴也會殘留下來，可以藉此判定尺寸、款式和製造廠商，作爲辨識身分的線索。

181 屍體被埋在青貯飼料坑中十年會變成什麼樣子？

問 有具屍體被埋在青貯飼料坑中十年。她腳上穿有一雙黑色乙烯基料靴子，配戴厚重金屬耳環。當屍體被發現時會是什麼模樣，會散發出什麼味道，以及耳環和靴子的狀況如何？

貝絲．蒙哥馬利（Beth Montgomery）
作品含《胎記》（*The Birthmark*）和《兇手的拇指》（*Murderer's Thumb*）
澳洲維多利亞州（Victoria）
http://aelanstori.blogspot.com

答 青貯飼料的製作過程需以厭氧菌，也就是能在沒有氧氣的環境繁衍滋生的菌種，讓玉米等植物材料發酵。這種過程的另一種作用是生成醋酸和乳酸，這兩種物質通常有助於飼料保存，可供長期餵養牲口使用。

屍體腐敗作用是藉由細菌活動來完成。而促成腐敗的細菌多半也是厭氧菌種，來自於人體的胃腸道。若熱度和濕度利於細菌生長，就能加速腐敗現象。

屍體被埋進青貯飼料坑會產生什麼現象，有幾種可能結果。發酵歷程所產生的熱度、屍體內部和周遭細菌都會促成快速腐敗，因此在一週到數週內，有可能只殘留一具骨架。至於速度得視飼料坑的實際溫度而定。

不過，發酵過程中所生成的醋酸和乳酸，也有可能多得足以延緩細菌的生長和活動。所以，屍體有可能保存得非常好。「泥沼遺屍」就是這樣來的，泥沼呈酸性能殺滅細菌，使得屍體能夠保存很久、很久。

其他情況也有可能出現。好比屍體只有局部腐敗，或者有部分嚴重腐敗，甚至化爲骨架，其餘部位卻得以保存。

倘若屍體只剩下骨架就不會產生屍臭，因爲臭味來自仍在腐敗的組織。若有組織殘留，臭味會混雜腐臭氣味加上青貯飼料的味道。

耳環會完整無損。靴子也可能完整保存下來，不過顏色很可能消褪，呈現沾污加上一些耗損。

182 屍體被擺在微型潛艇裡六十年會變成什麼樣子？

問 有具屍體在一艘微型潛艇裡六十年左右，潛艇並沒有進水。屍體會變成什麼樣子？氣味呢？是化為骨架或木乃伊，還是其他模樣？

格蘭特・布萊克伍德
作家
www.grantblackwood.com

答 屍體被發現時變成什麼模樣，主要得視潛艇內部的情況而定，尤其是溫度。倘若潛艇存放在乾塢，或是停在港內、淺水區，那麼在溫暖室溫下，屍體就會化爲骨架。若潛艇沉在深水底下，溫度有可能介於攝氏二至三度之間，將會大幅延緩腐敗歷程。屍體有可能腐敗到只剩骨頭，或者化爲木乃伊；也可能局部腐敗，部分化爲木乃伊。好比一腿、一臂、軀幹或半邊身體化爲木乃伊，其餘則變成骨架。

不論屍體化爲木乃伊或是骨架，總之不會有腐敗活動，也不會有腐臭氣味。聞起來大概就像發霉，還暗藏一股死亡氣息。

183 哪種設備能夠檢測出屍體放置在汽車後行李廂所殘留的氣味？

問 最近我讀到一則新聞，內容指出調查人員使用某種方法檢測嫌犯的汽車後行李廂。他們使用一種空氣調變器來判定在過去幾個月行李廂內是否曾經擺放過屍體。那是一種什麼樣的檢驗法？

答 不論是花香或腐屍惡臭，全都是在物件釋出分子進入鼻腔、接觸到嗅神經末梢時，我們才聞到氣味。接著大腦搜尋檔案，給氣味冠上一個名稱。這是人類的原始官能反應。當屍體或任何東西擺在汽車後行李廂這樣的密閉空間時，分子便在空氣中聚集，接著附著到地毯之類的物品上。這些分子會隨時間緩慢釋出，因此不管什麼時候，密閉區內的空氣都含有若干分子。假如空間保持密閉，數量就比較多；反覆開啓或有任何通風現象，數量就比較少。好比房間或物品有臭味時，透氣一段時間味道便消散一樣。

你描述的儀器是一種「電子鼻」。基本上是一種氣相層析儀，用來檢驗空氣樣本的儀器，可以分離出裡頭所含分子，通常還能鑑別種類。這種「鼻子」能搜尋、鑑識出已知與腐屍具有連帶關係的分子。如果找得到，便隱指在過去某個時候，行李廂裝過正在腐敗的屍體。此裝置曾在凱麗・安東尼（Caylee Anthony）嬰屍案調查過程中派上用場。至於這項新技術能不能獲得法庭採信，目前尚無定論。

184 孕婦溺斃海中經過十二個小時會變成什麼樣子？有沒有可能確定她的死亡時間和方式？

問 我是南非懸疑小說作家。我的新著小說提到一名十九歲女子遇害身亡，她是白人與非洲原住民科伊科伊人（Khoikhoi）混血兒，身材瘦小，懷孕四個月。當時正值夏季，氣溫約攝氏二十度，海水十六度左右。她在在一片淺水區撿殼菜蛤時，被人用魚網罩住頭部，並壓入水中以魚網絞喉致死。接著兇手將死者從岩堆露頭處拋入海中。十二個小時後，屍體被人發現在那處小海灣另一側的岩間淺水處，面部朝上。海鷗開始成群啄食屍體。魚網仍纏繞死者的臉部和頸部。

這裡有幾個問題：屍體和臉部會變成什麼模樣？能否判定切確的死亡時間？該如何確定絞扼這件事，以及會不會出現疑點？意外溺斃和他殺的爭議為何？有沒有辦法在驗屍前看出點狀瘀血？驗屍能否披露肺中含水量過少，並非死於溺斃？進行DNA親子鑑定需要多久時間？

夏娜特・保羅（Chanette Paul）
南非史丹福（Stanford）
www.chanettepaul.co.za

答 在這種溫度的海水中泡了十二個小時，腐敗證據會非常薄弱，屍體只會出現些微腫脹，四肢皮膚還可能起皺摺。主要的可見傷害是割傷和刮傷，肇因爲岩石和其他外傷，以及海鷗啄食所致。除了溺水跡象之外，罩住被害人的魚網也可能留下痕跡。主要是雙眼和鼻咽（喉嚨背側）的點狀瘀血，說不定在口中和喉內還能找到她死前隨海水吸入的碎屑。皮下瘀斑較常和絞扼聯想在一起，若被害人遭暴力溺水且激烈掙扎，也可能出現。鞏膜（眼球的白色部位）和結膜（眼球周邊的粉紅色部位）的瘀斑呈鮮明紅點，很容易看的出來。

由於法醫能夠透過體溫、屍僵階段和屍斑樣式來判定死亡時間，結果或許相當精確。屍溫每小時約下降攝氏○・八度，不過在這種溫度的海水中有可能失溫較快。此時，體溫會介於二十四到二十九度之間，可以推算出死亡時間大約是在十到十四個小時之前。至於屍僵程度已達到高點，呈現全身僵直狀態。通常屍體經過十二小時左右才會完全僵直，不過以溺水情況加上在水中劇烈掙扎來看，屍僵出現時間往往會大幅往前。屍斑則稍微棘手些，這得看死者在水中的狀況，還有以相同姿勢固定多久而定。屍體必須以同一姿勢維持六到八個小時，屍斑才會定形。

妳的情節鋪陳不太像是絞扼命案，而是被害人被魚網纏住，然後被壓入水中溺斃的案子。除非我誤解妳的安排。不過，倘若部分魚網纏住被害人的脖子，就會在她的頸部看見黑藍色的瘀傷。這完全是絞扼過程中所出現的瘀傷。若魚網以某種方式捲起並拿來作爲絞扼工具，還可能呈現和魚網樣式相仿的紋路。

如果前面討論的絞扼手法並非實情，她並不是那樣死的，死亡原因很可能會出現混淆。假設她只是被魚網纏住，困在水中，就不會有絞扼瘢痕，有如一起意外溺水案件。

驗屍時最難判定的事情之一是死者是否曾經溺水。肺部積水量與溺斃與否幾無關聯。若某人死於其他因素，接著才被拋進水中，幾個小時過後，他的肺部就會被動充水。此外，有些溺斃而死的被害人還會出現所謂的「乾溺水」，他們的肺部實際上是沒有水的。

起初吸入的水會造成聲帶痙攣並猛然閉合，於是空氣無法進入，最後窒息而死。這種聲帶痙攣會讓水不致於進入肺中，因此肺部不會積水。法醫會檢視死者的氣道深處和肺部有無吸入殘屑，若能找到，則隱指被害人曾吸入水分，爲溺斃喪命。這並非定論，卻是一種強烈暗示。

進行ＤＮＡ親子鑑定必須取得母親、胎兒和父親的ＤＮＡ。三者缺一不可。至於需要多久才能得到結果，取決於司法轄區的先進程度。我對南非現況並不熟悉，所以只能討論美國這裡的作法。主要都市擁有設備精良的犯罪鑑識實驗室，內部還設有先進的ＤＮＡ實驗室，可以在二十四小時內得到結果。不過，要是案件堆積造成拖延數週或數月，就另當別論了，而且這種情況經常發生。較小的司法轄區需要將檢體樣本送至區域級、州級或聯邦調查局實驗室，最後有可能得等上好幾個星期。

185 聽診器發明之前，醫師如何判定某人死了沒有？

問 我正在寫一篇故事背景發生在一八一五年的小說，需要一些醫學指點。根據我的研究，聽診器在那個時代尚未發明，那麼醫師如何判定一個人死了沒有（斬首這種明顯事例除外）？他們知不知道手腕和頸部的脈搏位置，或者只是把耳朵貼著被害人胸膛確認？

黛安・唐納
北卡羅萊納州沙洛特

答 聽診器的雛形是一八一六年由何內・雷奈克（Rene Laennec）所構思而成，當時他應邀檢查一名疑似患有某種心臟病的年輕女子。那個時候，檢查心臟的典型作法是由醫師把耳朵貼著患者胸膛聽診，但檢查年輕女子就不許這樣做。必須採用其他作法，好比扣診（輕扣胸膛）。不過扣診並不準確，效果也不佳。需要爲發明之母，由於雷奈克檢查的那名年輕女子明顯過重，很難進行扣診，於是他想出一個點子。他把紙片捲成圓筒狀，一端抵住病患的胸膛，用來聆聽心音。這麼做能夠放大心跳聲。後來他發明了聽診器，原先那只是個中空硬管，並不是現在我們看到的那種橡膠雙管。這項發明於一八一九年發表，所以一八一五年還沒有聽診器可以使用。

回溯中國古代，當時的醫師知道脈搏對生命的重要性，因此能夠在人體多處部位找到脈搏。問題在於，嚴重脫水或因故陷於休克的人脈搏都十分微弱，很難察覺的出來，使得有些還有生命跡象的人被宣告死亡。可想而知，這會造成若干非常嚇人的情況。照理說死人不會坐起身來喘氣，然而確有其事。所以，在一八一五年要判定某人死了沒並不簡單。當時常見把死者放在觀察室好幾天，一旦發出屍臭，他們就知道那個人眞的死了。聽診器有助於避免這類誤判，但仍非萬無一失，因爲有時心音太弱不容易聽見。不過，這項發明已經朝正確的方向邁進。

186 問 若某人遭謀殺喪命，後來只找到部分屍體殘肢，法醫要如何辨識死者身分？

我正在寫一本謀殺推理小說，需要知道如何利用DNA來辨識失蹤者。如果只找到屍體殘肢，能不能透過血液比對確認，還是需要組織、指紋或其他東西？若警方懷疑那隻手臂屬於某人，他們會到那個人的住所採集哪些樣本進行比對，看是否與失蹤者相符？也許是已知屬於那個人的梳子上採集來的頭髮？

DW

答 警方會使用眼前一切可能手段，來確定失蹤者或死者身分。依照你描述的情況，他們應該有指紋和ＤＮＡ，可能還有胎記、刺青和首飾。

讓我們先來解決後面這三項。首飾也許刻了字或者非常特別，能據此找到所有人或追查製造廠商。而胎記都很獨特，好比葡萄酒色斑（如前蘇聯政治家戈巴契夫頭上的胎記特徵），許多刺青也是如此。倘若被害人有過前科，就能調出檔案照片進行比對，確認吻合與否。

指紋有可能從斷肢採得，實際得視腐爛程度而定。同樣地，若被害人曾印壓指紋，資料就會納入全國指紋資料庫（指紋自動識別系統）中。警方可以使用指紋自動識別系統來搜尋、辨識被害人。當然他必須納入系統才行。

所有帶核的細胞，核中都含ＤＮＡ。紅血球無核，因此沒有ＤＮＡ。白血球有核，從血液採得的ＤＮＡ即來自於此。皮膚、肌肉和其他組織的細胞全都含有ＤＮＡ。所以，除非屍體分解得極端嚴重，否則那隻手臂能提供許多可用的ＤＮＡ。法醫可以拿來和採自失蹤者的ＤＮＡ進行比對。檢驗樣本可採自許多居家用品，好比被害人舔過的郵票或信封、牙刷、梳子上的頭髮。頭髮沒有細胞，不過毛囊有。只有帶有毛囊的毛髮才能提供ＤＮＡ，而附著在梳子上的頭髮通常帶有毛囊，因爲梳頭時會扯下一些頭髮。

187 法醫能否判定死者溺水的地點？

問 一九六五年進行屍體解剖時，能不能辨別溺斃者是在哪裡淹死的？比方說，是在浴缸還是在河裡？如果可以，能夠明確到什麼程度？

SU

答 人淹死時，會把水和水中所含物質吸入口、鼻、喉嚨和肺部。這類物質包括葉片、昆蟲、種子、花粉和其他殘屑。若是於河川或其他天然水域溺斃，那麼在死者肺部找到的動植物材料，就有可能特見於某處地區。好比在肺中找到松樹花粉或松針段落，代表被害人是在水邊有松樹生長的地方溺斃；換成其他喬木等植物也都成立。昆蟲同樣有特定分布地區，所以在肺中找到昆蟲，也可以暗示某特定場所。

再者，人在溺水時會想辦法抓住身邊任何東西設法求生。溺水的人手中經常緊抓著泥土、小石頭和植物等等，在指甲內也常常找得到。這些東西也能用來判定明確位置。

若有具屍體在游泳池中被人發現，法醫驗屍時卻在死者肺中或指甲內找到游泳池裡沒有的碎屑，他可能會判定死者是在別處溺斃，後來才被棄置池中，假裝是一起意外溺水事件。倘若他能比對出碎屑（花粉、羽毛、種子等）的特定產地，或許就能說明死者是在該處溺斃。

游泳池的水通常相當乾淨，不過多半含氯，這可以驗得出來。而天然水域完全不含氯。一九六五年很可能進行這項檢驗，只是並不普遍。至於浴缸的水應該很乾淨，也不含氯，但可能含有一些肥皂或油脂，這些也可以驗得出來。

所以吸入的水中所含物質，往往可以用來協助判定溺水位置。

188 屍體分解時會招來哪些蟲子，以及牠們的增長狀況又是如何？

問 我正在做一份學校作業，我希望知道會在屍體分解時出現的幾種昆蟲名稱。牠們過多久才會侵入？要花多少時間繁殖？

AL
英國

答 死屍會引來許多昆蟲，通常是吃腐肉維生的飛蠅和甲蟲類。牠們一般都在可預期的時間點出現，而且出現順序也能夠預測，法醫會利用這一點來輔助判定死亡時間。不幸的是，這類模式會因爲地理區域、特定場所、時間早晚和季節的不同而大幅變動。由於昆蟲的特性複雜，法醫通常會請法醫昆蟲學家協助。

有些動物靠進食腐肉維生，有些則取食被屍體招來的昆蟲，或者兩種都吃。每種生物都有特定的出現時間、順序，生活週期也各不相同。這門課題實在太大又太複雜，在此無法詳細說明，所以就以最常見的物種「蠅」來進行討論。了解這種昆蟲，你便能大致體察法醫昆蟲學家要面對哪些問題。

當死者曝屍野外，最早出現的會是麗蠅，牠們通常在人死後的第一個小時接觸屍體。麗蠅會尋找屍體的潮濕部位產卵，鼻子、嘴巴、腋窩、鼠蹊部以及開放性傷口都是牠們喜愛的地點。蠅卵在幾個小時內便孵化成幼蟲（蛆）。幼蟲在接下來的六到十天會不斷進食、生長，並一再蛻皮，最後表皮硬化成蛹。大約十二天過後，成蠅就會出現。整個循環約費時十八到二十天左右。然後成熟的麗蠅開始產卵，重啓新的週期。

在正常情況下，若法醫或法醫昆蟲學家只找到蠅卵，表示死亡時間很可能不到四十八個小時。若發現蛆蟲，卻找不到蛹，死亡時間應該是在一到十天之前；找到蛹的話，代表已經死亡超過六到十天或更久。若有剛出現的成蠅，則顯示發生在兩到三週之前。

其實，這在判定上並不容易。晚上麗蠅不產卵，冬季產得較少。如果被害人是在半夜遇害，麗蠅有可能破曉時分才會出現；倘若天氣很冷，說不定牠們根本不會現身。條件若不合宜，蛆蟲也許會長時間處於休眠狀態。舉例來說，倘若屍體所在之處白天溫暖，晚上非常寒冷，說不定蛆蟲一天當中有一半時間是在休眠。假如期間轉涼好幾天，發育歷程有可能停在那個階段。以昆蟲活動來判定死亡時間，必須將這類情況都納入考量。昆蟲學家會請氣候學家協助計算昆蟲的發育進程。氣候學家則能提供過去幾天和幾週的天氣狀況資訊，有助於法醫推估出死亡時間。

這裡有必要指出，昆蟲研究只能得出死亡的最短歷程爲何。若能找到蠅蛹，那麼屍體肯定至少放了六到十天；不可能更短，因爲再短的話，蛹就來不及出現。不過，要是天氣不利於麗蠅或幼蟲生長，實際時間有可能再大幅延後。另一種混淆因素是，成蟲一波波出現，隨時都有新的世代誕生。成蟲再隔兩週也會產卵，同樣依循相仿週期。因此擺放三週的屍體有可能帶有蠅卵、蛆、蛹和成蠅。要釐清這些現象可不容易。

犯罪學家必須採得樣本供昆蟲學家檢視，於是昆蟲學家得以評估出現哪些昆蟲，還有分別發展到發育週期的哪個階段，以及經過幾次週期。他應該會採集活的蛆和蛹、加上中空蛹殼，並把部分蛆放進酒精或KAAD溶液（酒精、煤油和其他化學物質的混合液）中，讓牠們保存在能夠反映現場的眞實狀態。

189

問　法醫如何判定屍體傷痕是鑿岩錘造成的？

書中的主人翁是一位犯罪現場技師，有次他和一名警探參與法醫驗屍工作，檢視死者身上遭鑿岩錘擊打的傷痕。那起謀殺案發生在屍體發現前晚，棄屍地點在沙漠中。當時是二月，夜間有可能相當寒冷。法醫會如何向技師和承辦警探描述那幾處傷口？他能不能看出那是鑿岩錘造成的，而且兩端都用上了？

BER
亞利桑那州圖森（Tucson）

答 鑿岩鍾的兩端樣式不同。一端和普通的錘子相仿，另一端是尖的，就像文鑿子。若用來作爲武器，兩端會分別造成不同的傷口。錘子一端會導致鈍挫傷，像是瘀血、擦傷和骨折。每處瘀傷都呈錘面狀，可以是方形、圓形或六角形，其他外形也有可能，端視製造廠賦予何種樣式。法醫會描述瘀傷和擦傷，並評述傷口數量、位置和形狀。倘若他握有疑似武器，就能和部分的傷口形狀做比對，或許還能確認造成這些傷口的，是這種錘子或者其他大小形狀都非常相似的工具。

另一端則會形成穿刺傷。法醫會測量傷口的長度、寬度和深度，並以這些測量結果說明凶器類型。他可以提出相當準確的武器橫斷面敘述（寬度和厚度），以及最短長度爲何。這和刀刺傷很像。刀刃——或者就本例而言是錘子尖端——長度至少和最深傷口等長。有可能更長，卻不可能較短。假如他手中有武器跟傷口比對，便能判定造成傷口的是否爲類似器械。

確認凶器的方法不只是比對樣式，還有在上面找到被害人的血液或組織。在此，DNA檢驗不可或缺。即便兇手清洗凶器，仍會有微量血跡滲透到帶有細孔的木柄，或是錘頭與錘柄的接縫處。

法醫描述這些傷口時會說明大小、形狀、位置以及嚴重程度。對於他所看到的每處瘀傷、擦傷或穿刺傷，也同樣依此方式陳述。接著，他會說明可能造成這些傷口的武器類型，若握有疑似武器，還會表示他所見到的傷口正是這種武器所造成的。如果他在武器上發現與被害人DNA相符的血跡，他更能確定正是這種武器所引致的傷害。

190 施打海洛因和馬錢鹼混合液喪命的人，屍體會是什麼模樣？

問 我有個關於施打摻有馬錢鹼的海洛因致死的問題。有幾個念大學的孩子進到一處毒窟進行一筆海洛因交易，那劑毒品被摻了馬錢鹼來稀釋濃度。我希望那會快速致死，快得沒有人來得及求救。我知道馬錢鹼會導致肌肉嚴重痙攣，是不是連高劑量也會這樣？造成死亡的因素為何？

他們過了很久才被人發現，而且已經有腐敗跡象。屍體會不會扭曲，或者臉部有沒有明顯的痛苦表情？他們的模樣和吸食海洛因過量的真實情況有什麼不同？我知道死於馬錢鹼，屍體幾乎會立刻僵直。法醫或重案組探員能不能立即看出這並非海洛因過量致死，而是另有死因？

派特．布朗
《洛城幻影》書系作者
加拿大安大略
http://www.pabrown.com

答 海洛因和其他所有麻醉鎮痛劑一樣，都會抑制呼吸中樞造成死亡。被害人會昏睡、停止呼吸，然後窒息而死。馬錢鹼則會導致全身性肌肉痙攣（收縮），包括呼吸肌群，於是被害人同樣會死於窒息。只要劑量足以引發這種反應，劑量再多也不會有什麼差別。人類使用馬錢鹼的致死劑量，大致介於一百到兩百毫克之間。

馬錢鹼會造成身體和臉部表情扭曲。身體呈現一種所謂的角弓反張（opisthotonus）姿勢，也就是嚴重拱起的模樣。雙眼睜得很大，並且出現稱作痙笑（risus sardonicus）的咧嘴怪相。不過，這些多半會在人死後肌肉完全放鬆時消失。在某些情況下，屍體的確會立刻僵直，有時稱作死後抽搐（cadaveric spasm），馬錢鹼過量也有同種情形，身體和臉部會凝結在那種姿態和表情。即便眞的出現了，當屍體開始腐敗，那種姿態和表情也會隨之消退，時間則取決於環境溫度。環境愈溫暖，腐敗歷程進行得愈快。根據你描述的屍體顯現腐敗跡象的那段情節，屍體和臉部應該已經弛緩（鬆弛）了。如果你想安排姿勢維持到調查人員抵達時，那就讓被害人在死後幾個小時內被人發現。

除了注射針痕之外，海洛因過量並沒有什麼具體徵象，也不會留下任何看得出的明顯的情況。毒品過量必須以藥毒物學檢驗來證實。依照你情節所形容的屍體，看起來就跟任何局部腐敗的屍體沒什麼兩樣。

191 一個月大的小孩遭人拐走，事隔七年屍首被人發現，這時該如何確認他的身分？

問 我正在寫一部電影劇本，劇情提到一名嬰兒在滿月後遭人綁架。事隔七年，警方發現一具七歲男童的屍體。他們懷疑就是七年前那個失蹤的孩子。母親在分娩時死亡。也沒有牙科紀錄。他們要如何確認他的身分？

RG
伊利諾州芝加哥市

答 辨認無名屍通常非常困難。前面你也指出，由於孩子在嬰兒時失蹤，不會留有牙科紀錄。而且他的母親去世，沒辦法從她那裡直接取得DNA。當然了，可以挖掘她的屍體，不過就算這是不可能的事，也不致於前功盡棄。

警方認爲他們知道死去的孩子是誰，這點就能幫上大忙。那不只是具無名屍，而是有可能性極高的疑似身分，便能指引他們調查，朝正確方向前進。

以本案來說，要證實親子關係的唯一方法是取得雙親的DNA。如果知道父親是誰，就有可能取得他的DNA。要取得母親的DNA比較棘手，但也不是完全辦不到。說不定有人手中有她用過的梳子或牙刷。或許她曾寄信給親友，而且舔過信封和郵票。即使事隔多年，從這些物件往往還是能夠取得DNA。倘若孩子、父親和母親的DNA都能取得，便能證明他們的血緣關係。

還有其他作法可供選擇。粒線體DNA經由母系代代相傳，基本上歷經好幾千年都不會改變。這表示孩子的粒線體DNA和他的母系親族沒有兩樣，好比他的手足（如果有的話）、母親、外祖母和任一位姨媽。只要這個孩子的粒線體DNA和母系親族比對相符，就能證明他是那位死去的母親的兒子。這不像核ＤＮＡ那樣黑白立判，卻也是種相當有力的證據，因爲年幼時遭人拐走，七年後屍體被人發現的事例並不多見。

既然你筆下的人物是個男孩，另一種方法也可以採用。倘若知道父親是誰，也從他身上取得ＤＮＡ，接著就能以Ｙ染色體ＤＮＡ來和孩子進行比對。這就像粒線體ＤＮＡ，唯一差別是這只見於Ｙ染色體，而且是順著父親世系傳承下來。這個孩子和他的父系男性親族，都應該具有相同的Ｙ染色體，包括他的父親、祖父、任一男性手足和任一叔伯。

這些方法可以單獨或搭配使用，來鑑定你筆下那個不幸孩子的身分。

192 調查人員如何辨認裝了心律調節器的屍體身分？

問 我的下一本小說裡，有具四肢全無只剩軀幹的無頭屍。由於屍體並無明顯特徵，也沒有ＤＮＡ可供比對，我假定這在身分辨識上會非常困難。如果被害人體內裝有心律調節器，該如何追查病患檔案進行身分鑑定？

羅勃特．斯科特（Robert Scott）
著有傑克．埃爾頓（Jack Elton）推理系列小說
加拿大薩斯喀徹溫省（Saskatchewan）阿西尼博因城（Assiniboia）

答 遇到沒有ＤＮＡ、指紋或牙科紀錄可供比對的情況時，調查人員會利用衣物、刺青、傷疤等特徵，當然也包括你提到的心律調節器、人工關節和其他幾種外科裝置。追查調節器非常容易。機器外表通常刻有製造商名稱以及裝置序號，而每間公司的裝置也都有嚴格紀錄留下：誰拿到哪件裝置，由哪位醫師負責植入，手術地點和時間。紀錄還包括病患的名字、地址與聯絡資料。關節置換裝置部分也是如此。

193 一九四六年，法醫能不能分辨死者是心臟病發或中風身亡，還是頭部受擊喪命？

問 被害人是名六十六歲女性，她的頭部遭陶瓷茶壺重擊倒臥在地，隔了一陣子才被人發現，當時仍昏迷不醒。現場以為她是中風或心臟病發作。外表看不出頭部受擊的證據。她被送往醫院後，還沒來得及恢復意識就死了。醫護人員發現她頭部受傷的證據，卻假設那是倒地時所受到的傷害。他們研判是中風或心臟病發作才造成這起突發事件。

在一九四六年的英國，驗屍有沒有辦法查出遭受重擊和中風或心臟病發的先後順序？

我不太在意她是怎麼死的，我只在意她剛開始看起來像是意外身亡，後來經過判定才確認這是一起謀殺事件。

HvH

答　你想要的初期混淆狀況，情節裡早有安排。現場看不出明顯死因，眞正的死因直到驗屍時才會發現，這可能得花上好幾天，甚至好幾週才能完成。大部分的法醫辦公室都有積案情形，所以你可以任意安排驗屍時間——於案發當天、相隔數週，或當中的任何時段。

頭部受擊失去知覺，若並未涉及腦傷，稱之爲腦震盪。這些人在一分鐘，或者最多五、十分鐘之內就會甦醒。若昏迷更久或導致死亡，所受到的傷害必然更加嚴重，而且一般還涉及顱內出血的情況。這種出血會流入大腦內部或周邊部位，往往有致命危險，尤其是在一九四六年，當時這方面的外科技術還不像現在這樣先進。從腦傷到死亡的相隔時段可長可短，你想設定多久都行——從立即到數週之後。腦傷則有多種形式。

法醫驗屍時會發現，冠狀動脈（爲心臟供血）和大腦動脈（爲腦部供血）都沒有血栓堵塞，這表示死者並沒有心臟病發或中風現象。當他看到腦傷和出血時，便得知死因爲頭部鈍傷和顱內積血。接著要釐清的問題就變成，那是人爲所致，還是因爲滑倒才撞傷頭部。若是前者，代表這是一起殺人案件，後者則是意外事件。倘若茶壺的塗料或碎片夾在她的頭髮裡或嵌入頭皮，法醫會判定死者是遭人以茶壺毆擊，並非意外釀成。

頭部受擊竟然會引發心臟病或中風完全是無法預料的結果。所以，當法醫發現除了頭部鈍傷之外，還有心臟病或中風證據，或許會得出這樣的結論：死者是心臟病發或者中風才跌倒撞到頭部並引發出血。這排除了謀殺犯行的可能，因爲人爲誘發心臟病或中風是完全辦不到的。

這應該可以提供你幾種安排情節的作法。

194 法醫如何在屍體上找出針痕？

問 當法醫解剖疑因施打不良毒品致死的屍體時，他會尋找哪些跡象來判定針痕是否存在？我知道這很難發現。有沒有什麼方法可以用來掃描屍體，或者完全仰賴肉眼搜尋？一旦找到針痕，接著會怎樣處理？會不會把它切下來？如果會的話，那下一步呢？

派特．布朗
《洛城幻影》書系作者
加拿大安大略
http://www.pabrown.com

答 注射針痕都以肉眼尋找辨識，並沒有掃描法或其他檢驗方式。儘管注射針痕有時很難看得出來，不過拿針扎入皮膚通常會留下紅褐色的針點痕跡。顏色則來自於針頭刺入路徑所含的小滴乾燥血跡。

施打毒品的人通常會設法隱匿針痕，避開手臂等部位，使得搜尋上變得更加困難。有時會在大腿內側、腳趾間，甚至是舌下。只要被害人順從、受到束縛或者昏迷，兇手也可能這樣做。

法醫從注射點的所在位置也許能辨別是否爲自行施打。這點太重要了，要是注射點位於背側、股溝，或在死者完全碰觸不到的部位，就能排除自殺或意外過量致死的情況，很有可能是一起毒品過量致死的謀殺案。

實驗室會進行藥毒物學檢驗揭露所施打的毒品種類。至少會化驗血液、尿液和肝組織。法醫還可能切下針痕周圍的組織進行化驗，因爲注射物質經常滲入扎針路徑的周邊組織；取下約吸管直徑的小塊組織即可。

195 屍體僵直之後，還能不能變換它的姿勢？

問 一名女子在傍晚遭人謀害，當時她坐在椅子上。兇手直到隔天清晨才棄屍。我想安排她在早上六點被人發現時，臀部已出現屍斑，屍體也呈現完全僵直的狀態。屍斑定形之後，她是不是仍然柔軟，以至於兇手棄屍時還能調整她的姿勢？

蜜雪兒．圖維納（Michelle Thouviner）
密蘇里州阿諾市（Arnold）

答 屍斑是屍體血液受重力支配在各低位區沉積的現象，在死後數小時內開始出現，六到八個小時後就會定形。那名被害人沿著臀部和雙腿、小腿背側都會出現屍斑。臀部和雙腿背側、某些接觸椅子並支撐身體的部位則會泛現白色，不會出現屍斑。這是由於體重壓迫微血管，血液無法滲入這些組織所致。經過六到八小時，屍斑大致都已定形，如果屍斑的花紋和被害人姿勢並不相符，便能得知屍體被人移動過。

死後僵直一般都依循12-12-12守則。屍體得花十二個小時才完全僵直，持續約十二個小時，接著再花十二個小時消退。這個範圍非常籠統，而且有不少例外。不過，要是被害人死後在椅子上約待了十二個小時，接著被搬動棄屍，並且不久後就被人發現，那麼屍體會以坐姿定型，屍斑花紋也如同前面所述。倘若兇手重新調整她的姿勢，那又另當別論了，然而這才是妳想要的結果。兇手可以強力彎折關節，讓屍體不再僵直，接著他便能隨心所欲調整屍體姿勢。

196 一九〇六年，會如何讓精液污斑現形？

問 故事背景是在一九〇六年的多倫多。當時如何鑑定沾上襯裙的精液？過了多久仍有可能鑑定得出？如果是意圖性侵，那麼我應該考慮哪些法律問題？

惠特尼・史密斯（Whitney Smith）
《露西有話說》（*Lucy Speaks*）作者
英國倫敦市
www.whitneysmith.ca

答 首先，會以顯微鏡觀察精子。這個作法是由H.L.貝亞德（H.L. Bayard）於一八三九年確立，一八九七年經過W.F. 惠特尼（W.F. Whitney）改良——他在當時發現一種染料，今日稱爲聖誕樹染色劑（Christmas Tree Stain）。這種化學物質能固定、顯現精液，便於在顯微鏡下觀察。最早的化學檢驗在一八九六年問世，當時發現三碘化鉀能與精液產生一種反應，不過第一種可靠的精液化驗方法是一九四五年發現的酸性磷酸酶檢驗法（acid phosphatase test）。

這表示你筆下的探員有好幾種選擇。如果精斑還很新鮮，好比十二到二十四個小時，或許能以顯微鏡檢視檢體，看到完整無損甚至還能活動的精子。若已經相隔數日，可以利用聖誕樹染色劑，看到死亡的精子或精子頭部和精液殘跡。要是知道三碘化鉀檢驗法的話，這也能派上用場。

其中任何一種，都能用來判定襯裙上確實染有精液。接下來就交由法官和陪審團判定，爲何嫌犯的精液會在那名年輕女子的衣服上，他是清白的或眞有性侵事實。性侵是個法律名詞，不是醫學用語。這類檢驗只能證明染有精液，不能說明如何或爲何出現在那裡。

197 法醫人類學家能否從骨架遺骸判定死者遭人切斷頸動脈，還被挖走心臟？

問 一名年輕女子遇害後，被埋屍荒野。法醫人類學家能不能從遺骸看出或猜測被害人遭人切斷頸動脈致死，死後心臟還被挖出作為儀式用途？兇手使用一把鋒利的黑曜石刀將她殺害，並砍下她的雙腳。他會不會用上另一種工具，好比斧頭？

珍妮佛·弗勒利希（Jennifer Froelich）
愛達荷州波夕市

答 由於骨架遺骸不含軟組織，不會有直接證據顯示被害人的頸動脈遭人割斷。還有，如果兇手是從腹部取出心臟，先切開腹部再移除橫膈膜、肺部和心臟，也不會留下挖心證據。

不過，如果用來切斷頸動脈的刀也傷及頸椎，就有可能看見割痕或切痕。只是傷口必須非常的深（簡直就要斷頭）才可能出現這種痕跡，因爲頸動脈位於頸部偏前方，頸推骨則是在背側位置。

若兇手破開肋骨架取出心臟，肋骨和胸骨有可能出現割痕痕跡。腳骨和踝骨也同樣如此。

不同的刀身及器械會留下各異的切割傷痕。依照妳的情節，鋒利刀刃所形成的割痕會比斧頭造成的傷痕細窄。法醫或許有辦法從骨頭損傷類型看出兇手使用的武器爲何。此外，若攻擊時刀刃出現缺損或刀尖斷落，這種細小碎片有可能嵌入骨頭或遺落在附近。尋獲的話，眞相也能更加明朗，原來兇手確實是使用黑曜石刀。甚至如果能找出疑似兇器，尋獲的缺損碎片也都和遺骸上的鋸齒傷痕比對相符，法醫便能判定用來行兇的武器正是它。

198 美國一名內戰士兵在一百三十年後出土，他的屍體會變成什麼樣子？

問 內戰時期，一名年輕士兵被安葬在西維吉尼亞州的一處後院，假定屍骸在一九九四年出土，骨架能保存得有多完整？那裡是山區地形，春季潮濕，冬季寒冷多雪。埋葬的深淺會不會造成不同結果？我必須讓顱骨還算完整。

LB

答 骨頭會是白的，質地像白堊，也像枯枝那般酥脆。用指甲很容易按壓出凹痕，折斷時會筆直破裂，而且周圍的骨頭也會跟著局部碎裂。骨頭新鮮時蛋白質基質還很完整，可以強化結構，往往也比較沉重、結實。新鮮的骨頭會先彎折才會斷裂，斷裂紋路則跟折斷嫩枝的裂紋相仿。

在此必須指出骨骸本身並不相連，和多數高中擺在科學教室角落的相連骨架不同。當屍體組織腐壞，把骨頭束縛在一起的肌腱和韌帶也隨之腐朽。這表示骨頭不再彼此附著，連牙齒都可能從顱骨脫落。於是遺骸只剩一堆骨頭，或許還有些掉落的牙齒。

墓穴深度並不重要，不過若深度太淺，掠食動物有可能挖出屍體，叼走部分遺骸。如果不會有這種情況，那麼當你在一百多年過後談起這件事，結果也不會有什麼不同。顱骨有可能完整無損，下顎骨應該已經脫落，同樣是因爲韌帶腐朽所造成的。顱骨也可能粉碎或破成好幾片。兩種都有可能，按照你的情節需求安排即可。

199 人死後過了二十年，牙齒和填料是不是都還留在顱骨上？

問 我想我知道這個問題的答案，不過仍希望確認一下。那麼我就假設，人死後過了二十年，顱骨上頭的牙齒和金屬填料也都還留著。

克里斯・葛拉本施泰因（Chris Grabenstein）
阿嘉莎獎和安東尼獎得獎作家，作品包括神祕小說、驚悚小說等
紐約州紐約市

答 事實上，牙齒通常會脫離顱骨和顎骨。這是由於牙齦和固定牙齒的齒槽組織皆已腐壞的緣故。實際得視屍體腐敗程度，以及死後多久顱骨才被人發現而定。你編寫故事時，可以分別採用兩種情況（牙齒仍在或已經脫落），全都說得通。還有，有些牙齒或許仍在，其他散落在顱骨附近或墓穴處，有些則完全不見蹤影。

填料、齒冠等很可能都還完整。這部分可以請法醫齒科學家（牙醫）協助比對顱骨和舊時牙科紀錄或X光片是否相符。倘若拿到全副牙齒，通常這很容易辦到。如果只剩一、兩顆，雖然困難的多，不過仍有可能完成比對，因爲每顆牙齒的填料都很獨特。想想兩個人同樣那兩、

三顆牙齒的填料都一模一樣的機率有多高？機會非常渺茫，所以就算只剩幾顆牙齒，或許仍能完成比對。

200 法醫能不能判定死者的刺青是死後才刺上去的？

問 倘若兇手殺了人之後在死者身上刺青，法醫能不能判定那是死後才刺上去的？

茱莉．克拉默

著有《襲殺蘇珊》、《馬克失蹤記》和《讓山姆封口》等作品

曾獲明尼蘇達書獎和浪漫時潮書評精選最佳首部推理小說獎，曾入圍各大獎項決選名單，包括安東尼獎、巴里獎、夏姆斯獎、瑪莉．克拉克獎和茱莉葉獎

明尼蘇達州白熊湖市

http://www.juliekramerbooks.com

答 這種情況多半能夠判定，不會有問題。

紋在皮膚上的刺青是種創傷性損害。身體會像應付任何外傷一樣，也做出相同反應，調動某些類型的血細胞和組織細胞向傷口部位湧去。這就是所謂的炎性反應。當你的手指割傷、被火爐燙傷或被車門夾傷時，身體都會引發這種作用。受傷口吸引的細胞會展開修補過程，並去除受損細胞。

假如刺青是在死前刺上，以顯微鏡檢視該處組織，會看到這類細胞紛紛滲入；若是死後才刺，不會出現這種反應。人死後血液停止流動，身體細胞也很快死亡，不可能發動這種反應。這類細胞幾乎是馬上趕抵現場，所以即使刺青是在被害人臨死前幾分鐘才刺上，仍會留下這種炎性反應的若干證據。

第五篇

雜項，多半是稀奇古怪的問題

Odds and Ends, Mostly Odds

201 兇手殺人後能不能放光屍體血液，假裝是吸血鬼幹的？

問 我手邊正在進行一本書，書中有個謀殺場景是關於一名十九歲女大生，她的頸動脈遭人穿刺致死。我希望讀者一開始認為那是吸血鬼之類的超自然力量所造成的。從頸動脈有沒有可能把全身血液放光？如果可以，該怎樣做？假如沒辦法用自然方式進行，需要用上哪種醫療器材？兇手之中有人曾在停屍間工作過，他取得一名中年男性死者的兩顆犬齒，在被害人頸部刺穿出血洞。有什麼醫療器材可以透過這個管道放血，有的話，法醫能不能檢驗出來？

CC

答 一個人的頸動脈受傷，很容易流血而死。血液會噴濺湧出，形成大量出血，但不致於完全流光。人一旦失去約半數血量就會死亡，死時心臟停止跳動，血液不再循環，出血也會停止。所以，你筆下的被害人會「自然」流失半數血量，而殘留血液必須用上屍體防腐裝置之類的特殊設備。此時得用上一支套管針（大型注射針），施壓將防腐液注入血管系統，接著再透過另一支針，從別處排出。然而即便只喪失半數血量，只要場面和周遭環境相稱，氣氛布置得宜，仍有可能引發吸血鬼恐慌。

提示一點：體面的吸血鬼大都咬噬頸靜脈，而不是頸動脈，這樣才不會吃得髒亂不堪，也一樣能達成目的。不過你的「吸血鬼」還是可以攻擊被害人的頸動脈。

假如你想製造出這可能是吸血鬼幹的假象，被害人的傷口就必須是圓形穿刺傷，不能像拿刀或斧頭來切割、劈砍，也不能像是子彈造成的大型破爛傷口。用一支圓管或大孔徑穿刺針（防腐套管針）即可。這期間被害人必須活著，否則兇手需要用上防腐設備施壓洗出血液。當然了，遇上這種情況，訣竅就在於讓被害人保持不動。倘若她被下藥到意識昏迷的程度，可以趁此時把針刺入她的頸動脈，這麼一來便能把血液放乾大半。若是拿兩支針並排刺入，看起來會像是一對齒痕。偷來的犬齒可以派上用場，只是技術上較爲困難。

驗屍時，法醫可能有辦法判定，穿刺傷是圓形尖銳物品所造成的，其他就查不出什麼了。這應該符合你的需求。

202 一個人被鏈條鎖在地底環境的牆上能存活多久？

問 我有幾個學生正在研讀愛倫坡（Edgar Allan Poe）的短篇小說，他們有幾個問題，關於一個人被鏈條鎖在地底環境的牆上能活多久。被害人是個身材中等的中年男子，他被鏈條鎖在一處地下墓穴的牆上。墓穴裡硝酸鹽含量很高。在沒有飲水、食物，空氣也不足的情況下，他能活多久？

MF
德州尤勒斯城（Euless）

答 依照你描述的情況，有好幾個因素會導致被害人死亡。首先是體溫過低。這大有可能讓他在餓死、渴死、悶死之前，先奪走他的性命。由於地下墓穴通常都非常濕冷，而被害人又無法蜷縮身體保暖。只需要幾個小時，他就會感到寒冷異常，然後在接下來的二十四個小時左右喪命。說不定時間還會更短，因爲許多人對體溫過低的反應比一般人更爲敏感。而且在沒有飲水和食物的情況下，他會更快陷入體溫過低的狀態。

另一個因素是「十字架症候群」。當人被限制維持某種直立姿勢時，不論是被釘在十字架上或被鏈條鎖在牆上，他的身體最後都會向下弛垂。他的雙腿向疲勞屈服，而他的雙臂向上伸展，於是整個人便呈現垂掛在手腕上的情況。這種弛垂作用同時發生在體外和體內。當身體弛垂，肩膀會跟著鬆墜，胸腔變小，心臟和肺臟也被迫朝橫膈膜下壓，最後死於窒息。

假如他有辦法熬過幾天，接著就必須考慮飲水和食物的問題。不過以你的描述，我猜想被害人撐得過三十六個小時。

前面提到的硝酸鹽多半是硝酸鉀（KNO3，又稱硝石），這在地下墓穴的牆壁、泥土或石塊裡都找得到。被害人的曝露程度極低，因爲他碰觸穴壁經由皮膚吸收的數量極少，並無太大影響。

203 一個人被活埋能撐過多久？

問 一個人被擺進棺材裡下葬能活多久？會歷經幾個缺氧階段？被害人獲救後，身體會出現哪些長期毛病？

安吉．洛基特（Angie Lockett）
加拿大安大略省

答 被害人能活多久，得視棺材大小以及被害人的體型和活動力而定。身材瘦小的人在較大的棺材裡保持鎮定，可以比高大的人在較小的棺材裡驚慌失措活得久。雖然差異十分懸殊，不過最多恐怕也只能活十五到六十分鐘左右。被害人會陷入缺氧（低血氧）狀態，於是他會感到暈眩，接著疲憊、呼吸困難，並出現定向力障礙。甚至還有可能產生幻覺。最後陷入昏迷，窒息而死。

假如被害人獲救，後續長期影響取決於缺氧持續時間和嚴重程度而定。他有可能恢復正常，或者受到程度不一的腦傷。範圍廣至從長期頭痛到喪失記憶，乃至於各種不同的精神疾病（憂鬱、焦慮、易怒和衝動失控）、慢性意識模糊（chronic confusion）、局部喪失運動機能（雙臂或雙腿虛軟或癱瘓），以及長期昏迷。這類問題的範圍之大，無法預測。

這種無法預測的狀況是件好事，妳幾乎可以隨心所欲地編寫劇情。

204 剷雪刃葉會對凍屍造成什麼樣的損傷，法醫有沒有辦法鑑定死因及死亡方式？

問 我筆下的兇手在一處大型乾草堆的後面藏了一具幾近斷頭的屍體。事情發生在一月底，南達科他州（South Dakota）西部一處海拔四千英呎高地。受到寒流來襲影響，氣溫降至攝氏負十八度，地面凍結。屍體被降雪覆蓋了三呎深。一週過後，屍體被一輛裝有剷雪刃葉的牽引機給擊中。

凍屍會不會像冰柱那樣啪地斷成兩半，還是只會被刃葉切出屍塊？假如屍體很靠近乾草堆，會不會受到乾草保暖（絕緣）因素影響，維持較為柔軟的狀態，以及掠食性動物會不會因此吃掉一些肉？不論上述何種說法成立，剷刀有沒有可能造成屍體嚴重毀損，以至於查不出死因？

洛芮．阿姆斯特朗（Lori G. Armstrong）
夏姆斯獎（Shamus Award）得獎作家，著作有《雪盲》（*Snow Blind*）
南達科他州拉皮德城（Rapid City）
www.loriarmstrong.com

答 冰柱是水分子以晶體結構的形式排列凍結而成，因此碎裂時呈片狀乾淨俐落，斷折線也十分平整。而屍體組織比較像是凍結的牛肉那樣，本質強而有力，不像冰塊般應聲斷折，而是被刃葉砍鑿成五花八門的樣式，不管妳想怎麼安排劇情幾乎都說得通。法醫有可能認爲被斷頭的屍體是剷雪刃葉所造成的，也就是說，死者是在凍死後才遭到剷刀毀損。於是認定這是一起自然死亡或意外死亡案件。不過也可能不會。

幹練的法醫會發現事實並非如此。當屍體逐漸解凍（最可能的方式是擺放冷藏室數日），便能仔細檢視頸部傷痕。倘若法醫發現死者傷口周圍曾有出血滲入組織，喉嚨、口腔和肺部裡也出現血塊，就表示這些是死前傷，而且當時血液仍在流動。如果這情況都沒出現，他很有可能假定傷口是在死後才造成的。所以妳大可依照需求編排故事，讓法醫釐清事情眞相或是不明究裡。

205 科學家會怎麼分析採自不明生物體的組織？

問　我正在寫一本小說，裡面提到一種沒有形狀的不明生物，而且有多起神祕死亡事件都是因牠而起。那種生物在一座城市肆虐，屍骸遍地。不過，牠有小塊組織殘片被人發現。這可以進行哪種實驗室檢驗？會不會拿來和已知DNA比對？這種檢驗是否會在生物安全防護四級（BSL-4）設施，像是疾病控制與預防中心進行？

山德羅．法齊（Sandro Fazzi）
義大利翡冷翠市（Firenze）
www.sandrofazzi.com

答 從外星生物或不明生物採得的組織，檢驗時絕對得在生物安全防護四級類別設施中進行，才能防止污染，以避免與受檢組織有關的任何不明毒素或生物有機體向外擴散。喬治亞州亞特蘭大市（Atlanta, Georgia）的疾病控制與預防中心（Centers for Disease Control and Preverition，CDC）就設有這樣的實驗室。

檢驗的第一步是辨識組織類別——肌肉、皮膚、鱗片、器官等等。必須將生物組織切片後，置於載玻片上，於顯微鏡下觀察。如此可以看出細胞組成或其他顯微構造。化學檢驗能判定組織成分是否爲蛋白質，或其他已知、未知的原料。

接下來是生物檢查。實驗室人員會設法以該組織斷片來培養細菌、病毒、寄生生物或其他一切生物物種，這點非常重要，這能看得出生物材料是否帶有傳染性。還有，若在生物材料中發現細胞性構造，科學家可能會嘗試以細胞培養基來培養生物組織，這樣就能看出該組織如何在細胞層次繁殖，也能藉此製造更多生物材料供未來檢驗使用。

氣相層析法一般都用來追查組織是否含有毒品、毒素或其他化學物質，其實也能用來檢視組織是否生成毒素或者受到毒素污染。這也是爲什麼必須在保持無菌的受控環境下進行檢驗的另一個原因。

此外則是進行各種酶和激素的ＤＮＡ定序和不同檢驗。這有可能耗時多月才能完成，不過其中幾種僅需數日或數週便能得到結果。當然這是假定該生物具有ＤＮＡ的情況下。

至於其他還需要進行哪些檢驗項目，得視組織類別而定，同時取決於上述檢驗是否有任何發現。由於是科幻小說，你可以發揮高度創意，任意安排這些調查做出哪些結果。

206 從自體燃燒的吸血鬼採得的ＤＮＡ能不能看出他們的年齡？

問 我筆下的偵探正在調查接連多起看似縱火殺人的命案。結果卻發現被害人都是受到陽光照射自體燃燒的吸血鬼。假設有若干碎骨殘留下來，還有其他幾樣或許沒被燒光的東西，能不能由此採得ＤＮＡ？如果可以，從這裡看不看得出那些吸血鬼究竟有多老？因為他們都活了好幾個世紀。有沒有任何跡象顯示他們都是吸血鬼？

答 火焚很難將屍體完全燒毀。通常屍體會嚴重毀損，不過仍有組織殘留。這是眞實世界的情況。至於吸血鬼是不是這樣，得由你來決定。屍體有可能完全焚毀，沒有東西留下來可供化驗，或者如你所願留下骨頭或者組織碎片。所以你的假設行得通，也可以令人信服。從組織、骨骸都能採得ＤＮＡ，特別是牙齒，因爲琺瑯質能局部保護牙髓和所含ＤＮＡ。

至於單憑ＤＮＡ能不能判定死者年齡，不論死的是不是吸血鬼？答案是不行。人類的ＤＮＡ圖譜裡，沒有任何東西能透露出年齡。吸血鬼基本上是人，只是生理上出現某種形式的變化，於是只要有血可吸並且避開陽光，便能活上幾個世紀。所以，ＤＮＡ並沒有哪種標記會讓人驚聲尖叫說有吸血鬼。

話雖如此，你的故事基本上是科幻小說，代表你可以隨心所欲編寫劇情。假如你希望吸血鬼帶有特定遺傳標記或者具有反應年齡的標記，能夠藉此發現、指認他們是吸血鬼，那就動手這樣寫吧。有誰能說三道四呢？

207 一種突變基因會引發殺人行為的說法可不可信？

問 我的小說著作《SK-1，殺手基因》（*SK-1, The Killer Gene*）裡的主人翁是位國際知名的女性分子生物學家，她致力發現一種會引發殺人行為的突變基因。假如真的出現這種突變，有可能位於染色體組態的哪個定點？

TH

答 既然你寫的是虛構小說，不管你想怎樣安排都可以。人類有四十六個染色體，排列成二十三對。其中四十四個（二十二對）稱爲體染色體基因（autosomal genes），另兩個（一對）是我們的性染色體（sex chromosomes，XX或XY）。你可以把突變基因擺進任一個體染色體裡。如果你希望兩性都表現出這種變異，就置於X染色體裡（因爲這個男女都有）；若你希望男性才會表現，則置於Y染色體（這個只有男性才有）。

208 海洋生物學家能不能用自己的名字為新發現的物種命名？

問 我正在寫一本書，裡頭出現一個問題。有位海洋生物學家發現了一個新的深海蠕蟲屬別。她能不能為生物命名？如果可以，她可以用自己的名字或更換一下來訂定屬名和種加詞嗎？

辛西亞·利格斯（Cynthia Riggs）

答 屬名不行，種加詞（種小名）或許可以。所有已知生物體的公認學名，全都以特定形式來命名。每個類別細分爲不同子類。大致區分爲：界、門、綱、目、科、屬、種。

人類的分類如下：

界：動物界
門：脊索動物門
亞門：脊椎動物亞門
綱：哺乳綱
目：靈長目
科：人科
屬：人屬
種：智人種

這些類群，意指人類爲具有脊髓的動物（是脊索動物，也是脊椎動物），也是哺乳動物。人類歸入哺乳綱靈長動物類群（和黑猩猩、大猩猩同歸一類）裡的人科，代表我們多少能直立行走。你瞧，簡單吧。

物種學名採雙名法（含兩部分的名稱），包括屬名和種加詞。儘管看來有點多餘，不過物種的學名也會把屬名納入。雙名系統第一個是屬名，第二個是種加詞。人類歸入人屬（*Homo*，來自拉丁文的人）和智人種（sapiens，來自拉丁文的聰明），因此學名爲Homo sapiens。所以，照理說我們應該都很聰明。這個屬還包括其他物種，好比直立人（Homo erectus）和尼安德塔人（Homo neanderthalensis）等。他們也隸屬靈長類哺乳動物，而且都能直立行走（人科類群），不過和我們並不完全相像。

屬和所有較高級別（科、目等）告訴我們，某種有機生物在分類樹中歸入哪個位置；種加詞則告訴我們該生物的某些特色。舉例來說，橡樹歸入櫟屬（Quercus）。美洲白橡的學名爲Quercus alba，紅櫟樹的學名爲Quercus rubra。Albus來自拉丁文的白色，rubra來自拉丁文的紅色。所以種加詞偏屬描述詞，屬名則依循學名命名公認標準，把特定有機生物擺在合宜的位置。這也代表屬名沒有變更的餘地，而種加詞或許可以。海生蠕蟲包括好幾個屬。其中一個是食骨蠕蟲屬（Osedax）。假如你筆下的海洋生物學家將她發現的蠕蟲歸入這個屬——得視解剖構造和生理特色而定——便能將牠命名爲「莎莉食骨蠕蟲」（*Osedax Sally*），看她叫什麼名字就用它作爲種加詞。這有可能會被學界接受，也可能不會。不過，她不能依自己姓名直接稱之爲瓊斯莎莉蟲。

209 倘若有個年輕女孩本身既是吸血鬼又是個除魔者，且兩種身分各具自有血型，這樣會引發血液混雜的醫學問題嗎？

問 我在書中情節提到，一個女孩想知道自己能不能既是吸血鬼又是吸血鬼殺手。如果可以，那麼兩種血型不但相衝，最後還可能要了她的命。我聽說這就像一對分具兩種血型的男女所孕育的胎兒所會遇上的問題。真的是這樣嗎？該怎樣做才不會死，還有不治療的話，嬰兒死亡機率有多高？

羅賓．康奈利
愛達荷州波夕市
www.robinconnelly.com

答 妳談到的狀況是新生兒溶血症（HDN）。這是種極端複雜的生理狀況，區分成多種變異型，嚴重程度不等。新生兒溶血症是由於母嬰血型不合所引發的疾病。

妊娠期間，母體和胎兒的血液由胎盤膜隔開，兩邊不會相混。胎盤膜可容氧氣和養分通過，血液則不然，因此母嬰的兩套循環系統實際上不會相混。然而這種分隔並非完美無暇，雙方各有少數紅血球溜進溜出。胎兒的免疫系統太不成熟，不會認爲母體的紅血球是外來異物，所以胎盤膜的這側不會發生問題；但母體的免疫系統有可能認定胎兒的紅血球是異物，於是製造抗體來攻擊「外來入侵者」。

Rh因子最常出現這種狀況。當我們說某人的血液是陽性A型，意思是血液爲A型，Rh因子爲陽性。陰性A型則代表血液爲A型，但沒有Rh因子。當母體的Rh因子呈陰性，胎兒呈Rh陽性時，就會發生問題。母體會從胎兒的紅血球認出Rh陽性抗原，並製造抗Rh抗體，透過胎盤膜到胎兒的血液中摧毀紅血球。這種過程稱作溶血作用（hemolysis，hemo代表血液，lysis意指分解或摧毀）。

這也可能發生在ABO血型不同的情況。舉例來說，假設母體的血液是O型，胎兒的血液是A型，當A型紅血球溜進母體時，她的系統就會製造抗體，透過胎盤障壁滲透到胎兒那方，攻擊摧毀胎兒的紅血球。

不論是ABO型，還是Rh型匹配不當，倘若這類抗體只有少量製成，而且僅少數胎兒紅血球被摧毀，胎兒就不會出現問題。反之，則會造成大規模毀滅，使得胎兒的紅血球大量分解並釋出膽紅素，也就是紅血球的分解產物。如此一來，便引發貧血症、腦傷（稱作核黃疸）、腎臟損傷，甚至死亡；或介於上述之間輕重不等情況。

新生兒溶血症一般不會發生在第一胎。隨著妊娠次數增加，若匹配不當，情況則會加劇。母體製造足夠的抗體需要一些時間。第一胎啓動這個歷程，後續懷胎就會讓病情惡化。

生來就有這種問題的嬰兒通常得做換血治療，以及進行光療，可以採用人工藍色光源。光療有助於分解膽紅素分子，並預防核黃疸。

預防性治療方面，可以爲Rh陰性的母親施打抗Rh免疫球蛋白（RhoGAM），這種物質可以阻斷母體的抗體製造能力，也就不會損害胎兒的紅血球。

以上只是非常、非常粗淺的介紹（跟妳說過這是非常複雜的），不過也期望妳能夠把部分納入妳的故事之中。

210 蒼蠅會不會在活人的傷口產卵？

問 請看看這段可怕的情節。某人內臟受到嚴重槍傷。他獨自一人在北美山區的森林裡，當時正值夏天，昆蟲很多。我知道蒼蠅會被血腥味引來，只是牠們會不會在被害人死前就在他的傷口產卵？那個人陷入譫妄，沒辦法趕走蒼蠅。

派特．布朗
《洛城幻影》書系作者
加拿大安大略
http://www.pabrown.com

答 這絕對會發生，也確有其事。蒼蠅會尋找所有溫暖潮濕的地方產卵來延續下一代。牠們並不在意找到的產卵處所是活的還是死的。對牠們來說，這只是生存和物種繁衍的問題。

到急診室隨便找位醫師請教，他會告訴你他見過所謂的「蛆人」。這不是讚美之詞，卻很能道出實情。這常見於老人或是精神耗弱者，也許是患有糖尿病或其他慢性疾病，雙腿出現潰瘍病變所致。蒼蠅在這些開放瘡口產卵，孵化成蛆之後，幼蟲就以組織爲食；此外，這類創傷有時會有感染膿汁，也經常成爲蛆的食物。這可不是什麼美妙景象，不過出現蠅蛆並不會額外帶來不適。事實上，蛆會去除受感染的壞死組織，說不定反而有利於癒合過程。

治療作法是把蛆洗掉，清創、包紮傷口，並施予病人局部和全身性抗生素，此外還得治療背後隱伏的疾病，不管是糖尿病或是慢性鬱血性心臟衰竭，兩者都是在這種情況下十分常見的症狀。

你筆下的人物的傷口很容易長出這種蛆，而且他有可能並不知情。

211 有可能把鑰匙藏在自己皮下嗎？

問 我筆下一名壯碩的前海軍陸戰隊隊員想把一把鑰匙藏在自己皮下，之後再切開取出。考慮藏在上半身的話，最好的位置是哪裡？需要藏到多深？

理查．布魯爾（Richard J. Brewer）
加州謝爾曼櫟林區（Sherman Oaks）

答 鑰匙可以藏在他所能觸及且不易洩漏的任何位置，好比胸部、腹部、手臂或腿部內側。切口的寬度及深度只需各半英吋，因爲鑰匙很容易嵌進皮下淺處。接著將傷口縫合，癒合即可。之後就能切開取出鑰匙。

鑰匙和他所使用的一切器具都應該消毒，以免造成感染。煮沸消毒只需要幾分鐘就行了。

212 臉部浸入熔融青銅會造成什麼後果？

問 我的故事裡，有個青銅雕塑家在一次取熔融金屬倒入鑄模的過程中，後腦遭受重擊。她往前趴倒，使得臉部浸入攝氏一千零九十八度高溫的液態金屬裡。倘若那一擊打得她暈頭轉向，她有沒有辦法逃離險境，或者馬上喪失行動能力？熔融青銅碰觸到她的臉部時，會造成什麼影響？接觸時，溫度會不會降低到凝結成一副面具，或是完全燒穿她的臉頰、雙眼和嘴巴？倘若她因此喪命，死因是否為窒息？

TM

科羅拉多州霍利奧克城（Holyoke）

答 你安排的情節幾乎會在瞬間奪命。我們這裡談的不是蠟油，甚至是高熱的爐火。補充一點，火葬場的運作溫度約為攝氏八百一十五度。而你筆下那位不幸的女士，臉部朝下浸入一千零九十多度的熔融金屬裡。這會馬上把她的整張臉給燒毀，包括鼻部通道、嘴巴以及喉嚨，喉嚨和肺部也可能吸入部分熔融金屬。光是那種痛苦就可能讓她癱軟倒地，說不定還會失去意識；由於氣道損毀，她也無法呼吸。於是很快窒息而死。

要救她只能進行緊急氣切手術，而且必須在幾分鐘內完成。

213 假設有種寄生蟲會在人體裡由內向外把宿主吃掉，結果會是如何？

問 有個被害人慘遭一群寄生蟲攻擊。雌性寄生蟲在宿主體內產卵。蟲卵孵化後，由裡向外把那個倒楣的宿主給活生生吃掉。牠們什麼都吃，只避開神經系統留到最後才吃，這樣才能讓食物來源保持保鮮。人類有沒有可能遇上這種被活活侵蝕的情況？若有可能，哪種（哪些）系統被吃掉後，宿主仍然活著？

蘇珊．加拉格爾（Susan Gallagher）
賓州威瑟里（Weatherly）

答 沒錯，這種情況有可能發生，不過有若干限制。被害人的肌肉和組織如腎臟、脾臟等器官被吃掉之後，仍有可能活著。起碼可以活上一陣子，從幾個小時到幾天。由於受損部位會出血或者受到感染而導致死亡，所以不太可能活過數週或數月。假如被害人的重要器官（肺臟、心臟和腦部）遭到侵襲，那麼死亡近在眼前；若有任何主要血管受損，則會在短短幾分鐘內出血喪命。只要運用前述一般準則和時間範圍，你的安排的情節就行得通。

一九七九年的一部出色電影《異形》（*Alien*）便是以此相仿情節爲基礎。我相信他們是採用一種寄生蜂的生命週期作爲電影藍本。

214 吞下刮鬍刀刀片會造成什麼後果？

問 有個兇手逼迫被害人吞下六片雙刃刮鬍刀片。這會造成什麼傷害，足以構成生命威脅嗎？

RS
德州休士頓

答 造成的傷害大概和你想像的雷同。刀片會割裂口腔、舌頭、咽喉（口腔後部）、食道和胃部。出血會很嚴重，但也許不致於危及性命。被害人會吐血、咳血，如果食道嚴重受損，他會出血不止湧入胃中。若沒有嚴重出血，刀片還會下行移入腸道，持續造成損傷。於是血痢隨之出現。此外，食道、胃或腸道還可能出現穿孔（刀片將組織壁完全切穿），一旦發生，出血會嚴重至流入胸部或腹部，使被害人死於出血性休克。

215 一個人變身成美洲豹時，他的身體會經歷哪些變化，有什麼感覺？

問 我正在寫一本超自然都市奇幻小說，其中有個人物會變身成美洲豹。我知道這個點子很扯，不過若真有其事，他會出現什麼變化，身體會不會疼痛？轉變的關鍵，有沒有可能是嚴重頭痛或背脊劇痛，這樣描述合理嗎？

安迪・卡拉漢（Andi Callahan）

答 你可以隨意安排這個過程，可以不痛，也可以很痛。或者改成其他感覺，好比溫暖、觸電或針刺感，還有燒灼不適、痠痛、絞痛等等。

不管你決定採用哪種感覺或者感覺組合，對身體來說，最大影響應該是下列這些部位：

頭部、臉部和下巴構造都變換成貓科動物的外觀。

嘴巴出現兩根大型犬齒獠牙。

頸、肩和背部的變化讓身體從兩足變成以四肢行走。

脊柱末端和臀部開始突出尾巴並生長成形。

手指變短、變寬，指尖還長出爪子。

由於這是一本科幻小說，你可以任意安排轉變順序，而且輕重程度也幾無限制。好東西。祝你樂在其中。

216 遭人活生生剝皮的被害人可以存活多久？

問 我在書中安排兇手接連綁架好幾個人，並且都用氯胺酮把他們迷昏。接著，他還把被害人活活剝皮。一個人活生生（不管有沒有意識）遭人寸寸剝皮能熬多久？

康納．布萊恩特（Conor Bryant）
俄勒岡州庫斯灣市（Coos Bay）

答 氯胺酮是一種強效全身麻醉劑，已問世四十年左右。被害人是否清醒，有沒有任何感覺，得視施用的氯胺酮劑量而定。

你筆下的兇手可以自行調節劑量來引發他想要的效果。使用少許能讓被害人昏睡，然而感到不適時仍會出現反應。他可以讓被害人陷入昏迷、失去知覺，不過疼痛時會設法移動、躲開或出聲哀嚎。劑量再高則會讓被害人呈現深度麻醉狀態，有可能毫無反應。在這樣的情況下，需要施行某種形式的人工呼吸，因爲麻醉到這種程度，被害人無法自行呼吸。不這樣做的話，被害人將會死於窒息。

氯胺酮屬於短效型藥劑，遇到類似冗長的程序就必須反覆施用。你筆下的兇手必須逐次小劑量注射，被害人才會保持在他選定的麻醉深度。

在此情節下，造成早期死亡的因素有體液流失和體溫過低。剝皮過程會造成體液流失，但更嚴重的是組織外露，缺少皮膚這道防護外層，組織會大幅滲出液體。最後，被害人會因爲體液流盡，休克死亡。

皮膚是人體的隔熱屏障，能藉由控制皮膚血流量來調節熱量損失。較高血流會導致損失較多熱量，較低血流則損失較少。因此我們覺得熱時會泛現紅暈，感到寒冷時便顯得蒼白。如果失去了這道保護層，身體很可能迅速失溫。

要明確判定一個人慘遭這種折磨能活多久是完全辦不到的，不過從一到兩個小時的任意時段都有可能，最久可達一天。

假如你安排筆下的兇手喪盡天良，他可以替被害人安置一根靜脈注射管，在整個過程中不斷注射點滴液。這麼做可以改善被害人體液流失情況。再幫他蓋上隔熱毯或其他保暖材料來減少熱量損失，好讓被害人多活幾天。

要是兇手決定這樣做，被害人在經過四十八個小時左右就會受到感染。失去皮膚這道屏障，細菌會侵入潮濕組織並迅速增生。然後隨著細菌繁衍在血流種下病根，引發敗血性休克，最後導致死亡。

最後幾句話

到這裡，各位已經閱讀完本書。希望每位讀者從書中的問答內容能夠學到一些東西。有些問題很直截了當，有些十分複雜，還有些簡直是匪夷所思。

然而，每道問題都顯現出驚人的想像力與好奇心，以及務求正解的毅力，這也正是身爲篤實的說書人和小說家的必備條件。誠如我在緒論所述，我認爲這些問題能提供洞見，引領我們探悉創作歷程，還能展現成功的小說家潛心藝業投入的有多深。

我希望各位展閱本書能感受箇中樂趣，從中習得新知並啓迪思維。眞心期盼書中資訊能增益各位的作品和學識，以及激發創意泉源。

感謝各位投注時間、興趣和好奇心。

D.P.萊爾醫師

歡迎來我的網頁和部落格參觀

作者的醫學暨鑑識科學實驗室網址：www.dplylemd.com

作者的鑑識科學部落格網址：http://writersforensicsblog.wordpress.com

特別致謝

謝謝各位作家：誠如《謀殺和重傷害罪》和《鑑識科學和小說》，本書同樣屬於許多人，不過多半得歸於提出迷人問題，構成本書篇幅的作家們。我要向每一位致上謝忱。這裡我要請讀者登上他們的網站，閱讀他們的書本。會有豐厚回報的。

謝謝我的出色代理人，金柏莉・卡梅倫出版公司（Kimberley Cameron and Associates）的金柏莉・卡梅倫（Kimberley Cameron）：KC，妳最棒了！

謝謝我眼尖的編輯，羅莉・波普（Lorie Popp）：妳揪出了許多從我眼底溜過的事項，大大改進了這本著作。

感謝金黴出版社（Medallion Press）的所有高人：謝謝各位的專業和支持。愛你們大家。

原著書名　More Forensics and Fiction: Crime Writers' Morbidly Curious Questions Expertly Answered
作　　者　道格拉斯・萊爾（Douglas P. Lyle）
譯　　者　蔡承志
審　　訂　孫家棟
校　　對　明永青
封面設計　陳威伸
責任編輯　林如峰

副總編輯　陳瀅如
編輯總監　劉麗真
總 經 理　陳逸瑛
發 行 人　涂玉雲
法律顧問　元禾法律事務所　王子文律師
出　　版　麥田出版
　　　　　台北市中山區104民生東路二段141號5樓
　　　　　電話：(02) 2-2500-7696　傳真：(02) 2500-1966
　　　　　blog：ryefield.pixnet.net/blog
發　　行　英屬蓋曼群島商家庭傳媒股份有限公司城邦分公司
　　　　　台北市民生東路二段141號11樓
　　　　　書虫客服服務專線：02-25007718・02-25007719
　　　　　24小時傳真服務：02-25001990・02-25001991
　　　　　服務時間：週一至週五09:30-12:00・13:30-17:00
　　　　　郵撥帳號：19863813　戶名：書虫股份有限公司
　　　　　讀者服務信箱E-mail：service@readingclub.com.tw
　　　　　歡迎光臨城邦讀書花園　網址：www.cite.com.tw
香港發行所　城邦（香港）出版集團有限公司
　　　　　香港灣仔駱克道193號東超商業中心1樓
　　　　　電話：(852) 25086231　傳真：(852) 25789337
　　　　　E-mail：hkcite@biznetvigator.com

法醫・屍體・解剖室：犯罪搜查216問

城邦讀書花園
www.cite.com.tw

馬新發行所　城邦（馬新）出版集團【Cite (M) Sdn Bhd】
　　　　　41, Jalan Radin Anum, Bandar Baru Sri Petaling,
　　　　　57000 Kuala Lumpur, Malaysia.
　　　　　電話：(603) 90578822　傳真：(603) 90576622
　　　　　email:cite@cite.com.my
排　　版　浩瀚電腦排版股份有限公司
印　　刷　中原造像股份有限公司
總 經 銷　聯合發行股份有限公司
　　　　　電話：(02)2917-8022　傳真：(02)2915-6275
初版一刷　2013年（民102）02月
初版三十八刷　2017年（民106）07月
定　　價　新台幣380元
I S B N　978-986-173-864-2　Printed in Taiwan

國家圖書館出版品預行編目資料
法醫・屍體・解剖室：犯罪搜查216問——專業醫師解開神祕病態又稀奇古怪的醫學和鑑識問題／D.P.萊爾醫師（D.P. Lyle）作；蔡承志譯.—初版.—臺北市；麥田出版，家庭傳媒城邦分公司發行，2013.02
譯自：More Forensics and Fiction: Crime Writers' Morbidly Curious Questions Expertly Answered
ISBN 978-986-173-864-2（平裝）
1.偵探 2.法醫學 3.通俗作品
548.6　　　　101026577

——專業醫師解開神祕病態又稀奇古怪的醫學和鑑識問題